海を渡る史書

東アジアの「通鑑」

金時徳・濱野靖一郎［編］

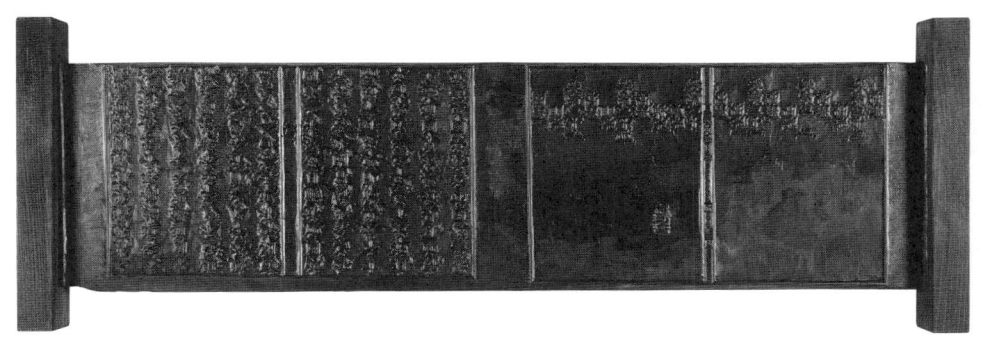

海を渡る史書

東アジアの「通鑑」

序——板木の森を彷徨い、交流の海に至る

金　時徳

「通鑑」という名を冠する一群の史書がある。司馬光が一〇八四年に完成した『資治通鑑』から朝鮮時代の『東国通鑑』、江戸時代の『本朝通鑑』に至るまで、一〇〇〇年の間、「通鑑」は中国・韓国・日本・琉球・ベトナム・台湾へと、ユーラシア大陸の東海岸を渡り歩いた。前近代において、隣国に伝えられ、影響を与えた漢籍は「通鑑」の他にも数多く存在する。そんな中、今回、「通鑑」を取り上げて本書を企画したきっかけとなったのが、二〇一四年十二月にソウル大学・奎章閣韓国学研究院で再発見された『新刊東国通鑑』の板木である。

『資治通鑑』は成立間もなく韓半島の高麗王朝に伝来し、朝鮮時代には『東国通鑑』を生み出した。一五九二～九八年の壬辰戦争（豊臣秀吉の朝鮮侵略、文禄・慶長の役）の際、『東国通鑑』の板本が朝鮮から日本に略奪された。江戸時代になると、『東国通鑑』は、一方では『新刊東国通鑑』というタイトルの和刻本として再誕生し、もう一方では『本朝通鑑』という史書の誕生を促した。これらの「通鑑」が、それぞれの伝来と享受の

過程でその他の史書・文献の誕生を刺激したことは言うまでもない。

一九一〇年に日本が朝鮮を併合すると、その反発から、一九一九年に韓半島で三・一万歳運動が発生した。この年、長谷川好道第二代朝鮮総督は『新刊東国通鑑』の板木五三五枚を旧奎章閣に寄贈した。一九二〇年代まで存在が知られていた板木は、その後、行方不明になる。そして、九十年後の二〇一四年に、五三三枚の板木が再び姿を現したのである。写本や板本が海を渡ることは普通に見られる文献往還の形であるが、本として海を渡った文献が、板木となって本国に戻ってくることはあまり聞かない。

中国から韓国、日本へ、再び、日本から韓国へ。「通鑑」は何度も海を渡りながら、友好的な文化交流、国際戦争、一国の滅亡と復活を経験した。このように数奇な運命を辿った「通鑑」が、今回、来たるべき未来の学問の形へと私たちを導こうとしている。時代的には十一世紀から二十世紀まで、地域的には中国・韓国・日本・琉球、学問領域的には政治・思想・歴史・文学・書誌学を合わせる本書は、「通鑑」という文献に頼って様々な専門を渡り、諸学問の壁を越える試みである。この挑戦の末に何が見えてくるだろうか。

個人的なことを申し上げて恐縮であるが、劇的とはいえないまでも、それなりに屈曲のある四十年を生きる間、本は、原本資料は私を次の縁へと導いてくれた。今回、「通鑑」が本書の執筆者と読者の方々に新しい学問の形を示してくれることを信じる。

『資治通鑑』の思想とその淵源

福島　正

ふくしま・まさし――大阪教育大学教養学科教授。専門は中国思想史。著書に『史記・漢書』（角川書店、一九八九年）、論文に「『史通』と『資治通鑑』」（『中国思想史研究』一八、一九九五年）、「『西漢年紀』と『資治通鑑』」（『中国学志』剥号、二〇〇八年）などがある。

『資治通鑑』は、戦国の始めより五代の末までの一三六二年間の歴史を編年体で記録した、二九四巻からなる大著である。本稿は、同書の成立過程をたどりながら基本事項を紹介するとともに、その思想と淵源を考察する。全体を二部に分かち、第一部では史論を、第二部では『資治通鑑考異』を主たる資料とし、この大著の奥底に潜むものを究明したいと思う。

一、『歴年図』『通志』そして『資治通鑑』

(一)『歴年図』まで

『資治通鑑』の編者である司馬光（一〇一九～一〇八六）は祖父以来の官僚の家に生まれ、幼い時から科挙の受験準備を始めた。六歳で父や兄から『尚書』を教わり、暗誦はしたものの意味はわからなかったという。[1] ところが、翌年に『春秋左氏伝』の講義を聴くと、こちらはとても気に入り、帰って家族に語った時には、すっかり内容を理解していた。[2] 同様の述懐は『史通』の編者の劉知幾（六六一～七二一）にもある。[3] 幼児でなくとも『尚書』より『春秋左氏伝』の方がはるかに取りつきやすかろうから、これは別段めずらしい話ではない。しかし、『史通』に『春秋左氏伝』を称揚する申左篇があり、『資治通鑑』に『春秋左氏伝』を継承する意図が込められていたことを思えば、何やら暗示的ではあるだろう。

その後、司馬光は二十歳で科挙に合格し、多忙な官僚生活を送るかたわら、長短とりまぜて三十篇ほどの史論を書きためた。そして最初の歴史著述である『歴年図』を英宗に上呈したのは治平元年（一〇六四）、四十六歳の時であった。

（二）『歴年図』

『歴年図』には、上呈にいたる経緯と後年の流伝とに、いささか厄介な情況がある。まず、上呈までの経緯を整理しておこう。もともと司馬光は、歴史を通覧する目的で西周の共和元年（前八四一）から五代後周の顕徳六年（九五九）までの一八〇〇年間の出来事を、一年ごとに一行、六十行で一重、五重で一図とする『歴年図』を作っていた。共和元年から書き起こしたのは、『史記』十二諸侯年表がその年に始まり、確実な年紀をたどれるのがそこからだったためだろう。「重」というのはよくわからないが、「段」と同じで、一図を五段で構成していたのかもしれない。原『歴年図』と呼ぶべきこの書物はあくまでも覚書きで、公開する予定はなかった。ところが副本が流出し、趙某なる者が改竄して勝手に出版したため、改めて手直しし、英宗に上呈したのである。[4] 上呈された『歴年図』は、共和元年ではなく、東周の威烈王二十三年（前四〇三）から始まっており、これは後の『通志』や『資治通鑑』との関係で注目に値する。また、「臣光云々」で始まる史論と序文が付いており、これは皇帝への上言の形式だから、原『歴年図』にはなく、上呈の際に加えられたものと思われる。

次に『歴年図』の流伝を記しておこう。現在、『歴年図』を単独で見ることはできない。司馬光の歴史著述の一つに『稽古録』というものがあり、二十巻からなる同書の巻十一の途中から巻十六までに『歴年図』がすっぽりと収められているのである。だから現在、『歴年図』は『稽古録』を通して見るしかないのだが、『稽古録』中のそれは単純な年代記に改められており、「図」の性格を失っている。また、上呈した『歴年図』では、史論は序文とともに末尾にまとめられていたらしいが、今は各所に分散して置かれている。このように原貌を失っているとはいえ、その史論や序文は『資治通鑑』の思想に通い合う性質を持っている。一端を紹介しよう。

周王朝は平王元年（前七七〇）に都を洛陽に遷して以来、衰亡の一途をたどり、戦国時代には列強の大夫にすら及ばぬ勢力にまで落ちぶれた。それでも諸侯からは共通の君主として仰がれ、滅亡せずに長らえた。その理由はどこにあるのか。司馬光はこうした問いを立て、次のように論ずる。

昔、周の興るや、礼以て本と為し、仁以て源と為す。后《こう》稷《しょく》より已来《いらい》、文・武・成・康に至るまで、その礼を講ずるや備われり。その仁を施すや深し。民　耳目に習《な》れ、骨髄に浹《あまね》し。後世　微弱たりと雖も、その民将《まさ》に陵慢の志あらんとすれば、則ち先王の礼を畏れ、敢て為さず。将に離散の心あらんとすれば、則ち先王の仁を思い、去るに忍びず。これ、その国を享《う》くること長久なる所以の道なり。(5)

『歴年図』の史論は三十六篇あり、右はその最初、「周論」の一節である。司馬光は、周が弱体化しても滅亡を免れたのは、遠祖の后稷より以降、創業前後の文王から康王にいたる君主たちが礼を制定・履行し、仁を施したためであるという。王朝存続の絶対条件として君主の礼と仁、とりわけ礼が重視されていることに注目したい。

礼の重視は他の史論からも読み取れる。五胡十六国の一つ、南燕を建てた鮮卑の慕容徳（三三六～四〇五）を論じた「後燕・南燕論」の一節を見よう。

徳は燕室の至親なるを以て、方伯の任に居り、南夏の師を総《す》ぶ。敵至れども禦ぐ能わず、民散ずれども安んずる能わず、君窮すれども救う能わず。尽《ことごと》くその田を喪《うしな》い、人の田を奪いて以てこれに居る。その智・仁・勇、皆称するに足る者なし。然れども賢に礼し諫を納《い》れ、以て青土を保全するは、「善く敗るる者は亡びず」と謂うべし。(6)

慕容徳は後燕の世祖慕容垂の弟で、兄のもとで車騎大将軍・范陽王として鄴《ぎょう》（現在の河北省）を守った。慕容垂の死後、後燕が北魏に攻められて南北に分断されると、慕容徳は臣下の進言を聴いて鄴を捨て、青州（現在の山東省）に逃れて南燕を建てた。三九八年のことである。慕容徳には目立った戦功や治績がなく、大した人物でもなかったが、唯一、賢者を礼遇して諫言に耳を傾けることに優れていた。司馬光はそれを評価し、『漢書』刑法志の「負け上手な者は滅亡にまでは至らない」という語を引いて讃えたのである。実際、南燕は小国ながら慕容徳の在世中は持ちこたえ、滅亡したのは甥で二代目を継いだ慕容超の時、四一〇年であった。

(三)『通志』

『歴年図』上呈から二年後の治平三年（一〇六六）、司馬光は『通志』八巻を同じく英宗に上呈した。東周の威烈王二十三年（前四〇三）に始まり秦の二世皇帝三年（前二〇七）に終わる一九七年間の歴史を編年体で記述した書物で、これを通じて「七国興亡の迹《あと》」、つまり戦国の六国と秦との興隆から滅亡までの事蹟を明らかにし、治乱の根源を示そうとしたのである。(7) 英宗はそれを嘉納したばかりか、司馬光に続編の編纂を命じた。その続編とは取りも直さず『資治通鑑』であり、現行の『資治通鑑』の巻一から巻八が『通志』に当たることとなる。(8)

『通志』は、ということは『資治通鑑』も、次の記事から始まる。

初めて晋の大夫の魏斯・趙籍・韓虔に命じて諸侯と為す。[9]

晋は春秋時代の有力な諸侯国の一つで、魏氏・趙氏・韓氏はその家老職を務める家柄であった。ところが、三家は次第に勢力を拡大し、遂には晋を三分割して自立しようと企て、周の天子に承認を求めた。右の記事は、天子がそれを認めたことを記したものである。司馬光は、これに続けて長大な史論を立てている。全体は紹介しきれないので、引用は最小限に止め、地の文を交えて要約しておこう。

臣聞く、天子の職は礼より大なるはなく、礼は分より大なるはなく、分は名より大なるはなし、と。何をか礼と謂う。紀綱、これなり。何をか分と謂う。君臣、これなり。何をか名と謂う。公・侯・卿・大夫、これなり。[10]

天子の務めで最も重要なのは天下を統御する大綱である礼を制定・履行することであり、礼で最も重要なのは君主と臣下との区別であり、区別で最も重要なのは公・侯・卿・大夫などの身分秩序に関わる名称である。諸侯国の大夫が自立して諸侯を称するのは、身分秩序に背き、君臣の区別をないがしろにし、礼を破る行為に他ならない。そうした反逆者が現われた時、天子は諸侯を率いて討伐する義務を負う。ところが今、天子は討伐軍を挙げるどころか、反逆者の求めるままに承認を与えた。

故に三晋の諸侯に列せらるるは、三晋の礼を壊《こぼ》つに非ずして、乃《すなわ》ち天子自らこれを壊つなり。[11]

「三晋」は晋を三分割した魏・趙・韓の三家。「乃」はここでは強意を含んだ逆接の接続詞。魏・趙・韓が諸侯となったのは、三家が礼を破ったのではなく、こともあろうに天子自身が礼を破ったのである。以来、天下に礼は失われ、智恵と力とを競い合う戦国の世へと変貌した。

以上が『通志』巻頭の史論の主旨である。三家分晋の事件に、司馬光は周の礼が失われ、時代が春秋から戦国へと推移したことを見た。礼の存廃を時代区分の基準としたわけである。私的な覚書きならば、便宜に従って共和元年（前八四一）に始めてもかまわない。しかし、皇帝陛下が御覧くださる書物では、まず天子にとっての礼の重要性からお読みいただかねばならぬ。司馬光はそう考え、かつて上呈した『歴年図』を、そして今また『通志』を、威烈王二十三年（前四〇三）から始めたのである。

ちなみに、春秋と戦国とをどの時点で区切るのかについては、いくつかの異なった見解があるが、過去から現在にいたる歴史家の多くは前四〇三年を戦国時代の起点としている。[12]これは司馬光の考えに従ったものに他ならず、『通志』すな

わち『資治通鑑』の影響力を物語る一証といえるだろう。(13)

(四)『資治通鑑』

『通志』の続修を命じた英宗は翌治平四年（一〇六七）に崩御したが、跡を継いだ神宗も先帝の遺志を守り、同年、改めて『資治通鑑』という書名と御製の序とを下賜した。以来、司馬光は『資治通鑑』の編纂に邁進し、その年の内に前漢、熙寧三年（一〇七〇）に後漢・三国、同九年（一〇七六）ごろには隋までの部分を逐次上呈した。そして最後の唐・五代の部分が神宗に上呈されたのは元豊七年（一〇八四）。ここに東周の威烈王二十三年（前四〇三）から後周世宗の顕徳六年（九五九）までの一三六二年間を編年体で記録した総巻数二九四巻の『資治通鑑』が完成したのである。(14) 英宗に『通志』を上呈した治平三年（一〇六六）から起算すれば十九年を費やし、この大著は編纂されたことになる。完成時に提出した「進書表」には「臣の精力、この書に尽く」の語が見える。(15) まさしく『資治通鑑』は司馬光畢生の大事業であった。

前項まで、『歴年図』および『通志』の史論を取り上げ、司馬光の思想を考えてきた。ここでも『資治通鑑』の史論から二篇を選び、それが一貫して変わっていないことを確認したいと思う。

数多ある礼の中で、一番やかましく言われるのは喪服《そうふく》の礼だろう。同族の死に際し、どれだけの期間、どのような形式で喪《も》に服するかを親疎の別に分けて定めた礼がそれであり、最も重いのは親のための斬衰《ざんさい》三年、つまり染色も装飾も施さず、端もかがっていない粗末な衣服をまとい、極度に質素な生活で三年を過ごすというものであった。もちろん、その間はあらゆる公務からも退かねばならない。しかし、政治や軍事の要務を担っている者が三年間も仕事を離れるのは長すぎるとの議論が古くからあった。そのため、前漢の文帝は遺詔で、官吏や人民は三日間、親族でも比較的疎遠な者は埋葬後に最長十五日間で喪を終えよと命じた。以来、漢魏の皇帝で喪を短期間で切り上げるものが多く現われた。

西晉の武帝司馬炎（二三六～二九〇）も、父の司馬昭の埋葬を終えると喪服を脱いだ。しかし、追慕の念は止みがたく、喪中を示す白い冠をかぶり、粗食を続けた。さらに父の死の翌年に当たる泰始二年（二六六）には、墓陵参拝に際して再び喪服を着用したいと言いだした。これは重臣の反対で沙汰止みとなったが、武帝は結局、白冠粗食で三年を過ごしたのであった。司馬光はそれを次のように論じている。

> 三年の喪は天子より庶人に達す。これ先王の礼経にして、百世不易の者なり。漢文　心を師として学ばず、古を変じて礼を壊ち、父子の恩を絶ち、君臣の義を虧《か》く。後世

の帝王、哀戚の情を篤うする能わず、群臣諂諛し、敢て釐正《りせい》するなし。晉武に至りて独り天性を以て矯《たわ》めてこれを行なうは、不世の賢君と謂う可し[16]。

前漢の文帝は皇子たちが三年の喪に服することまで禁じたわけではない。西晉の武帝も一旦は喪服を脱いだわけで、絶賛するほどでもなかろう。司馬光の祖先は武帝の祖父司馬懿の弟の司馬孚と伝えられるから、縁者びいきの気配さえ感じられる。しかし、それら諸々を差し引いても、天子と礼との関わりを示す出来事を目ざとく見つけ、そのたびに議論を発して読者すなわち皇帝の注意を促そうと司馬光が努めた事実だけは残るに違いない。

先の慕容徳はもとより、西晉の武帝にしたところで、本当に「賢君」であったかどうかは怪しい。それでも、礼を重んじたことで司馬光に褒められた。反対に掛け値なしの「不世の賢君」であっても、礼を軽んずれば批判される。唐の太宗李世民（五九八〜六四九）がそれである。

貞観二年（六二八）、南朝系の雅楽と北朝系のそれとの長所を合せた新しい雅楽が完成し、太宗に献上された。すると太宗は、「礼楽は、聖人が人々の感情に添いながら教化のために設けたものに過ぎぬ。治世の興隆衰退とは無関係だ」と言い放った。司馬光がこれを見逃すはずもなければ、黙っているはずもない。

礼なる者は聖人の履《ふ》む所なり。楽なる者は聖人の楽しむ所なり。聖人は中正を履みて和平を楽しみ、又《また》四海とこれを共にし、百世これを伝えんことを思う。ここに於てか礼楽を作れり。（中略）王者、五帝・三王の礼楽を執りてこれを世に施さば、これ亦《また》五帝・三王の治なるのみ。五帝・三王、その世を違《さ》ること已に久し。後の人、その礼を見てその履む所を知り、その楽を聞きてその楽しむ所を知り、炳然として猶《なお》世に存するが若《ごと》し。これ礼楽の功に非ずや[17]。

礼楽を治世の興隆衰退とは無関係とした太宗に対し、礼楽は太古の聖天子が制作したもので、礼楽を措いて聖天子の治世を再現するすべはないと司馬光は考えた。そのため、

しかるに太宗、遽《にわ》かに治の隆替は楽に由らずと云う。何ぞ言を発するの易《やす》うして、聖人を非《そし》るに果なること此《かく》の如《ごと》きや[18]。

と太宗の発言の軽率さを批判したのである。

（五）荀子と司馬光

以上、『歴年図』より二篇、『通志』より一篇、『資治通鑑』より二篇の史論を取り上げた。『通志』は結果的に『資治通鑑』の一部をなすので、『資治通鑑』より三篇と数えてもか

まわない。前述のとおり、『歴年図』は治平元年（一〇六四）の、また『資治通鑑』の唐の部分は元豊七年（一〇八四）の上呈であったから、二十年余にわたり、天子にとって礼が如何に重要であるかを説こうとする司馬光の姿勢は変らなかったことがわかるだろう。これが『資治通鑑』の思想の中核である。それでは、その淵源をどこに求めればよいのか。結論を先に述べれば、荀子の思想に求められるのではないかと思う。

唐の粛宗の乾元元年（七五八）に起きたある事件に対する『資治通鑑』の史論は、次のような一文で始まる。

それ民は生まれながらにして欲あり、主なくんば則ち乱る。この故に聖人は礼を制して以てこれを治む。(19)

この文章を見てすぐに連想されるのは、『荀子』礼論篇冒頭の一節ではないだろうか。

礼は何に起こるや。曰く、人は生まれながらにして欲あり、欲《ほっ》して得ずんば則ち求むるなき能わず。求めて度量分界なくんば則ち争わざる能わず。争わば則ち乱れ、乱るれば則ち窮す。先王その乱を悪《にく》み、故に礼義を制して以てこれを分かち、以て人の欲を養い、人の求めを給《た》らし、欲をして必ず物に窮せず、物をして必ず欲に屈せず、両者をして相持して長ぜ使む。これ礼の起こる所なり。(20)

人間には先天的に欲望があり、それを放置すれば混乱が生ずる。混乱を回避し、治世を実現するために聖人が制作したもの、それが礼である。荀子と司馬光の思想の共通点は、まずここに見出せるだろう。

また、『通志』の史論として挙げた礼・分・名の思想は『荀子』王制篇の一節を思わせる。

力は牛に若《し》かず、走ることは馬に若かざるに、牛馬用《よう》を為すは何ぞや。曰く、人は能く群《ぐん》し、彼は群する能わざればなり。人は何を以て能く群するや。曰く、分。分は何を以て行なわるるや。曰く、義。(21)

他にも、孟子のように王者と覇者とに本質的な差異を認めるのではなく、程度の違いに過ぎないと考えるなど、(22)荀子と司馬光にはいくつかの共通点がある。もとより、司馬光が荀子一辺倒であったわけではなく、(23)両者の思想があらゆる点で一致しているはずもないが、『資治通鑑』の思想の中核をなす礼の議論が荀子の影響下にあることは確かだろう。

「『資治通鑑』の思想とその淵源」という与えられたテーマへの第一段階の回答は以上である。しかし、これは『資治通鑑』という大河の川面を、あるいは肉眼で見える浅瀬を眺めたに過ぎず、もう少し錘を降して深い淀みを覗いてみたいと思う。次章では、史論ではなく、『資治通鑑』の本文がどのようにして作成されたのかを考えてみよう。何よりも、『資治通鑑』は議論の書ではなくて歴史書なのだから。

二、『資治通鑑考異』

(一)三人の助手たち

話は治平三年(一〇六六)に溯る。英宗は『通志』の続修を命じたのに合わせ、宮廷図書館である崇文院に書局を開設し、用紙や筆墨など一式を支給した。[24] 司馬光からは助手を採用したい旨の要求が出され、これも認められた。当初は趙君錫と劉恕の両名を採用する計画であったが、趙君錫が喪中のため、代わりに劉攽が入った。熙寧四年(一〇七一)、劉攽が王安石の新法を批判したかどで地方官に左遷されると、後任に范祖禹が選ばれた。ここで三人を紹介しておこう。

劉攽(一〇二三~一〇八九)は最年長で、司馬光とも四歳しか違わない。兄の劉敞、敞の子の劉奉世とともに漢代史の専門家として名高く、遺著に『東漢書刊誤』四巻がある。

劉恕(一〇三二~一〇七八)は司馬光が試験官を務めた仁宗の皇祐元年(一〇四九)の科挙に十七歳で合格した俊秀で、司馬光の門人であるとともに、最も良き相談相手であった。南北朝や五代などの錯綜した時代を分析する能力に長け、散佚した著述に『十国紀年』四十二巻があった。また、『資治通鑑』の前後に当たる春秋以前と宋代の歴史をそれぞれ編年体で記述する構想があり、前者は『資治通鑑外紀』十巻として一応まとめられたが、後者は病のために果せず、『資治通鑑』の完成も見ることなくして亡くなった。

范祖禹(一〇四一~一〇九八)は司馬光の友人范鎮の族孫で、遺著の『唐鑑』十二巻は『資治通鑑』の唐代部分の作業を手伝ったことの副産物である。わざわざ唐代版の通鑑ともいうべき『唐鑑』を著したのは、范祖禹に司馬光とは異なる考えがあったためだろう。たとえば、則天武后が実子の中宗を廃して唐の実権を握り、やがてはみずから皇帝となった六八四年より七〇四年までを、『資治通鑑』は武后が立てた元号で表示している。対して『唐鑑』は中宗が立てた「嗣聖」で通した。司馬光が実態に即するのを旨としたのに対し、范祖禹は武后の統治という事実を認めようとしなかったのである。司馬光は融通の利かぬ人柄だったが、ここではむしろ柔軟で、范祖禹の方が理念的で頑なであった。『唐鑑』が理学者の程頤に絶賛され、朱熹の『資治通鑑綱目』でも范祖禹のやり方が踏襲されることとなったのは、そのためだろうか。[25]

(二)『資治通鑑』の編纂過程

助手たちの顔ぶれも揃い、司馬光がまず取りかかったのは『資治通鑑』に記載する事柄を選ぶ作業であった。記載すべき事柄を項目として書き出し、年代の順に、さらに月日の順に並べてゆく。一〇〇〇年以上にわたる歴史を相手とするのだし、追加、削除、入替なども頻繁に行なわれただろう。かつての『歴年図』がある程度は役立ったと思われるが、それより遥かに詳細な歴史書を編纂するのだから、一からの再出発に等しく、この作業だけでも随分の時間と労力を要したに違いない。こうしてできた項目集を「叢目」という。

「叢目」ができると、次は「長編」の作成である。「長編」とは、「叢目」で選んだ事柄に関連する史料を全て書き並べた資料集であり、ここで助手たちの出番が来る。三人のだれがどの部分を担当したのか、詳細はわからぬものの、当初は劉攽が両漢・三国・唐を、劉恕が晋から隋までと五代とを担当し、劉攽が地方に転出して范祖禹が加わった後は彼が唐を、そして劉恕が没すると五代の仕上げも范祖禹が担当したのではないかと思われる。(26)正史・実録といった一級史料から、雑史・諸子・文集、さらには雑記・小説の類にいたるまで、関連するものは片っ端から書き抜いてゆくのが「長編」の作成方針であった。『資治通鑑』に用いられた史料の総数を、ある研究者は三三九種に上るという。(27)これとても確定ではなく、ましてや「長編」に書き抜かれても『資治通鑑』には用いられずに終った史料が相当数あるはずだから、この作業の難儀さは想像を絶する。現在とは書物の形態も住環境も異なる中で、寒暑を通じ、昼夜を徹して「長編」の作成は続けられた。『資治通鑑』完成後に司馬光が述べた「臣の精力、この書に尽く」は、泉下の劉恕を含め、助手たちにも共通した思いであったに違いない。

「長編」が徐々に仕上がるにつれ、今度はその整理が始まる。こちらは司馬光の仕事であった。整理作業は大きく二つに分かれる。何を書くかと、どのように書くかの二つである。いかなる事柄であれ、関連する史料が一つしかないのは稀で、複数の史料が細部まで一致することも少ない。どれを残して他を捨てるかは史料批判に基づく作業で、これが歴史書の根幹である信憑性を決定する。そのため、司馬光もこの作業に細心の注意を払い、心血を注いだ。その具体例は長くなるので次項に譲り、ここでは「どのように書くか」、つまり司馬光は『資治通鑑』をどんな文体で書いたのかを見ておこう。

さまざまな史料は成立した時代や作者が異なり、文体も異なる。それを羅列するだけでは冗長になり、多忙な皇帝には読んでもらえまい。司馬光はその愚を避けるため、端正な古文で簡潔に描写するように努めた。例を一つ挙げておく。

劉備、樊口に在り、日《ひ》びに邏吏を水次に遣わして権の軍を候望せしむ。吏、瑜の船を望見し、馳せ往きて備に白《もう》す。備、人を遣わしてこれを慰労せしむ。瑜曰く、「軍任あり、署を委《す》つるを得べからず。儻《も》し能く威を屈すれば、誠にその望む所に副う」と。備乃ち単舸に乗り、往きて瑜に見《まみ》えて曰く、「今、曹公を拒《ふせ》ぐは、深く計を得たりと為す。戦卒　幾ばくありや」と。瑜曰く、「三万人」と。備曰く、「恨むらくは少なし」と。瑜曰く、「これ自《おの》ずから用うるに足る。豫州は但《た》だ瑜のこれを破るを観よ」と。備、魯粛らを呼びて共に会語せんと欲す。瑜曰く、「命を受けて妄りに署を委つるを得ず。若し子敬に見《あ》わんと欲すれば、別にこれを過《よぎ》るべし」と。備深く愧じ喜ぶ。[28]

後漢献帝の建安十三年（二〇八）、赤壁の戦を前にして劉備と周瑜が対面した場面で、「権」が孫権、「曹公」が曹操であるのは言うまでもない。史料となったのは『三国志』周瑜伝の裴松之注に引く『江表伝』だが、司馬光はそれを半分ほどに縮めて右の一段に仕立て上げた。このように、「長編」に列挙された膨大な史料を一つずつ鑑別して筆削する地道な作業を積み重ね、『資治通鑑』の初稿は作成されたのである。

ここまで来ると終着点は近い。前章で取り上げた史論を書き加え、初稿と史論を校正して浄書すれば完成である。もちろん、校正の過程でいくばくかの手直しが行なわれただろうし、皇帝に上呈する書物であるから浄書後の再校にも慎重を期したことだろう。「叢目」の作成に始まり、最終校正を済ませて上呈にいたるまで、全ての段階で司馬光と助手たちは全身全霊をこめて作業に没頭した。これが『資治通鑑』の編纂過程である。

『資治通鑑』が完成した後、司馬光はその刊刻作業に携わり、さらに簡約版の作成も試みた。しかし、残された時間は少なく、『資治通鑑』の完成から二年後、哲宗の元祐元年（一〇八六）に司馬光は亡くなった。六十八歳であった。『資治通鑑』の最初の版本が刊行されたのは元祐七年（一〇九二）のこととなる。

（三）『資治通鑑考異』

書くべき事柄を決め、史料あるいは資料を網羅し、批判的考察を加えて鑑別し、わかりやすいことばで表現する。考えてみれば、これはあらゆる歴史家が行なってきた作業だろうし、規模こそ違え、現在われわれがしている仕事もその範囲を出ない。特別なことは何もないのである。唯一、特別なことがあるとすれば、『資治通鑑』の場合、一連の編纂過程が克明にわかる点だろうか。それがわかるのは、司馬光が助手たちに与えた指示が書簡として残っているからである。[29] 編纂過程がこれほど克明にわかる歴史書は『資治通鑑』以前にはなく、その意味で『資治通鑑』の編纂は「空前」であった。

そして、もう一つの「空前」がある。前項で述べた史料批判に基づく作業の内容を、司馬光自身が丁寧に記録していることである。一つの事柄に関連する史料が複数存在し、その間に齟齬がある時、史料批判に基づいて取捨を決定するのもまた、あらゆる歴史家が行なってきた作業だろう。しかし、その作業内容を自身で記録した歴史家は、司馬光以前にはいなかった。それゆえ、司馬光の残した記録は「空前」のものとなる。その記録の集積が『資治通鑑考異』三十巻である。以下、『資治通鑑考異』から一例を紹介してみたい。

中国全土を揺るがした反乱は数多いが、中でも南朝の梁を滅亡に導いた侯景の乱と、唐を震撼させた安史の乱は筆頭格だろう。後者の首魁、安禄山（七〇三?～七五七）の登場を、『資治通鑑』は次のように記している。

張守珪、平盧討撃使・左驍営将軍の安禄山をして奚《けい》・契丹の叛《そむ》く者を討た使む。禄山、勇を恃みて軽がるしく進み、虜の敗る所と為る。夏、四月辛亥、守珪奏してこれを斬らんことを請う。禄山、刑に臨み呼ばわりて曰く、「大夫、奚・契丹を滅ぼすを欲せざるや。奈何《いかん》ぞ禄山を殺す」と。守珪も亦その驍勇を惜しみ、乃ち更《あらた》めて京師に執送す。張九齢批《ひ》して曰く、「昔、穰苴《じょうしょ》は荘賈を誅し、孫武は宮嬪を斬る。守珪の軍令、若《も》し行なわるれば、禄山宜しく死を免れざるべし」と。上《しょう》、その才を惜しみ、勅して官を免じ、白衣を以て将領せ令む。九齢固く争いて曰く、「禄山は律を失して師を喪《うしな》う。法に於て誅せざる可からず。且つ臣その貌に反相あるを観る。殺さずんば必ず後患と為らん」と。上曰く、「卿、王夷甫の石勒を識るを以て忠良を枉害すること勿《なか》れ」と。竟《つい》にこれを赦す。[30]

玄宗の開元二十四年（七三六）の記事である。幽州節度使の張守珪配下の部将であった安禄山は、奚族・契丹族の討伐に失敗した。そのため、守珪は禄山を斬罪に処する許可を朝廷に求めた。ところが禄山が抗言したので、守珪は判断を朝廷に委ねようと思いなおし、禄山を都に護送した。宰相の張九齢は処刑判決を下したが、玄宗は禄山を一兵卒に降格することでその才能を生かそうと考えた。九齢は禄山に謀反人の相があるのを見て処刑を再度主張したが、結局、玄宗は禄山を赦免した。

『資治通鑑』が記す安禄山登場の場面は以上である。しかし、この記事が出来上がるまでの道は平坦ではなかった。対応する箇所の『資治通鑑考異』を見ると、関連史料が八種類も挙がっており、それぞれが微妙に異なる。繁雑になるのを承知で、それらを要約して箇条書きにしてみよう。そうすることで司馬光の苦労のほどが少しはわかるだろうから。

①『玄宗実録』…張守珪は安禄山が軍律を守らなかったために敗北を喫したことで軍法によって処刑したいと上奏し、許可された。ところが禄山が抗言したので、守珪は禄山の過去の手柄を思って不問に付し、朝廷に報告した。

②『粛宗実録』…安禄山が交易場の吏員であった時、羊を盗んだ。張守珪は怒って撲殺しようとした。ところが禄山が抗言したので、守珪はそれに感じ入って許した。

③姚汝能『安禄山事迹』…羊を盗んだ事件は『粛宗実録』と同じ。開元二十一年（七三三）、張守珪は安禄山を都に遣わして事務報告をさせた。その時、張九齢が禄山を見て反相があるのを知り、裴光庭に告げた。同二十四年、禄山が奚族・契丹族の討伐に失敗した。そのため、守珪は禄山を斬罪に処する許可を朝廷に求めた。張九齢は処刑判決を下したが、玄宗は禄山を一兵卒に降格することでその才能を生かそうと考えた。九齢は処刑を再度主張したが、結局、玄宗は禄山を赦免した。

④孫樵『西斎録』…張守珪が安禄山に反乱を起こさせたと言われるのはなぜか。禄山が守珪の部将であった時、法令を犯した。張九齢は守珪に禄山を処刑するように命じたが、守珪は従わなかった。結果、禄山は天下を乱した。そのため、守珪が禄山に反乱を起こさせたと言うのである。

⑤『旧唐書』張九齢伝…張守珪は部将の安禄山に奚族・契丹族を討伐させたが失敗した。そのため、守珪は禄山を捕えて都に護送し、朝廷での判断を仰いだ。宰相の張九齢は処刑判決を下したが、玄宗は禄山を許そうと考えた。九齢は禄山に謀反人の相があるのを見て処刑を再度主張したが、結局、玄宗は禄山を赦免して幽州に帰らせた。

⑥『新唐書』張九齢伝…張守珪は安禄山を都に遣わして事務報告をさせた。その時、張九齢は、幽州を乱す者はこの胡人の若造だと裴光庭に告げた。以下は『旧唐書』張九齢伝と同じ。

⑦『旧唐書』安禄山伝…開元二十年（七三二）、張守珪が幽州節度使であった時、安禄山が羊を盗んだ。守珪は撲殺しようとした。ところが禄山が抗言したので、守珪はそれに感じ入って許した。

⑧『新唐書』安禄山伝…年紀はないが、記事は『旧唐書』安禄山伝と同じ。

こうして書き並べると、それぞれの記述に少しずつ違いがあるのがわかるだろう。とりわけ大きな違いは、事件の発端は討伐の失敗か羊の窃盗か、張九齢が安禄山の反相を見たのはいつか、そして安禄山を許したのは張守珪か玄宗かの三点に絞られる。まず、事件の発端を討伐の失敗とするのは①⑤⑥、羊の窃盗とするのは②⑦⑧で、③は両方を挙げ、④は不明である。次に、張九齢が安禄山の反相を見たのを事務報告で上京した時とするのは③⑥、逮捕・護送された時とするのは⑤で、①②④⑦⑧はこの件に言及していない。最後に、安禄山を許したのを張守珪とするのは①②④⑦⑧、玄宗とするのは③⑤⑥となる。

史料間にこれほどの違いがある場合、大抵の者は、実録や正史は信頼でき、雑史・野史のたぐいは信頼できないと考え、そこから考証を始めるだろう。しかし、司馬光はそうはしなかった。全ての史料を同列に置き、一つずつ地道に史料批判を行なったのである。

史料批判に際し、司馬光は張九齢が起草した三通の勅書を傍証とした。一通目の「賜守珪勅」には、「安禄山が軍律を犯して敗北したのは誅殺に値し、そなたが既に刑を執行したのは軍法にかなう」とあり、二通目の「賜平盧将士勅」には、「安禄山が誅殺されたのは敵を軽んじたためであり、これによって萎縮して後々の戦略を誤ってはならぬ」とある。この二通から、事件の発端が討伐の失敗にあったのがわかるとともに、この時点では張九齢は安禄山が処刑されたと思っていたこともわかる。ところが三通目、もう一つの「賜守珪勅」には、「安禄山には重罪を加えるべきであるが、蛮族はまだ平定されておらず、軍法は権宜に従うものだから、一兵卒として従軍させよ」とある[31]。宰相の張九齢が前言を撤回したのは、より大きな力が働いたからに相違なく、それは玄宗以外にはありえない。ましてや、朝廷から処刑命令が出ているのに、張守珪が独断で安禄山を赦免するなど考えられない。かくして、安禄山を許したのが玄宗だとわかるのである。残る一つ、張九齢が安禄山の反相を見たのはいつかという問題は、開元二十一年の三月に裴光庭が没し、その時点では張守珪がまだ幽州に着任していなかった事実から、安禄山が事務報告で上京した時とする説は誤りだとわかる。以上のような史料批判を積み重ね、司馬光は『資治通鑑』の本文を確定させたのであった。

(四) 礼と人情

右に取り上げた『資治通鑑考異』の一条は、次の文章で結ばれている。

かくの如くせば、則ち玄宗実録と相応じ、人情に於て差《や》や相近きに似たり[32]。

中国の古典に見える人情は、「義理と人情」のそれとはいささか異なり、人間の自然な感情をいう。ここまで細かな考証を重ねてきた司馬光が、いきなり人情を持ち出したのはなぜなのか。おそらく司馬光は、人間は情況に応じた感情を自然に懐き、それに導かれて行動すると考えていたのだろう。だとすれば、齟齬する史料の中で人情に適うものが事実を伝えていることになる。「人情に於て差や相近きに似たり」という結びは、司馬光が史料批判の最後の拠りどころを人情に求めたことを教えてくれるのである。『資治通鑑考異』には、他にも何箇所か、人情を史料批判の判断基準に持ち出している例がある。[33] 人情の一語は『資治通鑑』の思想を解明する新たな鍵であろう。

「礼は人情に因り、これが節文を為す」ということばがある。「礼とは人間の自然な感情に基づいて制定され、人間に節度と文飾を与えるものだ」との意味であり、『礼記』坊記や『淮南子』斉俗訓に見える語である。以下、『礼記』は礼の調節機能を説き、『淮南子』は三年の喪を人情に背くと批判する。当然、後世の儒者は前者の思想を遵守するが、このことばを、礼とは人情に基づいたみずみずしいものだと主張する際の根拠ともした。司馬光もその一人で、彼にとって人情を重んずることは、礼を重んずることと同義なのである。

張守珪も張九齢も、制度と職務を忠実に守っただけかもしれない。だが同時に、彼らは折々の情況に応じた自然な感情に導かれて行動したわけで、それは礼を守っていたことにもなる。他方、玄宗は、張九齢が『史記』に見える春秋時代の故事を引いて諫めたのに対し、『晉書』石勒載記に見える王衍と石勒の故事を引いて切り返し、悦に入っていた。臣下の諫言に耳を傾けず、智恵を競うという礼に背いた行為をした玄宗が、結果どうなったか。言うまでもなかろう。

『資治通鑑』は帝王学の書である。皇帝の最たる関心事は国家の興亡盛衰に他ならず、それを左右するのが礼であった。そして礼が人情に基づいているからには、人々の自然な感情、喜びや悲しみに気づくのが皇帝の責務となる。そのため司馬光は、『資治通鑑』に国家の興亡と人民の哀楽とをありありと描くことに努めた。「進書表」に言う。

> 専ら国家の興衰に関わり、生民の休戚に繋り、善の法と為す可く、悪の戒と為す可き者を取り、編年の一書を為《つく》り云々。[34]

礼の重視が『資治通鑑』の思想の中核であると述べた前章の結論に変りはない。しかし、『資治通鑑』という大河の深みには人情が脈動しているのではないか。これが、与えられたテーマへの第二段階の回答である。

注

（1）「迂書序」に「余生六齢而父兄教之書。雖誦之、不能知其義」とある。李之亮『司馬温公集編年箋注』（巴蜀書社、二〇〇九年。以下『司馬温公集』と略称）巻七十四。この「書」を書物と解する説もあるが、稲葉一郎『中国史学史の研究』（京都大学学術出版会、二〇〇六年）四二五—六頁に従い、『尚書』と解すべきだと思う。

（2）蘇軾「司馬温公行状」（『蘇軾文集』巻十六）。

（3）『史通』自叙篇。

（4）「記歴年図後」（『司馬温公集』巻六十六）。

（5）王亦令『稽古録点校本』（中国友誼出版公司、一九八七年）巻十一。なお、「周論」などという表題は、もともと付いていない。本稿では陶懋炳『司馬光史論探微』（河南師範大学出版社、一九八九年）が用いている呼称を借用した次第である。

（6）『稽古録点校本』巻十四。

（7）「進通志表」（『司馬温公集』巻五十七）。

（8）『通志』八巻を『資治通鑑』の巻一から巻八に当てるに際し、司馬光はいささかの修訂を施したであろう。しかし、大幅な改変はなされなかったと思われるので、今は『資治通鑑』巻八までを『通志』として論じておくこととする。

（9）『資治通鑑』（北京中華書局、一九七六年）巻一。

（10）同右。

（11）同右。

（12）楊寛『戦国史』（上海人民出版社、一九八〇年、第二版）三一—五頁。ただし同書で楊氏は、田成子が斉の簡公を弑した前四八一年を戦国時代の起点とする見解を取っている。

（13）『歴年図』と『通志』に関する記述は、稲葉前掲書の四八一—五一〇頁を参照した。

（14）『資治通鑑』の各部分の上呈時期は、木田知生『司馬光とその時代』（白帝社、一九九四年）二三七—四〇頁、梁太済「従毎巻結銜看《資治通鑑》各紀的撰呈時間」（『内蒙古大学学報』五、人文社科版、一九九七年）などを参照した。

（15）「進書表」は「進資治通鑑表」ともいう。『資治通鑑』付載。また『司馬温公集』附録巻二。田中謙二『資治通鑑』（朝日新聞社、一九七四年）四五五—六八頁には詳細な訳注がある。

（16）『資治通鑑』巻七十九。

（17）『資治通鑑』巻一九二。

（18）同右。

（19）『資治通鑑』巻二二〇。これは平盧節度使の王玄志が没した後、藩鎮の有力者が推薦した者をそのまま後任の節度使に任じたことに関して発せられた史論である。事件が「三家分晉」と類するため、陶懋炳前掲書の一二三—四頁ではその史論と対照して論じられている。

（20）王先謙『荀子集解』（北京中華書局、一九八八年）巻十三。

（21）同右、巻五。ちなみに、『温公家範』巻一には、『荀子』のこの文章に依拠した一節がある。王宗志注『温公家範』（天津古籍出版社、一九九五年）一八頁。

（22）司馬光の王覇論は『資治通鑑』巻二十七に見える。董根洪『司馬光哲学思想述評』（山西人民出版社、一九九三年）三四〇—五頁には、荀子と司馬光の王覇論を比較した考察がある。

（23）司馬光は揚雄の影響も強く受けていた。陳克明『司馬光学述』（湖北人民出版社、一九九〇年）二四九—三一七頁参照。なお、司馬光には、仁宗の皇祐二年（一〇五〇）に上奏した「乞印行荀子・揚子法言状」（『司馬温公集』巻十六）がある。

（24）「書局」とは『資治通鑑』編纂のための機構である。当初は首都の開封に置かれたが、熙寧四年（一〇七一）に司馬光が洛陽へ転出したのにともない、書局も翌年に洛陽へ移された。

(25) 范祖禹の史学思想については、呉懐祺『中国史学思想通史・宋遼金巻』(黄山書社、二〇〇二年)一八三―九二頁を参照した。

(26) 助手たちの誰が「長編」のどの部分を担当したのかについては、陳光崇「《資治通鑑》述論」(同氏『中国史学史論叢』遼寧人民出版社、一九八四年)一八五―七頁、稲葉前掲書の五一三―七頁などを参照した。

(27) 高振鐸「《通鑑》参拠書考辨」(劉乃和・宋衍申編『《資治通鑑》論叢』河南人民出版社、一九八五年)二〇一頁による。

(28) 『資治通鑑』巻六十五。この項については、顔中其「《資治通鑑》的文学芸術特色」(劉乃和・宋衍申編『司馬光与資治通鑑』吉林文史出版社、一九八六年)三一九―二二頁を参照した。

(29) 「与劉道原書」(『司馬温公集』巻六十二)、「答范夢得」「与范夢得論修書貼」(ともに『司馬温公集』附録巻三)などがそれである。

(30) 『資治通鑑』巻二一四。

(31) 一通目と二通目の勅書は、張守珪が安禄山の処刑許可を求めたのに応じて下されたもので、それらが幽州に届くのと入れ違いに守珪は禄山を都に護送したのだろう。三通目は禄山が都に到着し、張九齢と玄宗との応酬があった後に下されたものに違いない。三通の勅書は、いずれも『曲江張先生文集』巻九に収められている。ただ、文集には「勅幽州節度張守珪書」が全部で五通収められており、一通目の勅書が五番目に、三通目が四番目に置かれているのは不審である。

(32) 前掲注30に同じ。『資治通鑑考異』は単刊本もあるが、本稿では胡三省の『資治通鑑注』に引用されているものを用いた。また、『資治通鑑考異』に見える司馬光の史料批判の方法については、王徳保『司馬光与《資治通鑑》』(中国社会科学出版社、二〇〇一年)一四四―二〇〇頁を参照した。

(33) たとえば『資治通鑑』巻二三四、唐の徳宗の貞元八年(七九二)に宰相の竇参が流謫された記事がある。『資治通鑑考異』は「これは陸贄が仕組んだものだ」とする説を引き、「況陸贄賢相、安肯為此。就使欲陥参、其術固多、豈肯為此児戯。全不近人情。今不取」と、人情に照らしてその説を否定している。また、『資治通鑑』巻二三七、唐の憲宗の元和三年(八〇八)の『資治通鑑考異』にも「豈近人情邪」なる一句が見える。

(34) 前掲注15に同じ。なお、『資治通鑑』巻二四四、唐の文宗の太和五年(八三一)の史論には、「昔者、聖人順天理、察人情、知斉民之莫能相治也、故置師長以正之」とある。

明清に於ける「通鑑」――史書と政治

高橋　亨

朱熹が編んだ『続資治通鑑綱目』の叙述スタイルは、その後に編纂された史書に影響を及ぼす。明朝は『綱目』の続編を編んだが、清朝はさらにそれを改訂する。この史書からは、明・清両王朝が、中国支配の正統性を如何に理屈付けようとしたのかが窺える。その正統化の主張は、両王朝の支配領域と密接な関係性を有するものであった。

はじめに

本稿が取り上げるのは、明朝（一三六八～一六四四）が編纂し、清朝（一六三六～一九一二）が改訂した、朱熹『資治通鑑綱目』（以下『綱目』）の続編『続資治通鑑綱目』（以下『続綱目』）である。この史書では、北宋（九六〇～一一二七）・北宋と対峙した契丹・遼（九一六～一一二五）、女真人が立て遼と北宋とを滅ぼした金（一一一五～一二三四）、中国南部に命脈を保った南宋（一一二七～一二七九）、そして金と南宋とを滅ぼしたモンゴル・元（一二〇六～一三六八）の歴史が、『綱目』の体裁に倣い叙述される。まず、本題に入る前に、『綱目』について説明しておこう。

『綱目』が編まれたのは、南宋中期である。『綱目』は、『資治通鑑』があつかう周から五代の出来事のうち、特に重要なものを年代順に簡略化して大書する。これを「綱」という。また、綱に記された事件について、その経緯などが小字でやや詳細に注記される。この注記を「目」という。このような体裁は「綱目体」とも呼ばれる。なお、綱は朱熹自ら撰

たかはし・とおる――東北大学文学研究科専門研究員。専門は中国明代史。論文に「明代永楽期内閣官の性格について」（『歴史』一一六、二〇一一年）、「明代内閣職掌形成過程の研究――経筵制度の成立を分析の焦点として」（『史林』九五、二〇一二年）、「明代中国成化年間の「早朝」」（『歴史』一二三、二〇一四年）などがある。

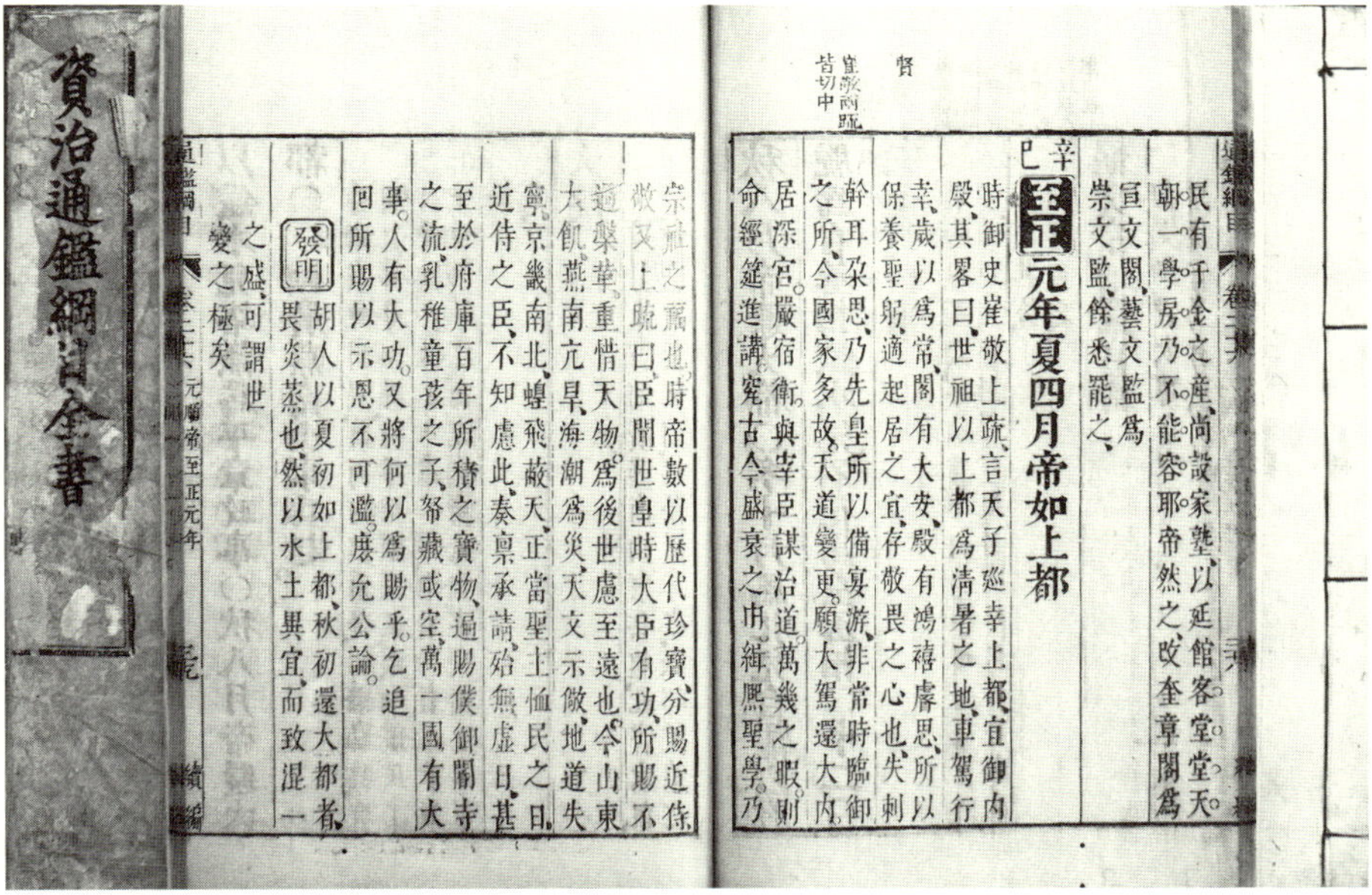

資治通鑑綱目全書

民有千金之產尚設家塾以延館客堂堂天
朝一學房乃不能容耶帝然之改奎章閣爲
宣文閣藝文監爲
崇文監餘悉罷之
辛巳 至正元年夏四月帝如上都
時御史崔敬上疏言天子巡幸上都宜御內
殿其畧曰世祖以上都爲清暑之地車駕行
幸歲以爲常閣有大安殿有鴻禧虞思所以
保養聖躬適起居之宜存敬畏之心也失剌
斡耳朶思乃先皇所以備宴游非常時臨御
之所今國家多故天道變更願大駕還大內
居深宮嚴宿衛與宰臣謀治道萬幾之暇則
命經筵進講究古今盛衰之由緝熙聖學乃

宗社之福也時帝數以歷代珍寶分賜近侍
敬又上疏曰臣聞世皇時大臣有功所賜不
過梨華重惜天物爲後世慮至遠也今山東
大飢燕南亢旱海潮爲災天文示儆地道失
寧京畿南北蝗飛蔽天正當聖主恤民之日
近侍之臣不知慮此奏稟承請殆無虛日甚
至於府庫百年所積之寶物遍賜僕御闍寺
之流乳稚童孩之子帑藏或空萬一國有大
事人有大功又將何以爲賜乎乞追
回所賜以示恩不可濫庶允公論
發明 胡人以夏初如上都秋初還大都者
畏炎蒸也然以水土異宜而致混一
之盛可謂世
變之極矣

図1　明末 陳仁錫刊本『続綱目』（東北大学附属図書館蔵）

述したが、目の編集はその弟子趙師淵に委ねられたとされる。

『綱目』は、朱子学の歴史観に基づいて編まれており、その叙述は正統と認められる政権と非正統政権、また中国の王朝として認められる政権と「夷狄」——異民族が立てた政権の弁別を強く意識する。

この『綱目』の編集方針を示したものが「凡例」（以下「綱目凡例」）である。そこには、右の価値判断に基づき、各政権の君主・臣下の呼称などについて、如何なるルールを用いて記述したのかが説明される。この「綱目凡例」が朱熹自身の手になったのか否かは不詳である。とは言え、『続綱目』が編纂された時、「綱目凡例」は朱熹自身が著したものとしてあつかわれ、それに依拠した叙述が為された。

さて、ここまでの説明からわかるように、『続綱目』は、『資治通鑑』から派生した叙述スタイルによって編まれた史書である。

そもそも、南宋以降に現れた、『資治通鑑』があつかう時代よりも後をカヴァーする編年体史書については、『綱目』の影響を無視できない。例えば、元末明初の陳桱《ちんけい》が撰した宋・元をあつかう史書は、『通鑑続編』と名乗りながら、実際は綱目体を採る。そして、明・清両王朝は、自政権成立までの歴史を編む場合、綱目体を採った。明代の『続綱目』については、本稿全体で詳述する。また、第三部でも言及する史書だが、清の乾隆帝の時代、一七六八年に『御批歴代通鑑輯覧』という太古から明代までの中国通史が完成する。これも綱目体である。さらに、その影響は周辺諸国の史書にも及ぶ。新たに版木が発見され本書刊行の契機となった『東国通鑑』の凡例では、綱目体に倣うと述べる。また、『綱目』に示された歴史観が、我が国の水戸学派にも影響したことは、つとに有名である。言わば、綱目体とは『資治通鑑』を親として、時代・地域を越えて広範な影響力を獲得した史書のスタイルだと言える。

中国について言えば、明・清両代において朱子学は体制教学の地位を占める。したがって、王朝が国家事業として史書を編纂する場合、朱熹の史学を代表する『綱目』に範を仰いだのは当然と言える。ただ、先述のように、そもそも綱目体とは政権の正統・非正統を明示する叙述スタイルである。それゆえ、自政権の正統性をうったえる意図のもとで史書編纂を行う場合、綱目体こそが選ばれた。だからこそ、綱目体の史書には、その政権が自らの正統性を如何に理屈づけたのかが明瞭に現われる。

周知のように、元・明・清を立てた民族は全て異なり、またその支配領域も異なる。元朝は東部ユーラシアに空前の大統合を成したが、その後に中国を統治した明・清はその支配の正統性を如何に示そうとしたのか。このような問題を考える上で、綱目体で著された『続綱目』は格好の史書なのである。

一、明朝前期における史書編纂の要求

元代末期の動乱を勝ち抜いたのは、現安徽省鳳陽県出身の朱元璋（明の太祖 洪武帝）である。朱元璋は各群雄を打ち破り、長江中下流域を平らげた後、一三六八年に南京で皇帝に即位し国号を明とした。同年中に、朱元璋軍は北京を陥落させ、元朝を北方に逐う。明朝は、早くも一三七〇年には紀伝体の『元史』を完成させ、それを刊行させた。その草卒さは後世に批判されるものの、ともかく『元史』の刊行で明朝は元朝の「滅亡」を印象づけたのである。

その後、『続綱目』の編纂まで、明朝の国家事業として元代以前の時代をカヴァーする歴史書が編まれることはなかった。とは言え、その間に修史事業の実施を要請する人間もいた。現江西省吉安市の出身であり、一四一八年に科挙を経て翰林院《かんりんいん》（帝国アカデミー）の官僚となった周叙という人物がいる。彼の故郷である吉安府は、北宋より欧陽修など名臣を輩出し続けた地である。周叙の六代前の先祖も南宋に仕えた。また、その曾祖父である周聞孫は、元朝治下で科挙を受

け、史書編纂を行う部署に配属された。やがて、『宋史』『遼史』『金史』の編纂が始まると、周聞孫は宋を正統と位置付けるよう主張し、それが容れられないと官を辞して帰郷する。元代では、宋・遼・金それぞれに正統性を認めて正史を編むべきか否かが議論の的となっていたのである。

　このような先祖の事績も意識したのだろう、周叙は自らが仕える明朝が修史事業を興し、宋を正統とする史書を編纂することに強くこだわった。宣徳帝の治世（一四二五〜一四三五）の前半、彼が皇帝の顧問役を務める内閣の大臣に宛てた書簡より、宋の歴史を正史としてあつかい、遼・金に関する事柄についてはその後に附録として載せる史書の編纂を要請しようとしていたことが窺える。周叙はまた、そのような編纂事業について皇帝に建白するよう、内閣の大臣たちにも求めている。しかし、この要請に対して具体的な反応が為されることは、おそらくなかった。しかし、彼はあきらめない。

　周叙は、一四四六年に南京の翰林院に移動する。明朝は、一四二一年に首都を南京から北京に遷す。その後、南京勤めはいわば閑職となった。そういった環境の下、周叙は折々に『宋史』を読み返す暇を得たという。そこで、彼は文章学問に優れた官僚を南京に遣わし、さらに南京で学識ある官僚たちを選んで、自らとともに宋一代の史書を編纂させることを上奏する。彼の上奏文では、まずは孔子が『春秋』を編み、朱熹が『綱目』を編んだ意義を説く。これは、祖先の周聞孫も採った論法だった。しかし、この時も周叙の要請に対する反応はすげなかった。皇帝の回答として下されたのは、「必ずしも編纂スタッフを選ぶことはない。周叙が自分で編集したらよかろう」というものであった。時に正統十三年（一四四八）四月のことである。

　かつて永楽帝は、モンゴルに対して五度の親征を行い、その孫の宣徳帝も北京周辺から北辺地帯にかけて自ら示威的な軍事行動を行っている。この頃の明朝は、まだモンゴルはじめ周辺地域に対して実際に威勢を示すことができた。そのような情勢のもとでは、宋・遼・金さらに元・明に至る正統性の流れにこだわり、それを如何に理屈付けるかといったことは、明朝の首脳にとって喫緊の問題とは感じられなかっただろう。

　しかし、周叙が上奏を行った翌年、一大事件が起こり、それを境に明朝の姿勢が変化する。

二、『続綱目』の編纂

（一）編纂に至る時代の趨勢

　正統十四年（一四四九）八月、モンゴルで強勢となったオイラートのエセンの侵攻に対して、英宗（在位一四三五〜一四四九）は、五十余万とも伝えられる将兵を率いて親征を敢行する。しかし、結果は悲惨であった。明軍は土木堡《どぼくほ》で大敗し、英宗は捕虜とされ、北京も一時包囲される。この渦中に、英宗の弟の景泰帝（在位一四四九〜一四五七）が擁立された。なお、英宗は一四五〇年に北京に送り帰されたが、紫禁城内に幽閉される。

景泰帝即位からやや時を経た一四五五年、「綱目凡例」に従い、宋・元の歴史を編纂するよう命じられる。明朝は、ようやくこのような史書の編纂に乗り出したのである。土木の変によって、明朝がモンゴルに対して、単純にパワーで威勢を振るえなくなったことは明白となった。そこで、明朝成立に至るまでの歴史の潮流をまとめ、その中で明朝こそが正統政権である明証を示そうとしたのだろう。

ただ、この史書は、景泰帝の治世では完成せず、編纂事業は中絶する。一四五七年、クーデターによって英宗が皇帝に復位する。なお、英宗の再度の治世（一四五七〜一四六四）では、その復位に功のあった大臣の粛正など政治的混迷が続く。このような政情では、改めて編纂事業を進める暇などなかっただろう。結局、『綱目』の続編の編纂は、次の憲宗（在位一四六四〜一四八七）の時代に持ち越される。

憲宗の治世に入りしばらく経った頃、文教系の官僚たちに命じて、『綱目』の校訂が行われた。成化九年（一四七三）二月に、それは完了する。その巻首に附された憲宗御製の序文に拠れば、それまでの『綱目』の版本には脱誤があり、民間で著された注釈と「綱目凡例」との間にも矛盾があるため、善本を集めて「綱目凡例」に従って校訂させた、という。つとに指摘されているとおり、これは続けて『綱目』の続編を編み、明朝に到る正統の流れについて公式見解を示す前準備であろう。実際、同年十一月にはその続編の編纂が命じられているが、その時の上諭でもやはり「綱目凡例」に準拠して宋・元の歴史を編むよう指示されている。

(二)『続綱目』の編集方針

一四七六年、ついに『綱目』の続編は完成する。この時、編纂の中心にいた内閣の商輅《しょうろ》らは、同書を進呈する際に上奏文を提出し、その編集方針を解説している。それに拠れば、この書は当初『続宋元資治通鑑綱目』の名で進呈されたようである。

さて、その上奏文では、おおよそ以下の主旨が述べられる。まず、それまでの史書については、遼・金の事跡を書きいれており、正統の所在が不明瞭にされてきた、などと批判する。その上で、自分たちのとった編纂方針について大略次のように言う。宋については、その創業から元の侵攻によって広州海上——厓山《がいざん》で南宋が天命を失うまで、重要な事柄を大書する。遼・金は凶暴狡猾な異民族であるが、近接地域に割拠したので、その事跡も載せる。元については天下の混一を成し遂げたので、やむを得ず正統政権のあつかいに準じる、と。そして、元を逐った明の太祖朱元璋によって異民族の支配が除かれ、中国の伝統である礼楽の風俗が回復された、と強調する。

以下では、このような方針が具体的にどのような筆法となって現れたのかを述べていこう。

(三) 宋・遼・金・元のあつかい

『続綱目』は全二十七巻から成るが、その二十二巻までが宋代をカヴァーし、残りが元代となる。このように書けば、元代に比して宋代に関する記述の密度が相当に濃いような印象を受けるが、単純にそうではない。宋を正統として扱うのが、二十二巻までなのである。

まず、『続綱目』の叙述を追う前に、その依拠する「綱目凡例」がそもそも如何なる筆法を示していたのか確認しておこう。「綱目凡例」に拠れば、『綱目』は正統な王朝が存在した時代と、それが存在しなかった——「無統」の時代を設定しているという。前者は周・秦・漢・晋・隋・唐を言い、後者は、周—秦、秦—漢、漢—晋、晋—隋、隋—唐それぞれにはさまれた時期、及び五代十国を指す。そして、君主の「名号」については、次のようなルールを示す。正統が存在した時代であれば、秦漢以後は「帝」と記し、帝号を僭称した者については「某（国名）主某（人名）」と記す。また、無統の時代の君主であれば、漢以後に帝号を称した者は「某主」と記し、割拠していた小国の君主であれば「某主某」などと記す、とも言う。

あらためて、『続綱目』の叙述を見ていこう。まず、巻一は宋の太祖趙匡胤が帝位に就いた建隆元年（九六〇）から、開宝七年（九七四）までをあつかうが、この巻では趙匡胤は「宋主」と記される。そして、巻二の内容は開宝八年から始まり、ここから宋の年号が巻頭に大書される。この年に十国の一つで現在の南京を主都とした南唐が宋に降り、宋の天下統一がほぼ確実となった。それゆえ、『綱目』における武徳七年（六二四）——唐の天下統一が確実となった年——以降の書き方に倣う、と『続綱目』の凡例は述べる。この後、宋は正統あつかいとなり、宋の君主は「帝」と記される。

一方、宋と対峙した遼・金の君主はどのような表記になっているのか。遼については、その君主に言及する際は、綱では「契丹某某」「遼某某」と表記し、目では「契丹主」「契丹主某某」「遼主」「遼主某某」と記す傾向がある。

また、金の勃興は巻九から叙述が始まり、巻十巻頭の政和五年（一一一五）正月の記事には完顔阿骨打《ワンヤンアグダ》が「帝」と称し、国号を金としたことが記される。その後、同巻宣和七年（一一二五）二月の記事の綱では、金の将軍婁室《ろうしつ》が遼の天祚帝《てんそてい》を捕えたことを書き、目に「遼遂《かく》て亡ぶ」と記す。そして、巻十一にかけて金が北宋を滅ぼす過程と南宋の成立とが叙述されていく。ただ、その後の記述に到るまで、金の君主については、もっぱら「金某某」「金主」「金主某某」という表記となる。既に見た『続綱目』進呈の上奏文より明白なことではあるが、宋に対して、遼・金は一貫して非正統あつかいである。

さて、最終的に金・南宋を滅ぼし、大統合を果たしたモンゴルについてはどのように叙述されているのか。モンゴルの興起は巻十七から記され始め、同巻開禧二年（一二〇六）の記事では、綱に鉄木真《テムジン》が斡難河《オノン》で「帝」と称したと記し、目で自ら成吉思可汗《チンギスハン》と号したと伝える。この後、金とモンゴルの抗争に紙幅が割かれ、巻二十巻頭の端平元年（一二三四）正月の記事に金の滅亡を記す。この後は、モンゴルによる南宋への侵攻に関する記事が増していき、巻二十二、徳祐二年（一二七六）三月の記事に、モンゴル軍の杭州入城が記される。ただ、その後も杭州でモンゴルに降伏した恭宗の弟、端宗・衛王を担いだ南宋残党が用いた年号によって叙述が続けられていく。そして、巻二十二、祥興二年（一二七九）二月の記事に、南宋残党が壊滅し衛王が入水する崖山の戦いが叙述され、そこの綱で「宋亡ぶ」と明記する。

この間、巻二十一、咸淳七年（一二七一）十一月の記事には、モンゴルが国号を元としたことも記されている。ただ、巻二十二までは、モンゴル・元の君主は終始「蒙古主」「蒙古主某某」「元主」「元主某某」と表記されるに止まる。その後、巻二十三巻頭から元の年号が大書され、元の君主は「帝」と記述されることになる。これまた、先に確認した「綱目凡例」を踏まえれば、崖山での南宋残党の壊滅を以て、ようやく元が正統政権に準じてあつかわれ始めたことがわかる。

前節で紹介した周叙の主張に窺えるように、宋を正統とした史書を編纂すべきであるという意識は、正統年間以前の明朝官界にも伏在していた。したがって、右のような書き方を採る『続綱目』の完成によって、そのような正統観がようやくかたちを得たと言える。ただ、先にも述べたように、『続綱目』編纂の動機として、明朝の正統性の表明が想定される。では、『続綱目』にその主張が潜む具体的な箇所を見出すことはできるのだろうか。

(四) 正統王朝の条件

そもそも、『続綱目』において、正統な王朝とはどのような政権なのかを定義している箇所は存在するのだろうか。実は、次に示す記事の中に、唯一それに相当する内容がある。巻十五、紹興二十八年（一一五八）七月の「金が李通を参知政事（副宰相）にした」という綱に附された目である。

（A）初め金主亮はその取り巻きである秘書少監の張仲《ちょうちゅう》軻《か》・左諫議大夫の馬欽・校書郎の田与信らを召して、常用している宮殿に侍らせた。金主は仲軻に「漢の領域は七八千里に過ぎなかった。今我が国は広さが一万里に及ぶ。大国と言えるだろう」と言った。仲軻は「本朝の領土は広大ではありますが、天下に四主がおります。もしこれらを一つにできれば、そこで大国だと言えましょう」と答えた。……金主は「……朕が兵を挙げて宋を滅ぼすことは、遅くとも二三年を過ぎない。その後、高麗・西夏を討ち平らげ、天下を一統した後で、論功交渉を行えば、将卒も労苦をいとわないだろう」と述べた。

（B）当時、金主は金が代々強勢であったことを恃み、大いに軍事行動を起こして、天下を一つにしようとしており、常々「天下が一家となってこそ、正統と言えるのである」と述べていた。　（傍線筆者）

右の記事に見える金主亮とは、一般に海陵王（在位一一四九～一一六一）と呼ばれる人物である。彼は一一六一年に南宋征伐の軍を起こすが、出陣中に本国でクーデターが発生し、出陣先で殺される。ところで、先行する編年体史書の内容をコピーした記事が、『続綱目』に往々にして見られることは、早くから指摘されている。実際に、右の記事の元ネタは、陳桱『通鑑続編』巻十七に見える。ただ、さらに記事の大もとを探すと、元朝が編纂した『金史』に遡る。実は、（A）以下は、『金史』巻一二九「佞倖伝」の張仲軻の伝記に見える内容で、（B）以下は同巻の李通の伝記に見える内容であり、もとは一つ続きの記事ではなかった。

それらを右のように接合したことで、複数の君主、つまり「某主」と記すべき存在が並び立つ情況を克服し、天下の一統を実現してこそ、正統な王朝と見なすことができるという主張を、異民族王朝の君主自身に語らせる内容となっている。『続綱目』はこの記事をそのまま採用したわけだが、それによって如何なる伏線がはられたのか。ここで、『続綱目』の最終部分、巻二十六・二十七の叙述を見ていこう。

（五）正統性の証明

元朝の中国支配を終焉に導いた戦乱の叙述が始まるのは、巻二十六からである。その中で、例えば巻二十六、至正十一年（一三五一）十月の綱及び目には、現湖北省に割拠した徐寿輝が「帝」と称し、国号を「天完」としたことが記される。また、巻二十七の綱及び目には、至正十五年二月に現河南省に割拠した劉福通が自ら担ぐ韓林児に「宋帝」を称させたこと、十九年十二月に徐寿輝の部将だった陳友諒が「漢王」と称したこと、二十三年七月に現蘇州を根拠地とした張士誠が「呉王」と称したことなどが記されている。

ところで、巻二十七の内容において最も重要なことは、至正十五年六月の綱に「我が太祖皇帝が兵を起こし和陽より長江を渡り太平路（現安徽省）を奪取した」とあるように、明朝の開祖、朱元璋が登場することである。この朱元璋登場の記事より後、その他の群雄たちは「天完主」「宋主」「漢主」などと表記される。そして、元の君主も「帝」と表記されなくなる。それどころか、例えば至正十七年三月の綱に「宋の将軍の毛貴が膠《こう》・萊《らい》諸州（現山東省）を攻め破ったので、元は知枢密院事不蘭奚《ブランシ》等を遣わし兵を率いてこれを攻撃させた」とあるように、あたかも元が各群雄と同列であるかのような書き方になる。

言うまでもなく、『続綱目』の編纂者にとって、現今の正統王朝とは朱元璋が建てた明朝以外にない。このあからさまな主張により説得力を持たせるため、編纂者たちは全体的な叙述の流れにも工夫をこらしたのである。朱元璋の台頭を描くに当たって、わざわざ各群雄を「某主」と表記することで、かつて海陵王が語った「天下が一家となってこそ、正統と言えるのである」という状態とは正反対の情勢を紙面に現出させた。そして、そのような事態を招来した以上、既に元朝を正統としてあつかえないことは、歴史的趨勢から見ても自明だということを印象付けようとしたのである。

巻二十七、元の至正二十七年十月の綱では、ついに南京を本拠としていた朱元璋が、元を放逐するために北伐軍を進発させたことが記される。さらに、その目には、朱元璋が北中国の民に服属をよびかけた檄文が引用されており、そこには南中国が既に朱元璋の統治下にあることが述べられている。加えて、同箇所の目には、別部隊が福建・広東・広西を奪取したことも記される。そして、『続綱目』では、それらの後に記載される朱元璋軍の山東奪取が綱の最後の記事となる。ただ、その目には明年さらに進撃した朱元璋軍が北京を陥落させ、元の順帝（在位一三三三～一三七〇）の孫買的里八剌《マイディルバラ》を捕えたことまで記し、そこで「元亡ぶ」と明記する。加えて、三年後に順帝が世を去ったことも記し、「天下がこうして一統に帰したのは、天命があればこそである」という、かつて朱元璋に仕えた劉基（一三一一～一三七五）の言を引用してしめくくる。

このように、『続綱目』は朱元璋の中国本土統一によって、「一統」が実現されたことを記し、筆を擱く。その間の叙述に登場した「某主」たちは全て淘汰されたことになっているから、先に見た海陵王の言説を踏まえれば、ここに朱元璋の政権は文句なしに正統王朝と見なすことができるということになる。

以上のように、『続綱目』の内容を通読すれば、中国本土の統一こそが明朝の正統性の証とする主張を明確に看取できる。したがって、先に見た金の海陵王の記事も漫然とコピーされたわけではないだろう。

では、このように強烈な明朝正統化の主張を内在する史書は、次の王朝では如何なるあつかいを受けたのであろうか。次節では、清代に行われた『続綱目』の改訂を見ていこう。

三、清朝による改訂

(一) 改訂に至る経緯

『続綱目』編纂から一七〇年ほど後、一六四四年に明朝は滅亡する。明朝に直接引導を渡したのは、北京を陥落させた李自成率いる反乱軍だった。しかし、長らく明朝と対峙していた満洲族が建てた清朝が、程なくして中国本土に侵攻し北京を占領する。その後、清朝は十七世紀後半までに、中国本土の支配者としての地位を確固としたものにしていく。さらに康熙帝(在位一六六一〜一七二二)の治世になると、清朝はモンゴル・チベットに勢力を延ばす。そして、乾隆帝(在位一七三五〜一七九六)の治世に当たる十八世紀半ばには東トルキスタン、すなわち現在の新疆をも征服し、その最大版図を築く。

実は、この広大な版図を出現させた乾隆帝の時代、大規模かつ長期的な『続綱目』の改訂作業が発動される。それについて述べる前に、明末に到るまでの『続綱目』の刊行情況を示しておく。一四八八年、国子監(中央大学)の学生だった張時泰が『続綱目』の解説書『続資治通鑑綱目広義』(以下「広義」)を進呈し、皇帝の嘉賞を得た。さらに一四九八年には余杭県(現浙江省)の学生身分を持つ周礼がやはり解説書である『続資治通鑑綱目発明』(以下「発明」)を朝廷に献呈したという。この「広義」「発明」には、『続綱目』の筆法を踏まえながら、中国と夷狄の弁別をうるさく言う箇所が多々ある。

明朝末期には、翰林院の官僚だった陳仁錫《ちんじんしゃく》が評語を付けた『続綱目』が、朱熹『綱目』と、『綱目』の叙述対象よりも前の時代をカヴァーする史書と合せて刊行された。この陳仁錫の刊本では、『続綱目』本来の綱・目の後に、そこに該当する「広義」「発明」の解説を合わせて掲載している。

この陳仁錫の刊本は相当に出回ったらしく、康熙帝もそれを読んでいた。のみならず、康熙帝が手ずから批評を加えたものが、地方大官によって蘇州で刊行されている。それから時を経た一七八二年、康熙帝の批評付き『続綱目』を閲読した乾隆帝は憤りを露わにし、『続綱目』改訂を命じる上諭を下す。乾隆帝が特に問題視したのは、「広義」「発明」の内容であった。乾隆帝の言に拠れば、「遼・金・元の事績については、多くは議論が偏っており好き勝手にこきおろしている」という有様だという。

清朝では、満洲人の中国統治に対する批判を弾圧する、いわゆる文字の獄がしばしば引き起こされた。乾隆帝が震怒したのは、まさに最大規模の言論統制が完遂されつつあった時期でもあった。清朝は、一七七二年から全国規模の典籍収集を行っており、この事業はやがて一大叢書『四庫全書』として結実する。一方、その過程で査閲され、「問題あり」と見なされた典籍は改訂・破却されていたのである。

そのような中、乾隆帝は、まず皇帝の諮問機関である軍機処の大臣たちに、『続綱目』の改訂版を作成させ、それを各地の総督・巡撫（地方大官）に配布させた。そして、一七八三年には、彼らに対して、その管轄地域で流布している『続綱目』をかき集め、改訂版に従い内容を改めること、その数を毎年年末に報告するよう命じた。総督・巡撫からの報告は、少なくとも一七九四年まで長期にわたり継続されることになる。

（二）改訂された内容とその意図

さて、実際に『四庫全書』が収める改訂版『続綱目』を見てみると、当然ながら、非漢族を蔑視する表現はおおむね改められている。例えば、満洲人の祖先である女真人あるいはモンゴル人を「夷狄」「蛮夷」と表記する箇所を「金人」「蒙古」等と改め、北方の蛮族を意味する「虜」字で金を表した箇所を単なる「敵」字に改める、といった具合である。こういった単純な改訂は、『続綱目』の綱・目にも及ぶ。

ただ、乾隆帝が特に難じた「広義」「発明」、中でも元代の記事に付された解説には、文脈そのものの改変が往々にして見られる。例えば巻二十六、元の至正元年（一三四一）四月の「帝は上都に行った」という記事を解説する「発明」は、以下のように改められている。（ ）内は原文である。

（陳仁錫刊本）北の蛮族（胡人）が、夏の初めに上都に行き、秋の初めに大都に帰るのは、蒸し暑さをおそれるからである。そうであれば、水土の適不適があるのに、天下混一の盛世を招来したのは、世の変化の極みだと言えるではないか（致混一之盛、可謂世変之極矣）。

（乾隆改訂版）元朝の人々（元人）が、夏の初めに上都に行き、秋の初めに大都に帰るのは、蒸し暑さをおそれるからである。そうであれば、水土の適不適があるのに、天下混一の盛世を招来したのは、古よりいまだかつてないことではないか（致混一之盛、亦前古所未有矣）。

周知のように、元の皇帝は、避暑のために大都（現北京）から上都（現内モンゴル）へ移動した。それについて、「発明」本来の語気は、中国を治めるべきではない蛮族が中国に君臨したために生じた異常事態だと言わんばかりである。一方、改訂版はそれこそがかつてない盛世の象徴であったかのように解説する。

同様の改変は他にも見られる。巻二十七、至正十五年七月の「元は使者を遣わして挙兵した者たちを招諭した」という記事を解説する「発明」には、もともと「思うに元は蛮族でありながら中国に入りその主となった、世の道理は劣化を窮めた（蓋元以夷狄入主中華、世道之極否耳）」という文言があった。それが改訂版では、「思うに元がモンゴル人でありながら天下を混一したのは、これより過去にはいまだかつてなかったことである（蓋元以蒙古混一天下、為前此所未有）」となる。

さて、『続綱目』改訂を命じた上諭の中で、乾隆帝は「『御批歴代通鑑輯覧』（以下『輯覧』）を編ませた時、その編集方針で、大一統の義に関わるものがあれば、すべて朕自ら訂正を加えて、天下に頒布した」と言う。わざわざこのように述べたのは、『続綱目』についても、清朝なりの「大一統」のあり方を踏まえた改変を行う意志を示すために他ならない。

ちなみに、『輯覧』は、清朝が内モンゴルのチャハル部・朝鮮を帰属させ、明朝の残党も掃討し中国を完全に制圧するまでを叙述する。このように『輯覧』に明記されたように、清朝は当初から中国本土を超える境域を服属させていた。そして、さらに拡大する清朝の支配領域は、異民族統治に対する批判をかわす上で有効な論拠となる。

時代は前後するが、雍正帝（在位一七二三～一七三五）の時代、清代の文字の獄を代表する事件が起きていた。一七二九年、反満洲活動を行った曾静なる人物が摘発される。雍正帝はじきじきに彼を審問し、問答の内容を敢えて『大義覚迷録』という書物にまとめ刊行した。その冒頭に冠された上諭には「我が清朝が中国に入ってその主となり、天下に君臨してからは、モンゴルや僻遠の異民族も併合し版図に収めた。ここに中国の境域は拡大されたが、それは中国の臣民の大きな幸福である。どうしてさらに中国と夷狄の分をやかましく言う議論があってもよいものだろうか」という主張が見える。

『大義覚迷録』は、乾隆帝の時代には回収の対象となる。

とは言え、中国本土をはるかに超えた大統合の実現を強調することは、清朝がその中国統治を正統化するために採り得た論法の一つだった。

清朝も朱子学、そしてその理念に基づいて編まれた史書の権威を承認してはいた。だからこそ、先述のように康熙帝も『続綱目』に批評をつけた。その内容を、今さら大きく改訂することなどできようはずもない。そこで、解説文に注目し、幾分でも元朝、ひいては同じく広大な領域を統合した清朝の統治に肯定的な印象を与える文脈に改めたのである。とは言え、このような改変を堂々と為し得たのは、清朝が中国本土をはるかに超える「大一統」を成し遂げ、多民族国家へと成長した政権であったからに他ならない。

おわりに

元朝を逐った後、明朝は軍事行動を通じてモンゴルに対する影響力の保持を試みた。しかし、土木の変の後、明朝の威勢が実質的に及ぶ範囲はほぼ中国本土に狭まる。そこで、明朝の現状を踏まえ、史書編纂によってその正統性をうったえるには、朱元璋が中国本土を「一統」した事実を強調するしかなかった。

一方で、本来中国本土の外にいた清朝の場合、『続綱目』に込められた主張をそのまま流布させるわけにはいかない。そこで、かつて大統合を成した元朝に関する解説文を逆手にとり、その文脈を改変することで、そういった政権の出現を称揚する内容としたのである。

以上のように、明・清はそれぞれの自己正統化のために、『続綱目』を編み、そして改訂した。そもそも、『資治通鑑』から派生した綱目体という叙述スタイルが、政権の正統性を論じるものであったために、そこからは編纂・改訂の意図を明確に読み取ることができる。そして、両王朝の自己正統化の理屈は、それぞれが実現できた支配領域に根ざすものであった。それゆえ、『続綱目』は、まさに十三世紀以降の東部ユーラシアに展開された大一統と分裂の歴史を反映する史書と言えるのである。

参考文献

黄愛平『清史研究叢書　四庫全書纂修研究』（中国人民大学出版社、一九八九年）

岡本さえ『清代禁書の研究』（東京大学出版会、一九九六年）

古松崇志「脩端「辯遼宋金正統」をめぐって――元代における『遼史』『金史』『宋史』三史編纂の過程」（『東方學報』七五、二〇〇三年）

中砂明徳『中国近世の福建人　士大夫と出版人』（名古屋大学出版会、二〇一二年）

朝鮮王朝における『資治通鑑』の受容とその理解

許　太榕（翻訳：金　時徳）

ホ・テヨン――忠北大学校歴史教育科。著書、論文に『朝鮮後期の中華論と歴史認識』（acanet、二〇〇九年）、「東アジアにおける中華秩序の変動と朝鮮王朝の政治・思想的対応」（『歴史学報』二二一、二〇一四年）、「前近代における東国意識の歴史的性格の再検討」（『歴史批評』一一一、二〇一五年）などがある。

『資治通鑑』は刊行されて間もなく高麗社会に伝わり、高麗の歴史編纂に一定の影響を与えた。しかし、『資治通鑑』の編纂理念や内容に対する理解が深まり、自国化することができたのは朝鮮王朝になってからである。特に、世宗の代に行われた『資治通鑑思政殿訓義』の編纂事業は、『資治通鑑』への理解の水準が飛躍的に向上したことを示す証拠である。そして、成宗の代に完了した『東国通鑑』の編纂は、中国史に適用された『資治通鑑』の叙述方法と編纂理念を自国史の叙述に適用したことを示すものだった。

はじめに

東アジアの歴史叙述の伝統において、中国は絶大的な位置を占めている。中国で考案され、発展した歴史叙述の方法は、韓国・日本・ベトナムなどの周辺諸国に多大な影響を与え、これらの国々は自国なりの変奏を行った。特に、北宋時代に編纂された『資治通鑑』は編年体の歴史叙述を代表する文献であり、この文献を基に南宋の朱熹が『資治通鑑綱目』という新しい歴史叙述の方法を考案したので、朱熹の学問を最も重んじた朝鮮では、性理学を理解する過程でこの文献に注目するようになった。『資治通鑑』が朝鮮時代の歴史叙述や歴史理解に大きな影響を与えた理由はそこにあった。この論文では、『資治通鑑』が朝鮮に受け入れられて、朝鮮の歴史叙述や歴史理解に与えた影響を考察する。

一、『資治通鑑』の高麗への伝来とその影響

(一)伝来時期の推定

一〇九二年に刊行された『資治通鑑』が高麗に伝来した正確な時期については、学者の間でも見解が分かれる。全海宗は宋と高麗の交流が活発になり、『太平御覧』や『冊府元亀』などの書籍が伝来した十一世紀の末に『資治通鑑』も伝来しただろうと推定する。一方、権重達は、十二世紀の初・中期であっただろうと主張した。筆者は李燾が著わした『続資治通鑑長篇』の一〇九九年(元符二)二月丁酉条から「礼部言、高麗人使乞収買冊府元亀資治通鑑、看詳冊府元亀元祐年曽売外、其資治通鑑難令収買、従之」という文章を確認した。高麗の使臣だった尹瓘は、七年前に刊行された『資治通鑑』の存在とその価値を熟知しており、この書籍を購入しようとしたが、宋側が許可しなかったようである。しかし、『太平御覧』や『冊府元亀』などの書籍も、最初は購入に失敗したが、少し経ってから購入できたので、『資治通鑑』の場合も、十二世紀初期には伝来した可能性が高い。一一四五年(仁宗二十三)に編纂された『三国史記』に『資治通鑑』が引用されているので、それより先に伝来したことは確かである。

(二)高麗社会に与えた影響

周知のように、『三国史記』は一一四五年に金富軾が編纂した三国時代の歴史書である。書名や体裁から、司馬遷の『史記』の影響を受けたことは明らかである。ここで注目したいのは、『三国史記』を編纂する際に金富軾が引用した十六種の中国の史書に『資治通鑑』が含まれているということである。しかし、『三国史記』という書名が示すように、金富軾は紀伝体を採択していて、『資治通鑑』の引用は単なる考証のレベルで行われている。したがって、司馬光が編年体を採択して『資治通鑑』を編纂した理由まで金富軾が理解していたとは言えない。ともかく、十二世紀の高麗社会には『資治通鑑』が受容されていて、一一九二年(明宗二十二)には国王が『資治通鑑』を讎校・雕印することを命じている。当時、高麗が国家レベルで編纂した歴史書は殆ど現存しないため、『資治通鑑』が高麗時代の歴史叙述にどのような影響を与えたかを把握することは難しい。歴代高麗国王の実録は編年体で編纂されたので、その編纂に一定の影響を与えたことが推測されるのみである。

ここで注目されるのは、一三一七年(忠粛王四)に閔漬が完成した歴史書のタイトルが『本朝編年綱目』であったということである。国祖の文徳大王から高宗に至る高麗の歴史を

取り扱ったこの書籍のタイトルから、『資治通鑑綱目』が高麗の歴史叙述に影響を与えたことが確認される。すなわち、『資治通鑑綱目』より先に伝来した『資治通鑑』も、編年体の歴史叙述に影響を与えたことが推測されるのである。ただ、閔漬は仏教に近寄っていた人物で、朱熹を批判するなど、性理学に対する理解は深くなかった。また、一三四六年（忠穆王二）には『本朝編年綱目』の欠漏を補うために『増修編年綱目』が編纂されたということからも、『本朝編年綱目』を完全なる性理学の歴史書と見做すことはできない。その後も、このような状況に変わりはなかった。高麗が滅亡する直前の一三九一年（恭譲王三）には、侍中の鄭夢周が高麗における歴史編纂の限界を指摘し、『資治通鑑』と『資治通鑑綱目』に倣って歴史を編修することを提言している。要するに、『資治通鑑綱目』はさておき、『資治通鑑』に対する充分な理解に基づいた新しい歴史叙述の方法が誕生するには、新王朝の建国を待たざるをえなかったのである。

(三)『資治通鑑節要』の伝来と普及

『資治通鑑』が高麗社会に与えた影響が限定的であった理由の一つは、『資治通鑑』の巻数が膨大なため、多くの読者を確保することができなかったということである。実は、このような事情は中国でも同様だったとみられ、既に宋代から『資治通鑑』の縮約書が多く出現している。代表的には、司馬光本人をはじめ（『通鑑節要』もしくは『通鑑節文』六十巻）、江贄（『少微通鑑節要』五十巻）、陸唐老（『増節音注資治通鑑』一二〇巻）、呂祖謙（『呂氏家塾通鑑節要』二十四巻）らが『資治通鑑』の縮約書を編纂し、高麗にも『資治通鑑』の縮約書が入っていた。高麗末期に李詹が書いた「少微通鑑跋」によって、江贄の『資治通鑑節要』が伝来していたことが確認される。江贄は崇安の人で、王安石の弟子であった龔原とともに『易』に関する学問で知られていたという。特に、政和年間（一一一一〜一七）に少微星が現れ、国が隠士を招聘しようとしたが三回も拒んだため、少微先生と呼ばれた。それで、彼が縮約した『資治通鑑節要』を『少微通鑑』とも呼ぶ。ただし、朝鮮に最も大きい影響を与えた縮約書は、江贄本を底本として明初に刊行された劉剡の増校本『資治通鑑節要』である。現存本の中から劉剡による増校本でないものを見つけることはできないといってよいほどである。したがって、『資治通鑑』が朝鮮社会に与えた影響を説明する際は、最も広く普及した縮約書である『資治通鑑節要』の普及と影響にも注意する必要がある。

二、朝鮮王朝における『資治通鑑』理解の流れ

(一)朝鮮王朝における歴史編纂の政治的な意図

一三九二年の朝鮮建国は、一世紀にわたってユーラシアを支配していた元帝国が没落・解消されるといった世界史的な事件が東アジアに齎した波及の産物である。と同時に、高麗王朝の矛盾を内部から批判・克服するための歴史的な努力の産物でもあった。なので、朝鮮王朝が追求し、目指した国家的な理念や体制は、高麗社会、特に、元帝国の駙馬国に転落した後の歴史に対する「歴史的な克服と止揚」という大きい脈絡から理解することで初めて、その意味がはっきり見えてくる。朝鮮を建国した勢力が、新しい王朝の建国は天命によるものであるとか、李成桂のお蔭で三韓の民が虐政と戦争から解放されたなどと頻りに主張したのが、建国の正当性を強調するといった政治的な目的であることは勿論である。しかし、元帝国の駙馬国に転落してからの高麗社会が露呈した矛盾と限界を新王朝が克服し、止揚していくという、建国勢力の自己認識と意思を表わしたものと見受けられる余地もあるのである。

新しい王朝の建国勢力が抱いた自負が更に膨らんだ時、それは高麗後期の歴史との比較に止まらず、自国の歴史全体と比較することで、新しい王朝の独尊的な地位をより一層強調することに繋がる。敗北した高麗の歴史の止揚にとどまらず、以前の歴史全体が露呈した矛盾と限界を新王朝が克服・止揚したことを誇示すればするほど、新しい王朝の建国が正当化されるからである。山積した課題を処理することに余念がないはずの建国直後であったにもかかわらず、高麗やその以前の歴史に対する国家レベルの編纂事業が推進されたのはそのためである。

新しい王朝が「朝鮮」という国号を採択したのも、実はこのような政治的な目的を最も象徴的に示すものであった。檀君と箕子の国号だった朝鮮という称号を使うことで、自らを檀君と箕子の継承者として位置づけると同時に、その間に存在した三国・高麗などの諸王朝を一気に格下げすることができるからである。ヨーロッパのルネサンスにおける知識人の構想と同じように、遥か遠い昔の歴史的な存在と自分を直結させることで、その間に存在した三国と高麗は論理的に否定的な「欠如態」になり、遠い昔の存在と自分のみが肯定的な「完全態」になりえたのである。したがって、朝鮮王朝の歴史編纂は、基本的にこのような政治的な目的の基に、国家的な事業として行われるべきであった。

(二)紀伝体・編年体をめぐる朝鮮初期の議論

朝鮮王朝が前朝である高麗の歴史を編纂する過程は長く、

且つ、複雑であった。編纂の体裁から具体的な叙述の原則に至るまで、一つ一つが夥しい議論と変化の過程を経た。最初に編纂された高麗の歴史書である鄭道伝の『高麗国史』は編年体であった。『三国史記』が紀伝体で編纂されたことを考えると、これは意外な結果だったといえる。これにはいくつかの理由があるだろうが、特に注目したいのは、これが『資治通鑑』の編纂体裁に倣ったということである。『太祖実録』には、司馬光の編年之規によって完成したと明記されており（巻七、四年正月庚申）、後になって最終的に完成した『高麗史』の箋文でも、この時の『高麗国史』は『資治通鑑』の編年法に倣ったと書かれている。しかし、最初に鄭道伝が編纂した高麗史は、政治的・学問的な理由によって継続的に修正されることになるが、その過程で、編纂体裁をめぐって相異なる意見が提起された。一四二三年（世宗五）には綱目法で高麗の歴史を編纂するという構想もあったようであるが、編年体の史書が存在しないのに綱目法で編纂すると史料が逸失される可能性があるとして、結局、編年体が採択された。司馬光の『資治通鑑』があって朱熹の『資治通鑑綱目』が誕生したという、中国の経験と伝統を十分理解していたからこそ可能な決定であった。

一方、紀伝体が正史に相応しい体裁なので、紀伝体で高麗史を編纂すべきだという主張も提起され続けた。一四三八年（世宗二十）、高麗史を紀伝体で編纂するという構想が始めて提案され、一四四九年（世宗三十一）にも再び紀伝体をめぐる議論が起こり、最終的には紀伝体で高麗史が編纂されたことは周知の事実である。しかし、既に長い間編纂していた編年体の高麗史の原稿を廃棄せずに補完し、紀伝体の高麗史とは別に編年体の高麗史を完成した。これが『高麗史節要』である。このように見ていくと、『資治通鑑』に象徴される編年体の歴史叙述の方法が朝鮮初期の国家的な歴史編纂事業に与えた影響は決して少なくないわけであるが、司馬光が一つの王朝を越えて歴史の通時的な展開を念頭において『資治通鑑』を編纂したということを考えると、当時、朝鮮で『資治通鑑』の編纂理念が完全に理解されていたとはいえない。

（三）世宗代における『資治通鑑思政殿訓義』と『資治通鑑綱目思政殿訓義』の編纂

性理学を国家理念として建国された朝鮮王朝が建国の正当性を強化するために必ず行わなければならなかったのは、前代の歴史を編纂することであった。その過程で、朱熹の『資治通鑑綱目』と、その母書となる司馬光の『資治通鑑』とが典範となったのは当然のことである。しかし問題は、その膨大な内容と編纂理念を正しく理解することであった。それで、世宗をはじめとする朝鮮の支配層が選んだ方法は、この二つの史書の訓義、即ち、注釈書を作って配布することであった。特に、それまでの中国の注釈書のレベルを超えることが目標であった。

世宗は、在位十六年目（一四三四）の六月に尹淮・権踶らを集賢殿に招集して『資治通鑑』を訓義するよう命じると同時に、自らすべての作業を検討した。この作業は約一年後の一四三五年六月に完成したのだが、当代の第一級の学者が殆ど全て動員されたため、経筵が一時中断されるほどであった。『資治通鑑』の訓義が完成された日、世宗は事業に参加した人たちのために慶會楼で宴会を催し、彼らに詩を読ませた。そこで権採が作った応製詩軸の序には、当時の朝鮮で『資治通鑑』がどのような意味合いを持っていたかを伝える情報とともに、『資治通鑑』の訓義の有する意味が簡潔にまとまっている。

> 甲寅年（一四三四）七月。司馬光の『資治通鑑』は史学の淵源であるため、学者らの訓詁・註釈には詳細なものもあれば、簡略なものもあって、編纂・考証することが難しかった。それで、この思政殿に文臣を集めて学者らの註を採択し、且つ、広く書・伝を閲覧し、参照し、校訂して、『資治通鑑』の本文に付け加え、訓義と名づけた。
>
> （『世宗実録』巻六十八、十七年六月戊申）

権採の言葉から、朝鮮初期、『資治通鑑』は最も根本的な歴史書として認識されていたこと、だから、『資治通鑑』を正しく理解する道具として、世宗は訓義を製作させたということが確認される。『資治通鑑』の訓義が完成すると、引き続いて、世宗十八年（一四三六）七月からは『資治通鑑綱目』の訓義の製作がスタートした。この作業は世宗二十年十一月に終わった。この二つの史書に対する注釈書はそれぞれ『資治通鑑思政殿訓義』、『資治通鑑綱目思政殿訓義』と名づけられた。柳義孫が書いた「資治通鑑綱目思政殿訓義序」には、訓義を製作することの意義がより詳しく説明されている。

> 思うに、この世に伝えられる歴史の記録は多いですが、『資治通鑑』より詳細なものはなく、『資治通鑑綱目』より緊要なものはありませんので、この二書は天下万世の亀鑑といえるでしょう。しかし、学者らの訓詁・註釈には詳細なものもあれば、簡略なものもあり、また、相矛盾する場合もあるので、簡単に閲覧して折衷することは実に難しいです。謹んで思うに、殿下は天が下さった神聖な学問の力で経書・史記を念頭に置かれ、深く配慮して万機を司る間にも二書をお読みになり、様々な註解を参考・研究して結論を出し、実に細密に分析して、明確

に考察することができるようにすることを命じました。なので、実にこれは史書の大全なのであります。これを読む人が聖上の教訓に留意し、まず経学を明らかにした後に『資治通鑑』によって広く研究し、『資治通鑑綱目』によって要約するならば、本末が互応し、表裏が融通し、本体が明らかになって、適切に使うことのできる学問になるでしょう。（『世宗実録』巻七十四、十八年七月壬戌）

引用文は『資治通鑑』、『資治通鑑綱目』の重要性とともに、二つの史書の関係について、朝鮮初期の支配層がどのような認識を持っていたかを明確に示している。即ち、『資治通鑑』は最も詳細な歴史書として、経学を勉強した後に歴史分野に進むための道具で、一方の『資治通鑑綱目』は『資治通鑑』の核心を要約したもので、歴史を勉強するために最も緊要な道具であると評価している。そして、このような認識の基に二つの史書に対する訓義書を編纂したと主張することで、朝鮮独自の理解が成立したということを自負している。

（四）『東国通鑑』の編纂

『資治通鑑思政殿訓義』と『資治通鑑綱目思政殿訓義』の編纂は、『資治通鑑』と『資治通鑑綱目』に対する朝鮮王朝の理解の水準が向上したことを示すものであった。次の段階は、中国史に適用された二つの史書の叙述方法と編纂理念を自国の歴史に適用することであった。その際、『資治通鑑』の叙述方法と編纂理念を適用するのが自然な流れで、そのような脈絡から誕生したのが『東国通鑑』であった。『東国通鑑』という書名は「東国の『資治通鑑』」という意味で、その書名からも、『資治通鑑』が朝鮮初期の歴史書の編纂に与えた影響が推察される。

自国史を鳥瞰できる歴史書が必要であるという認識は、朝鮮王朝の初期から存在した。世宗の代に編纂された『東国世年歌』も、このような認識によるものであったといえる。檀君朝鮮・箕子朝鮮・衛満朝鮮・四郡・二府・三韓・三国・泰封・後百済・高麗の順に、それぞれの歴史を七言詩で読み、詳しい細註を施した『東国世年歌』は、中国の歴史を詩で読んだ『歴代世年歌』と対をなすよう編纂されたのだが、これは『資治通鑑』と『東国通鑑』といった、もう一つの対を示すものでもあった。朝鮮初期の支配層にとって、中国史と自国史を理解する通史が備わるということは、歴史を理解するためのすべての道具が揃うことを意味した。

『東国通鑑』の編纂に力を入れた国王は世祖であったが、それが完成したのは彼の孫である成宗の代であった。『東国世年歌』同様、『東国通鑑』も檀君朝鮮から高麗に至る自国史を時代順に収録したが、それぞれの時代は「外紀」・「三国紀」・「新羅紀」・「高麗紀」と命名された。それぞれの時代の題名に「紀」を付けたのは『資治通鑑』と同じ方法であり、三国時代以前の歴史を「外紀」と名づけたのも、『資治通鑑』が叙述を始める以前の時期を取り扱った劉恕の『資治通鑑外紀』を意識したものと見られる。『東国通鑑』が編纂された後に、再び国家的な歴史編纂事業が行われることはなかった。その後は個人が綱目の形式を自国史に適用した歴史書が多数製作されたが、これは自然な流れといえるだろう。その結果、『東国通鑑提綱』、『東国歴代総目』、『東史綱目』などが編纂された。

（五）『資治通鑑節要』の普及とその影響

高麗末期以来、『資治通鑑』は歴史を理解する上で重要な文献と認められたが、余りにも膨大だったため、広い範囲の普及は不可能であった。朝鮮王朝になっても、そのような状況に変化はなかった。そういった点で、『資治通鑑』の縮約書としての性格を有する『資治通鑑節要』の普及に注目すべきということは前で述べた。実際、金正国と李珥がそれぞれ、推薦できる歴史書、そして、文章の勉強に役立つ文献として『資治通鑑節要』を薦めたことから、十六世紀半ば以来、士大夫の間で、ある程度普及していたことが窺える。しかし、『資治通鑑節要』が本格的に流行するようになるのは、洪履祥が註解とともに刊行し、普及させた十七世紀初めからだと見られる。

注目すべきは、朝鮮で流行した『資治通鑑節要』は、内容的には『資治通鑑』を縮約したものではあるが、『資治通鑑綱目』の「蜀漢正統論」を受け入れた結果、『資治通鑑綱目』の縮約書としての性格をも帯びていたという点である。朝鮮時代後期を代表する知識人である丁若鏞が『資治通鑑節要』に対して、原本は司馬光の著作であるが、『資治通鑑綱目』を義例としたと評価したのは、まさしくこれを指摘したのである。朝鮮後期に『資治通鑑節要』が普及すると、『資治通鑑』の内容が中国史を理解する基本となると同時に、「蜀漢正統論」のように、朱熹が強調した『資治通鑑綱目』の歴史認識も共有されることとなる。

特に、清が明に代わって中国を掌握した衝撃的な事実を認めることができなかった朝鮮後期の支配層に、このような認識は全面的に受け入れられた。明と清をそれぞれ蜀漢と曹魏に擬えることで、理解できない現実を説明する方法を提示していたからである。このような脈絡の上で『資治通鑑節要』は朝鮮時代後期に、一番最初に学習する教材の一つとしての位置を占めることになる。

むすび

司馬光が編纂した『資治通鑑』は刊行後間もなく高麗社会に伝わり、『三国史記』のような歴史書の編纂に利用されるなど、高麗の歴史編纂に一定程度の影響を及ぼした。しかし、『資治通鑑』の編纂理念や内容についての高麗社会の理解が高い水準に達したとはいえない。それが可能になるのは、性理学を国家理念に定めた新王朝の朝鮮が建国されてからである。特に、世宗の代に行われた『資治通鑑思政殿訓義』の編纂事業は、『資治通鑑』についての朝鮮王朝の理解水準が質的に向上したことを示す。そして、次の段階は、中国史に適用された『資治通鑑』の叙述方法と編纂理念を自国史に適用することであった。その結果として誕生したのが、成宗の代に完成した『東国通鑑』である。『東国通鑑』という書名は「東国の『資治通鑑』」という意味なので、この書名からも、『資治通鑑』が朝鮮初期における歴史書の編纂に与えた影響を推察することができる。しかし、膨大な巻数ゆえに、朝鮮社会で『資治通鑑』が多くの読者を確保することはなかった。その代わりに、十七世紀以降、『資治通鑑節要』が広範囲に流布した。ただし、『資治通鑑節要』は、内容的には『資治通鑑』を縮約した書籍であると同時に、『資治通鑑綱目』の「蜀漢正統論」を採択していたので、『資治通鑑綱目』の縮約書としての性格をも併せ持っていた。したがって、朝鮮後期に『資治通鑑節要』が普及されることによって、『資治通鑑』の内容が中国史を理解するための基本となると同時に、「蜀漢正統論」のように、朱熹が強調した『資治通鑑綱目』の歴史認識も広く共有されることになった。

参考文献

権重達『中国近世思想史研究』（中央大学校出版部、一九九八年、韓国語）

呉恒寧『朝鮮初期における性理学と歴史学』（高麗大学校民族文化研究院、二〇〇七年、韓国語）

鄭求福「東国通鑑の史学史的な考察」（『韓国史研究』二一・二二、一九七八年、韓国語）

韓永愚『朝鮮前期史学史研究』（ソウル大学校出版部、一九八一年、韓国語）

許太榕「十七世紀後半における正統論の強化と『資治通鑑節要』の普及」（『韓国史学史学報』三、二〇〇一年、韓国語）

『東国通鑑』の史論

兪　英玉（翻訳：金　時徳）

ユ・ヨンオク——東亜大学校・融合教養大学・研究専担助教授。専門は朝鮮前期政治思想史。論文に「朝鮮時代の国喪における「告祔」省略に関する一考」（『韓国民族文化』四五、釜山大学校韓国民族文化研究所、二〇一二年）、「高麗時代の趙位寵の乱における義と叛に対する性理学的論弁」（『歴史と境界』八八、釜山慶南史学会、二〇一三年）、「『尚書』放伐条の理想論理と現実の片鱗」（『東洋漢文学研究』三九、東洋漢文学会、二〇一四年）などがある。

『東国通鑑』（一四八五年）の最大の価値は、修撰者による史論が二〇四編も収録されているということである。『東国通鑑』の史論の多くは、崔溥をはじめとする士林勢力によって著された。史論は、①総評論四篇、②考証論十二篇、③褒貶論一八八篇に大別され、性理学の義理名分論と正統論に基づいた褒貶論がその多くを占める。

一、『東国通鑑』の最大価値、「史論」

『東国通鑑』は檀君朝鮮から高麗末期に至る歴史を「外紀」・「三国紀」・「新羅紀」・「高麗紀」に分けて体系化した、韓国初の編年体通史である。『高麗史節要』と『三国史節要』を基本とし、既存の諸史書を参考して編纂された本書は、中国・司馬光の『資治通鑑』に準ずる朝鮮の通史を目指した歴史書で、一四五八年（世祖四）九月に編纂が始まり、一四八五年（成宗十六）七月に完成した、朝鮮を代表する官撰史書である。

『東国通鑑』は巻外の「外紀」（檀君朝鮮～三韓）、「三国紀」八巻（紀元前五七～紀元後六六八）、「新羅紀」四巻（六六九～九三五）、「高麗紀」四十四巻（九三六～一三九二）の全五十六巻からなる。冒頭に「外紀」を置くことで、韓国の上古史を「檀君→箕子→衛満」の三朝鮮にはじまる歴史共同体として体系化し、三国の歴史を無統と見做して「三国紀」を記述し、統一新羅を正統として「新羅紀」を叙述し、九三六年（太祖十九）以降の高麗を正統として「高麗紀」を綴った。

『東国通鑑』の修撰が持つ意義は、まず、朝鮮王朝の建国初期から力を入れてきた前代史の官撰事業を総決算したこと、次に、断代史ではなく、韓国の歴史全体を貫く最初の通史であること、最後に、『三国史記』などに収録されている史論をほぼ全て転載すると同時に、『東国通鑑』の修撰者自らも多くの史論を執筆することで、先代の史観を総合し、新しい史観を提示したことである。したがって、『東国通鑑』は朝鮮時代の学者らが最も広く読んだ国史テキストであり、十六世紀以降に著述された私撰史書の底本となった。

しかし、『東国通鑑』は、その内容の殆どが先行史書の再引用に過ぎないと見做され、一次史料としての価値が認められる場合は少ない。当然、『東国通鑑』に対するこの種の判断は正しくない。歴史を記録する際、撰者の主観は事実の取捨、選択された事実の配列、選択された事実を表現する用語・文句に反映されるためである。

もっとも、史書の史観が克明に表れるのは史論であるので、内容的にはあまり新しくない『東国通鑑』の場合、修撰者自らが記した史論の方に注目が集まることが多い。史書とは、編纂当時のイデオロギーが投影された歴史認識の産物である。したがって、『東国通鑑』の修撰者自らが著した多様で豊かな史論は、成宗在位の中盤における歴史認識を知ることができる克明な指標として、その価値が認められてきた。

二、史論の執筆

（一）旧史論と新史論

歴史叙述において、史論とは撰者の史観を表す最も明確かつ直接的な方法である。したがって、金富軾《キムブシク》の『三国史記』よりして、韓国の殆どの官撰史書には史論が収録されており、『朝鮮王朝実録』にも無数の史論が掲載されている。特に、『実録』においては、士林勢力が中央政界に進出する一四七八年（成宗九）から一気に史論の数が増えてくる。『成宗実録』から爆発的に収録されるようになる史論が、朝鮮前期における士林派の進出と密接な関わりを持っていることを象徴する。

史論を数える時は「首」・「則」・「項」・「篇」・「条」などの文字を用いるが、この中にも「篇」の字が最も盛んに利用される。『通鑑』には一〇〇篇の史論が、朱子の『綱目』にも九三〇余篇の史論が載っている。史論の増加は、宋代の士大夫が歴史に対して抱いた強烈な責任意識が反映された結果であり、史論はそれ自体が性理学の発達過程に一致するため、勲戚勢力より士林派の方がより好んで史論を著した。成宗中盤に編纂された『東国通鑑』は、士林派が勲戚勢力に対抗しつつ政治的な力量を発揮すると同時に、膨大な数の史論が『実録』に掲載されるようになった時代的な雰囲気の中にあって、数多くの史論を掲載することとなったのである。

『東国通鑑』には一八一篇の旧史論と二〇四篇の新史論、合わせて三八五篇の膨大な史論が収録されていて、史論の宝庫といえる。「旧史論」とは『三国史記』（一一四五）、『東国史略』（一四〇三）、『高麗史』（一四五一）、『高麗史節要』（一四五二）、『三国史節要』（一四七六）のような既存の史書に収録されている史論を指すものであり、「新史論」とは成宗朝に『東国通鑑』を編纂した当事者らが新しく著した史論を指すものである。『東国通鑑』は、先行史書の内容を広く取捨するのみならず、旧史論をも殆ど転載した。そして、『東国通鑑』が編纂された成宗十七年当時の歴史認識が投影された、二〇四篇もの新しい史論を作成したのである。

（二）史論の著述者

『東国通鑑』を修撰した十五人のうち、名前が確認されるのは十人である。堂上官は徐居正《ソゴジョン》・李克墩《イグットン》・鄭孝恒《ジョンヒョハン》・孫比長《ソンビジャン》・李淑瑊《イスッカム》、郎庁は金澕《キムファ》・李承寧《イスンニョン》・表沿沫《ピョヨンマル》・崔溥《チョイブ》・柳仁洪《リュインホン》である。主に勲戚勢力に属する堂上官は、凡例のような編纂の大枠を決めて史書の方向性を設定し、主に士林であった郎官が細かな編纂の実務作業に携わった。このような役割分担の結果、『東国通鑑』は士林と勲戚の共同作品としての性格を有する。

『東国通鑑』の修撰者として徐居正（一四二〇～一四八八）の名前が取り上げられることが多いが、彼は史局を総監したのみで、実質的な修撰作業は郎官、すなわち、士林が担当したといえる。しかも、士林は史論の著述に大きな役割を果たしたので、『東国通鑑』の歴史認識は士林のそれに近いはずである。特に、新進士林である錦南・崔溥（一四五四～一五〇四）は『東国通鑑』に収録されている二〇四篇の新史論のうち、五八・八％に当たる一二〇篇を著しており、新史論が全体的に士林によるものであると断言できる決定的な根拠を提供した。

旧史論は金富軾《キムブシク》・李斉賢《イゼヒョン》・権近《グォングン》・李詹《イチョム》のような著述者の名前を明記した場合もあり、史論の著述者が把握できなかったために、無名と処理した場合もある。一方、二〇四篇の新史論は全て「臣等按」といった題名で記述されている。史論は無記名でなければならないという原則によるものであり、前代史を整理する官撰史書では当代の史論著述者を明かさないという前例によるものでもあった。『三国史記』の史論は「論曰」から始まり、『東国史略』の史論は「臣等按」から始まる。『高麗史節要』の場合も、朝鮮建国初期に著された史論は「史臣曰」から始まる。成宗十七年に『東国通鑑』を編纂した当事者らによる新史論にも、著述者の名前はなく、すべて「臣等按」という題名で収録された。

したがって、『東国通鑑』からは誰がどのような史論を著したかを知ることができない。ただ、崔溥の文集である『錦南集』に、彼が著した一二〇篇の新史論が収録されているので、二〇四篇の新史論のうち、どれが崔溥によるものかが分かる。また、魚世謙《オセギョム》撰「徐居正碑銘」によると、徐居正は五十余篇を著したというが、彼が書いた史論を見分けることは不可能である。残りの約三十篇の史論を著した人々が誰だったかも知られていないが、当時、新進士林の中核であった表沿沫が『東国通鑑』の編纂に深く関わっていたので、彼も史論を著した可能性が高い。以上のように、『東国通鑑』の新史論は、崔溥をはじめとする士林によるものと言っても過言ではない。

三、史論の分布度

(一) 補完と均衡の追求

『東国通鑑』の新史論は「外紀」三篇、「三国紀」三十五篇、「新羅紀」二十四篇、「高麗紀」一四二篇のように各紀にまんべんなく配置されている。また、論弁するところの多い記事に集中的に施されてはいるが、旧史論と重複する箇所は殆どない。旧史論と併存する形で収録された新史論が二十三篇、旧史論の施されていないところに収録されたのが一八一篇と、旧史論のないところに施されている割合が圧倒的に高い。すなわち、構造的に、新史論は旧史論が看過した部分を補うことで、史評をより豊かにしているのである。したがって、『東国通鑑』は旧史論の仍用と新史論の執筆によって、前代史に対する当代の歴史認識を示すのみならず、歴史認識の時代的な変遷をも示している。

『東国通鑑』が旧史論のみを転載して新史論を収録していない場合は、既存の評価を認めるか、異見はあるが論評するほどではないという意味である。旧史論があるのに新史論を施した場合は、旧史論の論旨を補強するか、旧史論の間違った部分に反論するか、旧史論とは全く関係のないことを述べるためである。

新・旧史論が重複されるのは「外紀」一篇、「三国紀」十三篇、「新羅紀」五篇、「高麗紀」四篇である。「外紀」〜「新羅紀」の新史論は旧史論を直接的に批判することが多いが、「高麗紀」には一〇六篇の旧史論と一四二篇の新史論が施されているにも関わらず、二つの史論がほぼ重ならないので、旧史論の批判より、足りなかった史評を補完するのが主眼だったことが分かる。

表1　『東国通鑑』に掲載されている新史論と旧史論の分布

	巻数	割合（全体内容：100％）	新史論	割合（新史論の総数：100％）	新・旧史論の重複
三国紀	八巻	14％	三十五篇	17.1％	十三篇
新羅紀	四巻	7％	二十四篇	11.7％	五篇
高麗紀	四十四巻	77％	一四二篇	69.6％	四篇

注：外紀は除外した。

新史論の数のみを見ると「高麗紀」のそれが圧倒的に多いが（**表1**参照）、本文内容の量を比べると、新史論の篇数は内容の量に比例して収録されているといえる。『東国通鑑』の修撰者は自らが著した史論の配分においても、各紀の均衡を取ることに努めたのである。

（二）史実の大義分弁

新史論の量的な比率は概ね紀毎に均衡が取れているが、それぞれの紀においては、史論が集中される特定の時期が確認される。「外紀」と「三国紀」の場合は、新史論が特定の時期に集中されているとは言えないが、「新羅紀」の場合は、景明王と敬順王がそれぞれ四篇で、統一新羅王朝のどの王よりも多い。新羅末代の多端な時期ゆえ、分弁すべき大義が多かったためと見られる。「高麗紀」の場合は、第八代の顕宗が七篇、第十六代の睿宗が八篇、第十七代の仁宗が十三篇、第十八代の毅宗が八篇、第十九代の明宗が十篇、第二十三代の高宗が十四篇、第二十五代の忠烈王が十三篇、第三十一代の恭愍王が二十二篇、第三十二代の禑王と第三十三代の昌王が十二篇と、その他の王代のそれより多い。旧史論も大体これらの王代に集中されているが、その理由は、この時期に分弁すべきことが多かったためである。顕宗朝には八関会の復活を批判するなど斥仏の史論が多く、睿宗・仁宗朝には李資謙《イザギョム》の乱と妙清《ミョウチョン》の乱があったために史論が多い。武臣の乱と武人政権に関しては、士林・勲戚を問わず、儒学者なら誰でもが批判的な立場だったので、旧史論と新史論が集中的に分布されており、忠烈王代は忠烈王・忠宣王父子の争いがあったために削筆すべき要素が多かった。

一方、高麗史のうち最も多くの新史論が収録されている王は恭愍王である。高麗滅亡の根本的な責任を、恭愍王に起因する辛旽《シンドン》の専横と、偽王である禑・昌王の即位に求めたためである。禑・昌王代に新史論が多い理由も、「廃仮立真」の名分を以て史筆を揮う必要があったためである。朝鮮を開国した李成桂《イソンギェ》勢力は、禑・昌王が辛旽の子孫であり偽王なので、偽物を廃位して本物の王氏を擁立するといった廃仮立真の論理を動員し、禑・昌王を廃位して恭譲王を即位させ、まもなく開国した。即ち、廃仮立真は朝鮮建国の合理化に直結する重大な名分だったので、『東国通鑑』の新史論もこれを特筆しているのである。

以上のように、新史論は旧史論同様、論弁すべきことの多いところに集中的に施されている。しかし、一つの記事に対して旧史論と重複する箇所は殆どなく、全体的に言って、旧史論の粗略な部分に多く施されていて、旧史論が論弁しなかった箇所から後世に示す歴史認識を補完していたといえる。

四、史論の内容

朝鮮の建国とともに性理学は国是と定められたが、十五世紀までの士林派の性理学は、哲学史的な脈絡よりは、主に義理の実践を強調し、権閥政治を打破しようとする政治史的なレベルにとどまっていた。したがって、性理学における社会的な実践理論である義理名分論と正統論は、朝鮮前期の性理学を理解するための最大のポイントとなる。『東国通鑑』所収の二〇四篇の新史論を義理名分論・正統論という視点から区分すると、①総評論四篇、②考証論十二篇、③褒貶論一八八篇に分けられる。

(一) 総評論

三国と高麗が滅亡した件りで、歴代諸王の治乱を王毎に簡略に総評した史論四篇がこの範疇に含まれる。各国の滅亡記事に施された四篇の史論は、諸王の治績における得失を漏れなく批評しているので、二〇四篇の新史論の中でも史論一篇あたりの量が最も多い。

各国の治乱を褒貶する長文の総評論四篇はすべて崔溥が著した。一国の全歴史を通観し、摘要したので、その意味は大きい。総評論は韓国の歴史全般を包括的に把握する士林派の巨視的な眼目を示すものであるためである。

(二) 考証論

この範疇には、凡例に提示された編纂原則と体裁、及び、考証に関する十二篇の史論が含まれるが、これらは全て「外紀」と「三国紀」にのみ収録されている。異論の余地がある史実の正確さという問題が、高麗史に比べて史料に乏しい上古史と三国史の方に多かったためである。

『東国通鑑』の体裁に関する史論は三篇である。新羅王が固有の称号を使ったことと、即位年称元法に関する史論がそれである。『三国史記』(一一四五)は国王が即位した年を在位元年とする即位年称元法に則って三国と統一新羅の歴史を述べるとともに、居西干・尼師今など、新羅初期の国王の名号はそのまま採用した。しかし、『東国史略』(一四〇三)は国王が即位した次の年を在位元年とする踰年称元法を採択し、新羅王の固有の名号をすべて「王」と改叙した。『東国通鑑』

は即位年称元法を採用する一方で、新羅初期の国王の名号は全て「王」に直し、この種の問題を史論で取り上げている。

考証に関する史論は九篇で、檀君の建国年代と寿命の真偽を分弁する史論一篇がここに含まれる。この史論は単純な考証論ではない。なぜなら、ここには檀君朝鮮に関する当代の思惟が集約されているからである。即ち、檀君朝鮮を歴史的な実在として認め、韓国史の出発時期が中国のそれと対等であると考えたために、檀君の寿命と建国年代を現実的に分弁しようとしたのである。その他は、地理的な位置、名称、年度、世系などに関する史論が八篇で、考証論の殆どすべてを占める。

『三国史記』は史実の誤謬に関する論証を史論ではなく、細註で取り上げた。『東国通鑑』には細註が殆ど施されなかったため、誤謬を指摘したら、疑問を分弁する場は史論しかなかった。ならば、考証に関する『東国通鑑』の新史論はもっと多くてしかるべきだが、新史論はこの問題に特に興味を示さず、十二篇に止まる。

(三) 褒貶論

褒貶論は総評論四篇と考証論十二篇を除く一八八篇で、新史論の殆ど全部を占める。「外紀」・「三国紀」・「新羅紀」に収録された六十二篇の新史論のうち、四十七篇がここに当たり、「高麗紀」の場合は、一篇の総評論を除く一四一篇がここに含まれる。

褒貶論の内容は様々で、①正統と大義名分、②忠義と志節、③諫言、④異端と弊習、⑤事大と交隣、⑥その他、に区分される。一八八篇の褒貶論の半分以上の九十八篇が①正統と大義名分、及び、②忠義と志節に属するという点から、新史論における義理名分論と節義観念の重要さが確認されるであろう。

①正統と大義名分

褒貶論の第一の特色は、正統・大義名分・節義といった物差しで人物と時事を褒貶する春秋筆法がより強化されたということである。正統性のある者に対して節義を守ることが義理名分論なので、節義・名分・正統の三者は不可分の関係となる。名分を捨てた者は貶絶の対象となり、乱臣賊子は誅討の対象となる。乱臣賊子を誅伐する者は忠臣であり、そうでない者は貶削される。旧史論に比べ、『東国通鑑』の新史論はこの点をより強調している。

このように新史論は、君臣の正名が行われないことが政治混乱の根源であると見做す。新進士林である崔溥の史論が特にこの項目を強調することから、性理学の社会的な実践を強調する士林派の登場によって、義理名分と節義が絶大的に強化されるようになったことが言える。

表2　新史論における褒貶論の諸相

内容	正統と大義名分	忠義と志節	諫言	異端と弊習	事大と交隣	その他
高麗紀以前（四十七篇）	十二篇	十一篇	四篇	七篇	二篇	十一篇
高麗紀（一四一篇）	六十篇	十五篇	九篇	二十篇	三篇	三十三篇
総計一八八篇	七十二篇	二十六篇	十三篇	二十七篇	五篇	四十四篇

②忠義と志節

新史論における節義者の称賛は「高麗紀」以前の記事に多い。例えば、新羅の第十九代国王だった訥祇王の二人の弟を救った朴堤上《バクゼサン》の死節と、百済の滅亡の際に戦死した階伯《ギェベク》を大いに称え、新羅の高麗への降参に反対した麻衣太子を褒褒する反面、高麗に降参した敬順王を貶削した。また、三国統一の過程で犠牲となった多くの死節者の忠節をも悉く称える。「高麗紀」においても、契丹・モンゴルなどの外賊の侵入に抵抗した者、権奸に立ち向かった者、君主への義理を守った者は全て称えられている。

一方、この項目には失節した者への批判も含まれている。高句麗の第十代の国王だった山上王とその王后の于氏に対し、神器を盗み、淫穢な行動で綱常を乱したとして徹底的に貶しているのがその代表的な事例である。また、高麗後期における崔氏の武臣政権、そして、辛旽のような権奸に阿諛した者に対しても、その卑陋さを指摘し、志節が毀損されたことを非難する史論が多い。

③諫言

諫諍は王道政治を実現する方法として、節義・名分とともに性理学で重視される言説である。したがって、『東国通鑑』における諫言に関する記事は、殆ど例外なく史論によって称えられている。諫言を許さなかった人君は貶絶され、政事の誤りを見ても諫言しなかった臣下は貶絶され、極諫して過ちを是正しようとした諍臣は褒奨される。高句麗の第六代の国王だった太祖王に対して、逆心を抱いた王弟を斬首するよう奏請した高福章《コボクジャン》、新羅の第四十一代の国王だった憲徳王の時に、人材を適材適所に登用するよう忠告した禄真《ノクジン》、高麗の毅宗の匡救のために諫諍して殺された鄭襲明《ジョンスプミョン》、辛旽を論劾して貶官された李存吾《イゾンオ》などを、新史論は熱く称えている。

諫諍の言論は専制王権を制限し、合理的な政治権力を追及する重要な手段であるので、新史論が諫言を重視するのは、儒者として当然あるべき姿勢といえる。ただし、ここには、台諫職を経て勲旧勢力の非行を極論した士林派の政治理念も投影されているといえる。即ち、言論三司を拠点とした上での、勲旧への士林のけん制が本格化する成宗中盤の政治構図がこれらの史論を生み出したのである。

④異端と弊習

朝鮮初期の史家は仏教と道教を異端として排斥し、火葬のような仏教儀礼、同姓近親婚のような古代的な習俗を強く排撃した。『東国通鑑』の新史論の場合もこれは同じで、禍福・風水・図讖説への批判が強まり、信仏への批判の声が高まっていった。高麗末・朝鮮初とは異なり、性理学が定着しつつあった成宗朝には斥仏の動きが落ち着いてもよかったような気がするにも関わらず、『東国通鑑』の編纂者らが仏教行事と好仏の記事に習慣的に非難の史論を施したのは、前代である世祖《セゾ》代の好仏的な世情への反発としての性格があったと言える。

したがって、新史論は韓国で初めて仏教を公認して高句麗の第十七代の国王だった小獣林《ソスリム》王を非難するなかで、太学を設立した彼の功労までも貶してしまった。また、高麗の崇仏政策が太祖に由来すると見做して、太祖の好仏を猛烈に非難した。高麗の顕宗は八関会を復活させたために批判され、高麗の名儒だった崔凝《チョイウン》・崔沆《チョイハン》・尹彦頤《ユンオンイ》・李穡《イセク》も、崇仏の疑いがあるとして批判の対象となった。

⑤事大と交隣

性理学の名分論には事大も付き物である。したがって、『東国通鑑』が事大を主張したのは事実である。しかし、韓国の史書の全般的な特徴として、事大を主張することが、相手に屈服したり、民族意識を弱化させることには、必ずしも繋がらないということが挙げられる。上国である中国に対する事大を標榜しつつも、唐の侵攻に立ち向かって勝利した安市城主のような人を称えるなどが、いい事例である。

また、性理学は交隣の外交を強調する。『東国通鑑』は高麗の太祖が契丹からお土産として送られてきた駱駝を餓死させた事件を攻駁し、和親を無視した太祖の対契丹策を厳しく批判した。これと同じ論理から、高麗中期に尹瓘《ユングァン》が女真の根拠地を攻撃して九つの城を築いたことについても、「帰順した女真に対して、粛宗が二度も攻撃させたのは失策であり、その失策は九城を築いたことで固められ、辺境の釁端が深まった」として、否定的な立場を示す。

このように、『東国通鑑』は事大交隣の外交を重視するが、事大と交隣が名分に合致する場合にのみ体現するだけで、一途にそれを主張したわけではない。事大と交隣は外交的な手段にすぎず、それ自体が保国の一次的な目的ではないからである。

⑥その他

その他の四十四篇の史論の内容は、礼教と興学、荒淫無道、倫理的な失節、礼法上の失礼、時政の得失など、多岐にわたる。礼教においては、箕子の教化が断然目立つ。新史論は箕子の東来によって韓半島に中華文化が芽生え、礼楽仁義の国となったという従来の評価を是認した。朝鮮初の士大夫は、檀君は開国の始祖で、箕子は教化の始祖であると考えたが、成宗代中盤における思惟もそれと同じで、檀君と箕子とを同等に尊重した。

一方、荒淫無道においては、高麗時代に武臣の乱が勃発した原因を提供した者と見做された国王の毅宗の逸楽と失徳を批判し、元の干渉を受けていた時期の諸王に対しては、荒淫無道と綱常倫理の紊乱を数多く指摘する。時政の得失においては、善政を称える史論よりは、失政を非難する史論の方がよほど多い。その他の史論の史筆は、褒奨より貶削の方に主眼が置かれていたのである。

五、史論の特徴

『東国通鑑』の新史論の特徴を要約すると、まず、新史論は総評論・考証論・褒貶論に分けられるが、総評論四篇は旧史論とは判然と異なり、三国と高麗の各王を一々論評していて、総評論の真面目を発揮している。

次に、考証論十二篇は『東国通鑑』の叙述原則・体裁・史実などに関する考証であるが、その性格から、主に「高麗紀」以前に集中されている。しかし、考証に関する新史論は比較的に粗略なので、新史論はこの種の問題にあまり興味を示さなかったといえる。

三つ目、新史論は檀君朝鮮の存在を歴史的な実体として把握しようとした。また、檀君を開国の始祖、箕子を教化の始祖として対等に尊崇した。

四つ目、様々な事件や人物に対して、春秋大義に立脚して褒奨・貶絶する褒貶論が、新史論の大多数を占める。褒貶論は①正統と大義名分、②忠義と志節、③諫言、④異端と弊習、⑤事大と交隣、⑥その他、に細分される。これらの項目は旧史論に対しても同様に適用できるが、新史論の筆鋒の方が旧史論より鋭い。特に、新史論は性理学の義理名分論と正統論に立脚し、君臣の名分と節義観念を積極的に表出した。新史論はこの点を最も強調し、それが旧史論と最も区別される点である。

五つ目、新史論は諫言を重視し、旧史論の施されていないところまで一々論評した。ここまで諫言を強調する背景には、言論三司を拠点として勲旧に対抗しつつ台頭した成宗代の士林派の時宜性がある。

六つ目、闢異の史論は主に斥仏の主張であるが、麗末鮮初の斥仏的な史論より『東国通鑑』の新史論の方がより激しい。仏教から性理学へと思想史の主導権が移る麗末鮮初を越え、既に性理学が拡散していた成宗代に、かくも斥仏の論調が激しかった理由は、世祖代の崇仏の影響力を一掃するためだった。最後に、新史論の最も核心的な主題は、性理学の基本的な社会理念である義理名分論と正統論であった。これは世祖の王位簒奪と、簒奪に反対した臣下らが殺された「死六臣事件」を経て政界に進出した士林にとっては、何よりも重要なイシューであった。義理名分論と正統論は、性理学が拡散・定着するための必要条件だったのみならず、世祖のクーデターに協力・同調した勲戚勢力と区別される存在としての、士林の政治的な透明性の証拠だったためである。成宗代の士林は世祖の簒位によって退歩・屈折した性理学の社会的な拡散を模索する過程で、名分と節義を高揚する新史論によって勲旧勢力の弱点を理念的に攻略し、自派の純粋さを政治的に自負もしたのである。

成宗代は勲戚から士林へと政治的な主導権が移譲する過渡期に当たる。『東国通鑑』は、士林が中央政界に布陣し、勲旧との対立拮抗をはじめる成宗中盤に完成した史書で、義理名分論と正統論を強調する士林の歴史認識に傾倒していた。したがって、『東国通鑑』は士林と勲戚の大別といった政治史上の大きな流れの中で、朝鮮前期における性理学の理解水準を把握することができる指南書といえる。

『東国通鑑』と朝鮮王朝――受容と展開

朝鮮時代における『東国通鑑』の刊行と享受

白 丞鎬（翻訳：金 時徳）

ベク・スンホ――韓南大学校国語国文創作学科助教授。専門は韓国漢文学。著書に『樊岩蔡済恭の文学の研究』（ソウル大学修士学位論文、二〇〇六年）、『正祖時代における政治的文事の研究』（ソウル大学博士学位論文、二〇一三年）などがある。

この論文は文献学的な観点から『東国通鑑』の刊行と享受の実態を検討したものである。『東国通鑑』に関する記録から受容の実態を確認した。両乱以前の朝鮮では、『東国通鑑』が自国の総合的な歴史書であることが概ね認められていた。しかし、性理学的な世界観が拡散するにつれ、洪汝河が『資治通鑑綱目』の史観によって『東国通鑑提綱』を編纂するような動きも見られるようになる。自国史への関心から、粛宗、英祖、正祖は、召対の場で『東国通鑑』を講読した。国王らは、本国の歴史が中国と同時代に始まったこと、箕子に代表される中華文明が本国に伝えられた過程、そして、「宗系弁誣」問題に関わって、太祖・李成桂の事蹟に注目した。中国の場合、朱彝尊は「吾妻鏡跋」の中で『東国通鑑』を信頼できる参考資料であると指摘した。呉任臣の『十国春秋』、厲鶚の『遼史拾遺』などにも、参考資料として『東国通鑑』が引用されている。日本の場合、早くから使臣を通して『東国通鑑』を要請していて、密貿易によってこの本を輸入し、一六六七年に水戸藩で刊行するに至った。

はじめに

『東国通鑑』は檀君朝鮮から高麗時代に至る韓国の歴史を編年順に収録した編年体歴史書で、全五十六巻である。『東国通鑑』の編纂は世祖（在位一四五五～一四六八）の命によって始まったが、世祖の生存中には完成を見ず、徐居正《ソゴジョン》らによって一四八五年に刊行された。

『東国通鑑』に関する本格的な研究は、韓永愚《ハンヨンウ》が朝鮮時代初期の歴史書を概観し、その歴史認識を検討した論文に始まる。[1] また、鄭求福《ジョングボク》と韓永愚の後続研究によって、『東国通鑑』の編纂やその史論が検討された。[2] その後に蓄積された研究成果は、朝鮮時代前期における『東国通鑑』の成立、その史学史上の位相、史観に関する研究に分けることができる。[3] しかし、『東国通鑑』がどのように読まれ受容されたかといった、文献の流通と受容という側面に注目した研究は行われなかった。

ここでは、文献学的な観点から『東国通鑑』の刊行と享受の実態の究明を試みる。『東国通鑑』の現存板本を概説し、『東国通鑑』に関する記録の検討によって、この文献がどのように受容されたかを確認する。朝鮮時代前期における『東国通鑑』の刊行については先行研究の成果を受け入れ、朝鮮時代後期における『東国通鑑』の受容については、筆者の実査結果を整理して先行研究を補いたい。

一、『東国通鑑』の現存板本(4)

現在まで確認された『東国通鑑』の板本の系統を整理する。

(一) 甲辰字印本
　国立中央図書館

(二) 甲寅字印本覆刻本
　中宗年間（一五〇六〜一五四四）。紹修書院所蔵本

(三) 四鋳甲寅字印本
　粛宗二十九年（一七〇三）。国立中央図書館一山文庫康熙四十二年内賜本

(四) その他の甲寅字系列翻刻本

（一）は徐居正が一四八五年に完成・刊行した板本で、国立中央図書館・誠庵古書博物館・成均館大学校・高麗大学校などに所蔵されている。（二）は、金斗鍾《キムドゥジョン》の先行研究によると中宗年間に覆刻されたもので、紹修書院に所蔵されているという。もし、（二）が（四）に先行する板本であるとしたら、朝鮮時代前期に甲寅字で刊行された甲寅字本『東国通鑑』があって、（四）はこれを覆刻したものと推定される。平壌に所蔵されていたと『故事撮要』に記録されている板本が、この甲寅字覆刻本の板木だった可能性がある。（三）は四鋳甲寅字で刊行された印本で、国立中央図書館などに所蔵されている。（四）は朝鮮時代後期に刊行されたと思われる甲寅字系列の翻刻本である。韓国各地に所蔵されている。

要するに、『東国通鑑』は朝鮮前期には甲辰字と甲寅字の両活字を利用して刊行され、更に甲寅字本は木板本に翻刻されている。そして、壬辰倭乱以後、一定の需要があったので、粛宗年間に再び刊行されたのである。

二、文献記録による、朝鮮時代の『東国通鑑』受容

(一)『東国通鑑』の編纂

世祖は一四五八年に『東国通鑑』の編纂を命じた。世祖は

本国の古代史を総括する編年体歴史書の編纂を目指した。(5) しかし、臣下らの意見は異なっていた。儒学に徹底した臣下らが古代史の神秘性に疑問を呈したので、歴史書の編纂作業は遅々として進まず、その責任を問われて、編纂担当官が頻繁に交代させられた。世祖は一四六四年八月九日に養心堂を訪れ、東国通鑑庁の堂上官・郎官らを呼び出して編纂過程について質疑し、自ら凡例を定めて示した。

にもかかわらず、『東国通鑑』の編纂事業が行われなかったため、一四六六年に世祖は崔恒《チョイハン》・金国光《キムククァン》・韓継禧《ハンギエヒ》らに再び編纂を命じた。一四六六年になって、やっと『東国通鑑』の編次が決まったが、結局、世祖の生前に編纂作業が終わることはなかった。

世祖の死後、睿宗年間（一四六八～一四六九）にも編纂作業のことが議論されたが、作業が完了したのは成宗代になって

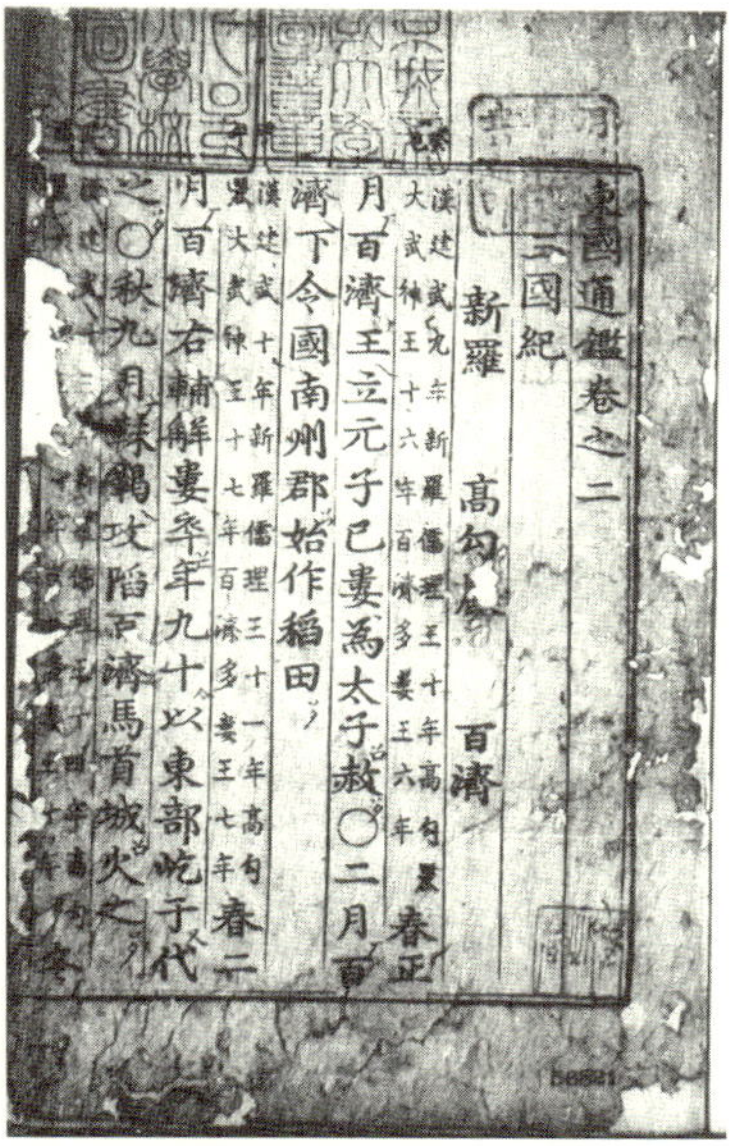
東國通鑑卷之二
三國紀
新羅　高句麗　百濟

図1　『東国通鑑』甲辰字本
（韓国国立中央図書館所蔵本）

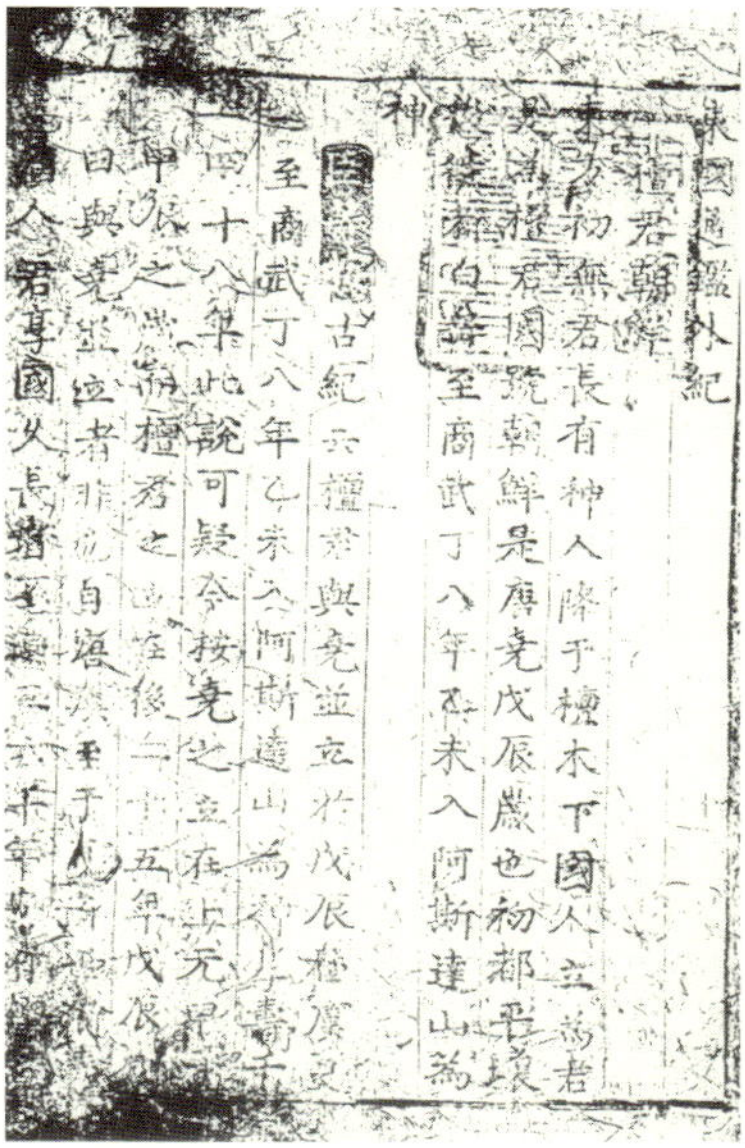
東國通鑑外紀

図2　『東国通鑑』四鋳甲寅字印本
（韓国ソウル大学奎章閣韓国学研究院所蔵本）

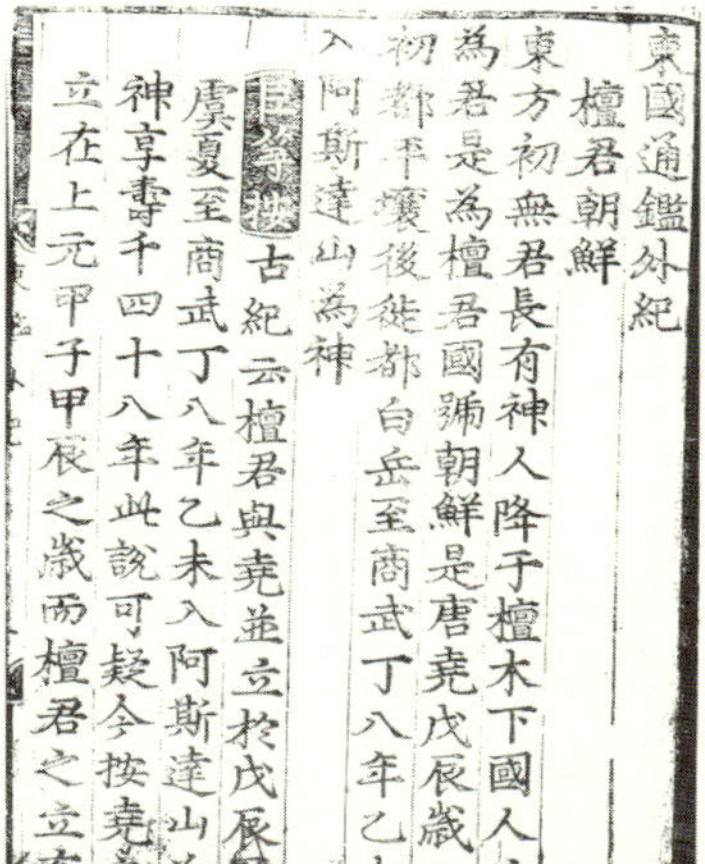
東國通鑑外紀
檀君朝鮮
東方初無君長有神人降于檀木下國人立
為君是為檀君國號朝鮮是唐堯戊辰歲也
初都平壤後徙都白岳至商武丁八年乙未
入阿斯達山為神
古紀云檀君與堯並立於戊辰歷
虞夏至商武丁八年乙未入阿斯達山為
神享壽千四十八年此說可疑今按堯之
立在上元甲子甲辰之歲而檀君之立在

図3　『東国通鑑』甲寅字系列翻刻本
（韓国国立中央図書館所蔵本）

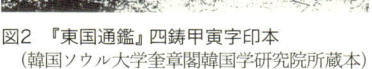

からである。一四八三年十月八日、成宗は徐居正の『東国通鑑』編纂を許可した。一四八四年十一月十三日、徐居正が編纂を終えた『東国通鑑』を進呈した。成宗は、史論を著した者が金富軾《キムブシク》と権近《クォンクン》のみだったかなど、史論に関して質問し、その補完を命じた。その後、一年余の補完作業を経て、一四八五年七月二十六日、徐居正らは『東国通鑑』を完成させて進呈した。

『東国通鑑』の編纂をめぐる世祖と臣下らの食い違いは、古代史をどのように捉えるかといった問題に起因するものだったといえる。世祖は、檀君をはじめとする本国の古代史を忠実に反映した本を編纂しようと思ったが、徐居正はそれに慎重だった。彼は、檀君朝鮮・箕子朝鮮・衛満朝鮮・三韓などの古代史を本の編次に編入せず、「外紀」として処理した。ここからも、古代史をめぐる国王と臣下らの考えの違いが見えてくる。

(二) 壬辰倭乱・丙子胡乱以前における受容

徐居正の当代に刊行された甲辰字本の印刷部数は多くなかった。一五四二年七月二十七日付の魚得江《オドクガン》の上疏文を引用する。

近世に徐居正が史局を摠裁して『東国通鑑』を撰しましたが、それはとても該博なものでした。鋳字で印刷して頒布しましたが、今の世になっては、接するものは稀です。金富軾が『三国史記』に収録した史論と権近が『高麗史節要』に収録した史論は、その文章が簡古なので一言でも補うことはできません。この二人に比べると、徐居正の史論は格段に劣ります。すべての史論が、徐居正ではなく、彼を補佐した新進によるものであるためです。もし、中国人が『東国通鑑』を入手して読むならば、我が国の文章を低く評価することは当然です。また、『東国通鑑』を印刷した文字があまりにも細小なので、今、再び史局を設置し、史論と文章を再び筆削すべきです。

（『朝鮮王朝実録』中宗三十七年七月二十七日条）

魚得江の上疏文からは、次の事実が判明する。まず、成宗年間の一四八五年に刊行した『東国通鑑』は活字本だったが、その字はとても細小だったとのことなので、その活字は甲寅字ではなく、甲辰字だった可能性が高い。次に、『東国通鑑』には金富軾の『三国史記』と権近の『高麗史節要』に収録されていた史論が含まれている。魚得江は、『東国通鑑』が三国史と高麗史とを総合した点を「とても該博なもの」だと評価した。最後に、徐居正が書いたとされている史論の中には、彼を補佐した新進の手によるものが多い。先行研究が指摘した通り、『東国通鑑』の史論は当代の士林の立場を反映した、儒教的な名分に忠実なものであった。魚得江には、これは文章・史論としては不十分なものと思われた。だから彼は『東国通鑑』の史論と文章を訂正する必要があると主張したのである。

　一方、宣祖は、壬辰倭乱の真っただ中だった一五九三年七月十日、戦争中にもかかわらず、『朝鮮王朝実録』とともに『高麗史』・『東国通鑑』・『輿地勝覧』・『東文選』を運んでくるよう命じた（『朝鮮王朝実録』宣祖二十六年七月十三日条）。『東国通鑑』は、戦乱中にも国王が気にするほどの重要な文献と見做されていたことが確認される。ところで、同じ頃、鄭経世《ジョンギョンセ》は次のように発言している。

　上（国王）は我が国の興亡盛衰のことを知りたいと思われ、その本を講することを望んでおられます。『高麗史』がどのような本であるかは分かりませんが、先日、ちょっと『東国通鑑』を読んだところ、古史体は全くなく、淫乱な記事のみ多くて、進講するにはとても相応しくない本でした。再び大臣らと議論して定奪したらいかがでしょうか？

（『朝鮮王朝実録』宣祖二十八年一月二十七日条）

　当時の経筵官であり、代表的な儒学者だった鄭経世にとって、『東国通鑑』は、古史体は全くなく、淫乱な記事のみ多い本だったのである。彼がこのように考えた理由を推測すると、まず、「外紀」として編次されてはいるものの、本国の歴史を檀君から始まると述べていて、箕子を副次的な存在と見做していることが問題だった。次に、まだ儒学が普遍化する前の三国時代と高麗時代の歴史が、儒学者の目には淫乱なものに映ったのだろう。この点は、当時の儒学者らが一般的に指摘していたはずである。

　以上のように、壬辰倭乱以前の記録を検討すると、『東国通鑑』は古代から高麗末期までの歴史を総合した歴史書であるという点が認められたが、性理学的な世界観が強化されるにつれて、『東国通鑑』の古代史部分が問題視されるようになったことが確認できる。

（三）朝鮮時代後期の受容

　壬辰倭乱・丙子胡乱以後、『資治通鑑綱目』に適用された朱熹の歴史叙述方法を採択した歴史書の編纂が一般化した。洪汝河《ホンヨハ》の『東国通鑑提綱』もその一例である(6)（図4）。洪汝河は朱子学的な正統論に立脚して『東国通鑑』を直した。洪汝河は『東国通鑑提綱』のなかで、『東国通鑑』冒頭の「外紀」に述べられていた檀君朝鮮の項目を削除し、檀君朝鮮については本文で簡単に触れるにとどまった。そして、本国の古代史を殷の太師だった箕子に始まると見做した。また、三

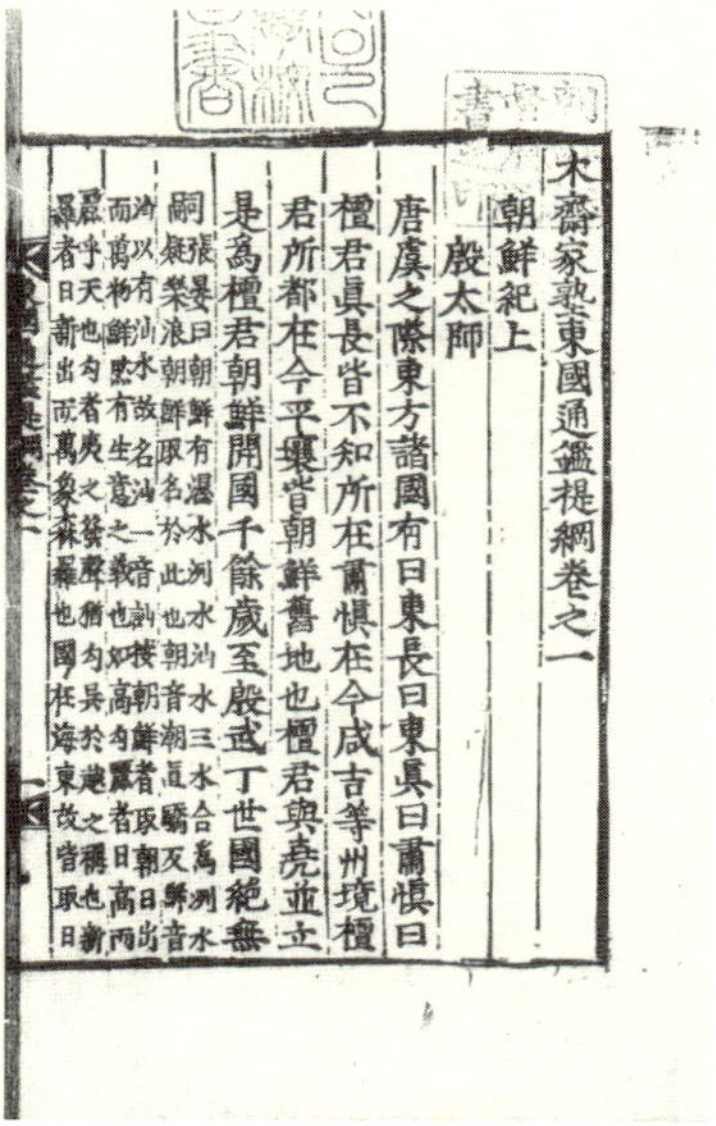

図4　『東国通鑑提綱』巻首面（韓国ソウル大学奎章閣韓国学研究院所蔵本）

国の始祖の誕生に関する部分を削除したり、叙述の量を減らした。

このように史観が変化する中、一七〇三年頃に『東国通鑑』が四鋳甲寅字で再刊された。一七〇三年の内賜記が記されている『東国通鑑』が国立中央図書館・一山文庫に現存する。『承政院日記』の記述通り、粛宗が経筵の場で参考にするために刊行したものと見られる。

粛宗代以降、国王が召対（経筵の参賛官以下を呼び出し、国王が自ら講論すること）で『東国通鑑』を講読した記録を『承政院日記』から拾うと次のようになる（**表1**）。

この表によると、粛宗は十二回、英祖は六十八回、正祖は五回にわたり、召対の場で『東国通鑑』を講読した。英祖は一七二九年閏七月から一七三一年五月まで、全四十一回にわたって『東国通鑑』の巻一から終わりまでを講読している。純祖と高宗は、『東国通鑑』を言及したことはあるが、本格的に講読してはいない。その事情は次のようである。

一七〇一年一月、粛宗は次の経筵で講読する本として『東国通鑑』を取り上げ、一七〇三年一月十七日から経筵で『東国通鑑』を講じた。「外紀」を講読したという記録はなく、巻四から講読した。彼一人で講読したために『承政院日記』に漏れたのか、もしくは、召対の場で取り扱ったが、特筆すべき議論がなかったために記録されなかっただけかは確かでない。主に一七〇八年一月に高麗史を集中的に読んだことが確認される。

先にも触れたように、英祖は『東国通鑑』に多大な関心を示した国王であった。彼は一七二六年七月の経筵で『東国通鑑』を講じることにし、同じ年の十二月に『東国通鑑』の印刷を命じた。

この時に決まった『東国通鑑』の印刷部数は十五点であった（『承政院日記』英祖二年十二月十五日条）。経費が無くなったため、臣下らに頒賜される分までは印刷できず、経筵で使う分のみを印刷したのである。しかも、『景宗実録』の印刷が優先されたために、この印刷作業は数か月の間中断した。経

表1　歴代の召対における『東国通鑑』の講読記録

王代	日付（旧暦）	講読部分
粛宗	一七〇三・一・十七	巻四
粛宗	一七〇五・三・二十七	巻十四
粛宗	一七〇七・七・四	巻三十四
粛宗	一七〇七・七・六	巻三十五
粛宗	一七〇八・一・十六	巻三十八
粛宗	一七〇八・一・十七	巻四十
粛宗	一七〇八・一・十八	巻四十一
粛宗	一七〇八・一・十九	巻四十
粛宗	一七〇八・一・二十	巻四十五
粛宗	一七〇八・一・二十一	巻四十七
粛宗	一七〇八・一・二十三	巻五十一
粛宗	一七〇八・一・二十四	巻五十三
英祖	一七二九・閏七・六	巻一
英祖	一七二九・閏七・九	巻二
英祖	一七二九・閏七・十三	巻三
英祖	一七二九・閏七・二十一	巻四
英祖	一七二九・閏七・二十六	巻五
英祖	一七二九・閏七・二十九	巻六
英祖	一七二九・八・十九	巻七
英祖	一七二九・九・二十五	巻十一
英祖	一七二九・九・二十七	巻十二
英祖	一七二九・十・三	巻十三
英祖	一七二九・十・五	巻十四
英祖	一七二九・十・七	巻十四
英祖	一七二九・十・十九	巻十五
英祖	一七二九・十一・十	巻十五
英祖	一七二九・十一・二十一	巻十五
英祖	一七二九・十一・二十三	巻十七
英祖	一七二九・十一・二十七	巻十七
英祖	一七二九・十二・二	巻十八
英祖	一七二九・十二・三	巻十九
英祖	一七二九・十二・二十六	巻二十
英祖	一七三〇・一・十二	巻二十二
英祖	一七三〇・一・十六	巻二十三
英祖	一七三〇・一・二十二	巻二十四
英祖	一七三〇・二・十一	巻二十五
英祖	一七三〇・四・一	巻二十七
英祖	一七三〇・五・二十五	巻二十八
英祖	一七三〇・八・十五	巻三十二
英祖	一七三〇・九・七	巻三十二
英祖	一七三〇・十二・二十一	未詳
英祖	一七三一・一・二十五	巻四十一
英祖	一七三一・二・二	巻四十二
英祖	一七三一・四・四	巻四十三
英祖	一七三一・四・七	巻四十四
英祖	一七三一・四・九	巻四十五
英祖	一七三一・五・二	巻四十六
英祖	一七三一・五・三	巻四十七
英祖	一七三一・五・八	巻四十九
英祖	一七三一・五・十	巻五十
英祖	一七三一・五・一	巻五十二
英祖	一七三一・五・二十五	巻五十五
英祖	一七三一・五・二十六	巻五十六
英祖	一七六一・十二・十九	巻一
英祖	一七六一・十二・二十	未詳
英祖	一七六一・十二・二十六	巻一
英祖	一七六二・一・二十五	未詳
英祖	一七六二・一・二十六	未詳
英祖	一七六二・十二・四	未詳
英祖	一七六二・十二・五	未詳
英祖	一七六二・十二・七	巻一
英祖	一七六二・十二・九	巻一
英祖	一七六六・十一・二十三	未詳
英祖	一七六七・閏七・十二	未詳
英祖	一七六九・九・二十六	巻一
英祖	一七七一・九・二十五	未詳
英祖	一七七一・十二・六	巻一
英祖	一七七一・十二・十一	巻一
英祖	一七七二・十・十	未詳
英祖	一七七二・十・十四	巻一
英祖	一七七二・十・十七	未詳
英祖	一七七二・十・十七	巻一
英祖	一七七三・二・十一	巻一
英祖	一七七三・二・十三	未詳
英祖	一七七三・閏三・十五	未詳
英祖	一七七三・五・一	巻一
英祖	一七七四・三・十一	巻一
英祖	一七七四・六・五	巻一
英祖	一七七四・六・二十七	巻一
英祖	一七七五・三・一	巻四
正祖	一七八〇・二・二十二	未詳（巻一）
正祖	一七八〇・二・二十七	巻一
正祖	一七八〇・二・三十	巻四・五
正祖	一七八一・六・二十九	巻一
正祖	一七八一・八・十二	未詳

筵で『皇明通紀』を講じた後にすぐ『東国通鑑』を講じることにしていたが、実際は、李宗城の献議により、『朱子封事』と『大学衍義』を先に講じることになった。

『東国通鑑』の印刷と講読がこのように遅延されたため、一七二八年七月三日、英祖は『東国通鑑』を講じようとする意図を次のように説明した。

（上が）、「『東国通鑑』には、観るべきものはないが、末端に我が太祖のことが収録されているにもかかわらず、以前から講じてこなかったことを残念に思っていた。これからは進講を欠かしたくないということを大臣らに聞いて稟定したい」とおっしゃった。

徐宗玉《ソゾンオク》は、「『東国通鑑』は甚だ無味乾燥ではありますが、これは本国の歴史記録です。講じないわけにはいきません。明日、大臣らに聞いて、その結果を報告します」と奏した。

（『承政院日記』英祖余年七月三日条）

英祖は『東国通鑑』に太祖・李成桂のことが記されているので講論したいという強い意志を示した。李成桂の事蹟は、宗系弁誣（『大明会典』や清朝の官・私撰書に事実に間違って記載されている李成桂の世系、そして、被誣事件の改定を明・清の朝廷に奏請した事件）に関わる重要な事項であるためであった。徐宗玉も、『東国通鑑』が本国の歴史記録であることを評価したことが確認される。上記の記事のように、徐宗玉は次の日に大臣らと議論し、その結果を報告した。その報告によると、李光佐《イグァンズァ》は次のように言っている。

『東国通鑑』は記事が粗略で、文章は卑陋なので、人々を啓発するには足りませんが、全然得失がないわけではないので、全く鑑戒にならないとは言えません。末尾に収録されている我が太祖の竜興の事蹟についても、記載が詳しくはありませんが、一度御覧いただかないわけにはいきませんので、召対で命じられたとおり、これを引き続き講じてください。

（『承政院日記』英祖四年七月四日条）

そして、『東国通鑑』の次には李珥の『聖学輯要』を講じるよう勧めた。呉命恒《オミョンハン》ら大臣も、『東国通鑑』について似たような趣旨で答えた。以上のやりとりから、英祖と大臣らは『東国通鑑』の文体や記事に完全に満足していたわけではないが、太祖・李成桂の事蹟が収録されているという理由から、この本を講じることにしたと考えられる。『東国通鑑』を経筵で講じることが決まると、一七二九年七月二十五日には、経筵で講じる『東国通鑑』の本文への懸吐（訓点）作業が行われた（『承政院日記』英祖五年七月二十五日）。同年閏七月二日に三点の『東国通鑑』が印刷され、同年閏七月六日より『東国通鑑』が召対で講じられた。この進講は一七三一年六月十六日頃まで、約二年間にわたって行われた。英祖は史論まで一つ一つ検討しながら本の最後まで講論し、史論の是非をも評価した。召対の最初の場面である、檀君関係記事について国王が臣下らと議論する場面を見てみる。

> 尹光益《ユングアンイク》が「檀君」から（中略）まで読んだ。（中略）
>
> 尹光益が、「この時は天地が分かれ始めた太初であるため、怪誕なることが多く、信を置くべきではありません。また、申し上げるほどの文義もありません」と言った。
>
> 上が、「檀君は堯と同じ時に生まれたと言われるが、どうして君長がいなかったのだろうか？　これが分からない」と言った。
>
> 申致雲が、「風氣は中原が先に啓かれ、東南が次でした。故に、唐・虞の時代、まさに中原は文明国で、東方（本国）はまだ鴻荒でした」と言った。（中略）
>
> 上が、「「檀木」はどこなのか？」と言った。
>
> 尹光益が、「地名を考証する手掛かりがありません。『東国輿地勝覧』を見ても、合致しないところが多いです。東国の歴史は中国のそれとは異なります。檀君の時代から我が朝に至るまで、その治乱の跡が目に見えるようなので監戒になりますが、上自らご覧になったように、この巻には申し上げるべきことがございません。後になると、礼楽文物にやや観るべきものが出てきます」と言った。
>
> （『承政院日記』英祖五年閏七月六日条）

英祖は『東国通鑑』の「東方初無君長」という文章について質疑した。そして、檀君が堯と同じ時代に生まれたという徐居正らの史論を根拠に、あの時代に本国に君長がなかったということを不思議に思った。これに対して申致雲は、中国が先に啓蒙され、本国はまだ太初の荒廃した状態だったからだと答えた。英祖は本国の歴史が中国の歴史と同時代に始まったことに注目して質問したが、臣下らは華夷論に基づいて答えている。

次に、英祖は神人が天下りしたといわれる「檀木」という地名について質問した。尹光益は考証すべき資料がないと答え、この巻には詳しく取り上げるような内容がないといって先を急いだ。英祖と臣下らが議論を深めたのは、檀君朝鮮の次に載っている箕子朝鮮の項目だった。

> 申致雲が、「我が東方のみが礼儀を知っています。剝卦は中に一陽がある形ですが、これこそが、箕子が残した恩沢です。箕子の学問は洪範にあり、その教化は八教にあります。『漢書』「地理志」によりますと、当時は遺

風と故俗がありましたが、その後、だんだん蠻夷のようになったと言います。洪範九疇の学問を闡明し、世道を挽回するのは君主によるものです。これが初巻の第一の意味です」と言った。

上が、「その言葉はいい。留意する。箕子の教化は今に至るまで行われてきたが、その間は微弱だった」と言った。

（『承政院日記』英祖五年閏七月六日条）

剝卦は初爻から五爻までが陰爻で、ただ一つの陽爻が一番上にある。中致雲が剝卦に触れたのは、明が滅んだ今、朝鮮が中華文明を保存しているという意識を示すためであった。このように、英祖と臣下らは箕子の遺風が朝鮮で残り続けたことを肯定的に評価した。彼らは、箕子の当時は教化が行われていたが、三国時代になるとそれができず、夷のようになり、後代、もしくは、朝鮮になって箕子の教化が回復されたと把握した。「世道を挽回するのは君主によるもの」であるということをこの巻の趣旨だとしう中致雲の言葉、そして、英祖の「留意する」という答えがその根拠である。下略した部分では華夷に関する議論が暫く続き、地名・官職名などに関する考証が後を追う。

一七二九年閏七月六日からはじまった『東国通鑑』の進講は、一七三一年六月十六日頃、五十六巻の講読を完了することになる。英祖は『東国通鑑』を読んだ感想を次のように述べる。

上が言った。「近頃、やっと『東国通鑑』の講読を終え、深く感じたことがある。本国の制度と文物は本朝になって大いに完備されるようになった。しかし、三韓を統一した功労は高麗太祖にある。実に偉大である。先朝（粛宗）は洪範を講じ、遥かに箕子を慕ったが、私も『東国通鑑』を読み終え、やっと高麗太祖のことを思うようになった」。

古代史には虚誕で淫乱な話が多いとして、儒教に立脚した統治者の観点から批判的に読解していた英祖が、講読を終えると、深く感じたことがあると言っている。『承政院日記』によると、英祖は数十回にわたり、侍従臣に『東国通鑑』を持ってくるように命じ、その一部を読ませた。特に初巻（巻一）を持ってくるよう命じた記事が多い。箕子と檀君に関心を持って講読したのだが、箕子に関しては、彼が中華の文物を本国に伝えた点に注目し、檀君に関しては、本国の歴史が中国の堯舜時代に比べられるということに注目した。

三、中国と日本における『東国通鑑』の受容

（一）中国の場合

朝鮮の臣下らには「古史体は全くなく、淫乱な記事ばかり

多く」、「記事が粗略で、文章は卑陋な」本と評価された『東国通鑑』だったが、中国と日本では、韓国史を理解するための、総合的な性格の本として珍重された。清の朱彝尊は「吾妻鏡跋」の中で、信頼できる参考書籍の一つとして『東国通鑑』を挙げる。

外蕃の中では、ただ高麗人の著述のみが時々中国に入ってきた。鄭麟趾《ジョンインジ》の『高麗史』、申叔舟《シンスクジュ》の『海東諸国記』、および、『東国通鑑』、『史略』などに考証できることが多く記されている。(7)

この引用の前後で、朱彝尊は『吾妻鏡』の叙述体制を批判している。倭訓は一々施しながらも、国家の大事には粗略であるといった点などが問題にされた。そして、考証すべき、信頼できる外国の著述として、『高麗史』、『海東諸国記』などとともに『東国通鑑』を取り上げている。

このように、『東国通鑑』は信頼できる史書として『十国春秋』、『遼史拾遺』などに参考資料として引用された。『十国春秋』は清の呉任臣が一六六九年に完成した紀伝体歴史書である。全一一四巻で、五代と両宋時代までの歴史を取り扱っている。欧陽脩が『五代史』を編纂する中で、十国に関する記事を粗略に取り扱ったことを補うために編纂された。『遼史拾遺』は清の厲鶚が『遼史』の足りない部分を補い、全二十四巻に編纂した本である。『遼史』の旧文を綱となし、他の本を参考としてその下に並べ、その異動を分析して考証した。『遼史拾遺』には、巻七「本紀」に六回、巻八「本紀」に十七回、巻九「本紀」に四回、巻十「本紀」に十回、巻十一「本紀」に八回、合わせて四十五回にわたって『東国通鑑』が引用されている。

ちなみに、上海図書館所蔵の『東国通鑑』を調査した結果、下記のような所蔵者の文章が書かれていた。

『東国通鑑』八冊、原秩の巻一から巻十一、巻二十二から二十四、巻四十から四十三、巻四十八から巻五十まで。(8)

この記録とは別に、下記のような文章も書かれている。

己卯年秋に七冊を購入した。まだ一冊（巻三十一から三十四まで）が欠けている。庚辰年。(9)

上記の記録によると、所蔵者は全五十六巻十六冊の『東国通鑑』のうち、まず、零本八冊を手に入れ、しばらく経ってから残りの七冊を購入したが、巻三十一から三十四までの一冊は欠本のままだった。所蔵者が誰だったのかを確認するために蔵書印を判読する。巻首と巻眉に【隣盦六十六以後所収書】、巻首題の下段に【五硯楼】、【袁廷檮印】、【綬階】、合わせて四点の蔵書印が捺されている。巻五十六の最後の丁には【貞節堂図書印】、【綬階珍秘】の二点の蔵書印が捺されていた。

この蔵書印を捺した人は、『紅蕙山房吟稿』を著した清の詩人・袁廷檮（一七六三～一八一〇）である。[10] 彼は江蘇省呉県の人で、字は又愷、号は綬階である。彼は王岡齢の小停雲館に貞節堂・紅蕙山房・五硯楼など十六景を造ったといわれる。【五硯楼】、【貞節堂図書印】などの蔵書印が意味することがこれである。周錫瓚・黄丕烈・顧之達とともに蔵書四友と称されるほどの蔵書家だった。【綬階珍秘】という蔵書印は、袁廷檮が『東国通鑑』を宝のように保存したという意味に読める。そして、彼は銭大昕・段玉裁など、江南の名高い考証学者と交遊したので、江南の考証学者の間で、歴史研究の参考図書として『東国通鑑』が活用された可能性も想定できる。

ただし、【隣盦六十六以後所收書】という書尾の蔵書印のみは、袁廷檮のものではなく、後日、袁廷檮の所蔵本を購入した別の文人のものと見られる。袁廷檮は四十七歳にこの世を去ったためである。袁廷檮の蔵書印も全ての巻に捺されているわけではなく、巻十二（図5）・十七・二十六・五十六にのみある。即ち、最初に手に入れた八冊ではなく、後になって入手した七冊のみに蔵書印が捺されているのである。したがって、上記の言及は、袁廷檮が亡くなった後の一八一九年、もしくは、一八七九年に残りの七冊を得て、写本の十五冊を整えた状況を想像させる。十九世紀中国のとある知識人が『東国通鑑』を入手するために尽力し、袁廷檮が所蔵していた写本の一部を購入して、やっと十五冊を整えた努力のほどがうかがえる。

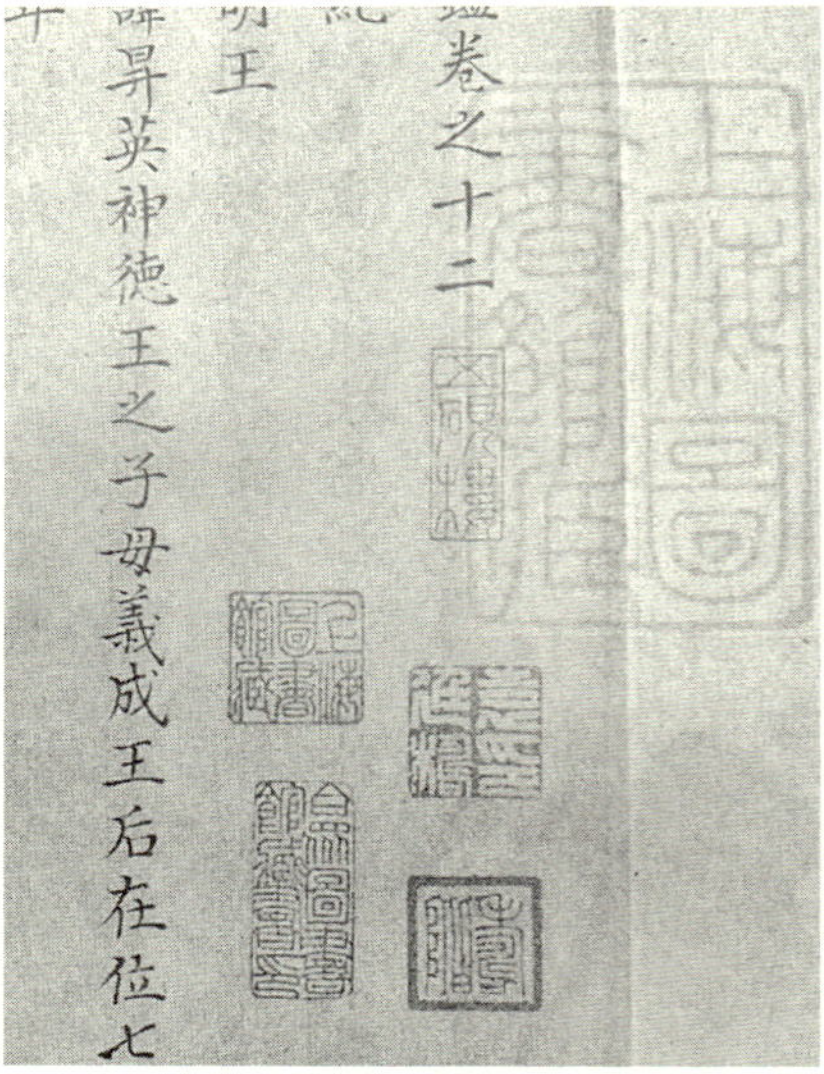

図5　上海図書館所蔵『東国通鑑』巻十二の巻首に押された蔵書印

以上のように、朱彝尊は日本の古代史を研究する参考資料として、呉任臣は五大十国史研究の参考資料として、厲鶚は遼史研究の参考資料として、それぞれ『東国通鑑』を利用したことが確認される。清の知識人は『東国通鑑』の史料としての価値を認め、歴史研究の参考資料として引用した。また、上海図書館所蔵の写本『東国通鑑』が示すように、中国の知識人は、刊本ではなく、写本状態のものまでも入手しようと努めていたことが分かる。

(二) 日本の場合(11)

日本の場合、日本古代史の研究や韓国歴史の研究資料として、『東国通鑑』は早くも江戸時代から注目されていた。一六八二年七月十一日、通信使の尹趾完《ユンジワン》は次のように報告した。

「一六六八・一六六九年頃、我が国(日本)筑前州の豪民が船を偽装し、禁止された品目を貴国と内々通商しましたが、その数が数十人でした(と日本人が伝えてきました)。(中略)かつて『東国通鑑』を刊行し、また、『輿地誌』・『大典』などの本も官衙の倉庫に保管されていると聞きました」。(『朝鮮王朝実録』一六七二年七月十一日条)

この記事に引用しなかった部分には、日本筑前州の有力者が密貿易を行って処罰されたが、密輸品に朝鮮の本が多く含まれていたということが書かれている。そして、引き続き、既に日本で『東国通鑑』が刊行されているという発言が載っている。この報告のように、日本では一六六七年に『東国通鑑』が刊行されたが、尹趾完はこの事実を「驚くべき」深刻な情報流出として把握した。

日本人が継続的に『東国通鑑』を要請したことは、対馬藩主が朝鮮側に要請した物品のリストの『倭人求請謄録』からも確認される。もちろん、朝鮮はこの要請を受け入れなかったが、上記した『実録』の文章からも窺えるように、『東国通鑑』は密貿易によって早い時期に日本に輸入されていた。そして、ついに一六六七年、水戸藩主の徳川光圀が松柏堂に命じて、全五十六巻十六冊の巨帙を出板するに至ったのである。

注

(1) 韓永愚「朝鮮初期の歴史叙述と歴史認識」(『韓国学報』三—二、一九七七年)。

(2) 鄭求福「『東国通鑑』の史学史的考察」(『韓国史研究』二一・二二、一九七八年)、同「『東国通鑑』の歴史叙述と歴史認識(上)」(『韓国学報』五—二、一九七九年)、同「『東国通鑑』の歴史叙述と歴史認識(下)」(『韓国学報』五—三、一九七九年)。

(3) 馬宗楽「『東国通鑑』の史論の研究」(『仁済論叢』九—二、一九九三年)、同「韓国中世の儒学と政治権力——『東国通鑑』の史論を中心に」(『韓国中世史研究』一、一九九四年)、兪英玉「『東国通鑑』の体裁の分析」(『地域と歴史』一一、二〇〇二年)、同「『東国通鑑』の史論の分析」(『歴史と境界』四八、二〇〇三年)、同「『東国通鑑』研究」(釜山大学校博士学位論文史学、二〇〇四年)。

(4) 前間恭作『古鮮冊譜』(東洋文庫、一九四四年、SEOJINBOOKSによる影印本、二〇一一年)、金斗鍾『韓国古印刷技術史』(探求堂、一九七四年)、尹炳泰『朝鮮後期の活字と本』(凡友社、一九九二年)などを元に、現存板本を調査した結果を整理した。

(5) 世祖と徐居正の『東国通鑑』編纂に関する事柄については

韓永愚『朝鮮前期史学史』（ソウル大学出版部、一九八一年）六三頁を参照。

（6）洪汝河の歴史認識に関しては、都賢喆「木斎・洪汝河の歴史書編纂と高麗史認識」（『韓国思想史学』四三、二〇一三年）を参照。『東国通鑑提綱』に関しては、朴仁鎬「『東国通鑑提綱』に表れる洪汝河の歴史認識」（『退渓学と儒教文化』五四、二〇一四年）を参照。

（7）「外藩惟高麗人著述往々流入中土、若鄭麟趾高麗史、申叔舟海東諸国紀、以及東国通鑑、史略諸書、多可攷証」（朱彝尊「吾妻鏡跋」（『曝書亭集』巻四十四））。

（8）「東国通鑑八本、原秩一巻至十一巻、廿二巻至廿四巻、四十巻至四十三巻、四十八巻至五十巻」。

（9）「己卯秋日購得七冊、尚缺一冊【三十一巻至三十四巻】庚辰」。

（10）袁廷檮『紅蕙山房吟稿』（北京：中華書局、一九八五年）。袁廷檮の伝記に関しては上記文集の影印本、及び、王昶『湖海詩傳』（上海：上海古籍、二〇一三年）を参照。

（11）日本における『東国通鑑』の受容に関しては金時徳「再発見された『新刊東国通鑑』の板木から近世軍記を考える」（『文学』三・四月、岩波書店、二〇一五年）、李裕利「十七世紀の日本で刊行された『東国通鑑』」（韓南大学校文科大学人文学フォーラム発表文、二〇一五年）を参照。

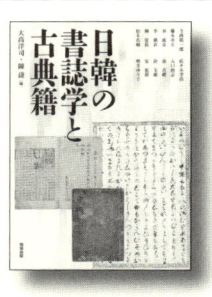

『東国通鑑』とその周辺——『東史綱目』

咸　泳大（翻訳：金　時徳）

ハム・ヨンデ——成均館大学校大東文化研究院責任研究員。専門は韓国経学（孟子学）。著書に『星湖学派の孟子学』（太学社、二〇一一年）、『順菴・安鼎福の学問と思想』（共著、成均館大学校出版部、二〇一三年）などがある。

安鼎福《アンジョンボク》の『東史綱目』は朝鮮時代後期を代表する私撰史書で、朝鮮時代前期を代表する官撰史書『東国通鑑』と同じように、編年体の記述方法と綱目体を採択している。しかも、『東史綱目』からは、『東国通鑑』に存在する問題を指摘し、補う内容も少なからず確認される。ここでは、二つの歴史書における綱目体・統系・史実考証などの項目を比較する。

一、朝鮮の歴史を理解するための二つの鏡

(一)『東国通鑑』と『東史綱目』

官撰か、私撰かによって、歴史書の性格は自ずと異なってくる。官撰の場合、史書の編纂を企画した国家や編纂を担当した集団の目的が色濃く投影される。『東国史略』、『高麗史』、『高麗史節要』などの流れを引き継いで編纂された『東国通鑑』は、朝鮮時代前期を代表する官撰史書である。朝鮮時代前期の勳旧・士林両勢力の歴史意識、そして、編纂を命じた世祖、新編した成宗の意志が、そこには少なからず反映されている。一方、朝鮮時代後期になると、私撰史書が活発に編纂されるようになる。そのような動きを代表するものが安鼎福の『東史綱目』である。

『東国通鑑』と『東史綱目』は、ともに編年体の記述方法と綱目体を採択した史書として、朝鮮時代前期と後期における歴史叙述の様相を象徴するものである。『東国通鑑』と『東史綱目』を比較することで、朝鮮時代前期における官撰

の歴史叙述が、朝鮮時代後期の民間史学において、どのように発展的に展開したかを窺うことができる。また、朝鮮建国の正当性に関する朝鮮王朝の権力層の論理と民間知識人の批判認識とがどのように転換していったかを知ることができる。なお、歴史叙述の模範であると認識された朱熹の『通鑑綱目』における歴史叙述の方法を、如何に自分のものにし、自国史の叙述に活用したかを確認することも可能である。

（二）『東史綱目』の位相

近代以降、『東史綱目』は朝鮮時代における最高の史書であると評価されるようになった。韓国近代の歴史学者であった申采浩《シンチェホ》（一八八〇～一九三六）は『朝鮮上古史総論』の中で、安鼎福のことを次のように論評する。

> 安鼎福は歴史の研究に一生を捧げた、五〇〇〇年の朝鮮史上、唯一の史学専門家と言える。（中略）先生の研究の精密さを乗り越える人はいない。地理の誤謬を校正し、史実の矛盾を是正した点に最大の功がある。

申采浩が安鼎福を朝鮮時代最高の史学者であると評価した理由は、もちろん、彼が卓越した歴史書『東史綱目』を著したためである。『東史綱目』の特記すべき点として、申采浩は地理・史実の考証を高く評価した。(1) 近代になって、安鼎福の『東史綱目』の価値が一層高まったのである。近来の韓国史学を代表する李基白《イギベク》の評価も申采浩のそれに相通じる。李基白は、『東史綱目』の「考異」に収録されている「高句麗の建国年代」、「百済の国号」、「新羅・元聖王の王位継承過程に関する弁証」などから窺える安鼎福の歴史考証が適実であると評価する。

> 順菴のこのような考証には驚かざるを得ない。（中略）上記した三つの事例は筆者の研究に関わるものの中から取り上げたものであるが、順菴の理解が細部に至るまで完璧だったとは言えないにしても、彼の主張の大旨は信を置いて従ってもいい。現代の歴史家も概ね同じ結論を出しているのである。これは、彼の合理主義的な史実考証の結果である。(2)

史実に対する執拗な考証と忠実な叙述の結果、安鼎福が『東史綱目』に提示した成果は現代の歴史学においても認められている。また、上古史から高麗時代までの歴史を綴った『東史綱目』は勿論、朝鮮王朝の断代史である『列朝通紀』も注目され続けている。(3) このように、安鼎福は古代史から朝鮮・英祖代に至る歴史を、最も信頼できる形で記述した歴史家として評価されている。

二、『東史綱目』の著述背景と性格

(一)『東史綱目』の著作背景

前述したように、『東史綱目』は朝鮮時代後期を代表する私撰史書で、当時活発に製作されていた史書の成果を集大成したものである。ここで、安鼎福が『東史綱目』を著述した当時の雰囲気を理解する必要がある。

十七〜十八世紀の朝鮮では、中国史への批判と、新しい自国史編修の機運が強まっていた。日本・中国との大戦争によって起きた急激な社会変動、そして、明・清交代の影響を受けて、既存の価値観を再検討する必要が生じた。その過程における理念的な衝突を克明に示したのが、国家儀礼をめぐる「礼訟論争」と、朱熹の四書解釈をめぐる意見の対立に触発された「斯文乱賊」論難である。両方ともに、社会体制の中心理念を如何に形成するかをめぐる葛藤が噴出したもので、その基本的な性格は、礼制と思想によって国家統制を強化しようとする権力層の思惑であった。価値観の変動は道統論の強調と旺盛なる歴史意識を触発し、その自然な帰結として、歴史叙述の流行をもたらした。このような動きは、経と史を一体化しようとした明末の思想にも一部通じるのである。安鼎福は、同時代に製作された私撰史書を少なからず閲覧することができたのみならず、このような当代の雰囲気に影響されるところも大きかった。次の表は『東史綱目』「凡例」の採拠書目に挙げられている、自国史を取り扱った当代の私撰史書である[4]**(表1)**。

こんな雰囲気の中、四十三歳となった一七五四年に歴史編修を決心した安鼎福は、先行史書の問題点を一々指摘した書簡を師匠の李瀷《イク》に送る。その内容は次のようである。

『三国史』は荒雑であり、『高麗史』はやや簡明・忠実ではあるが、「志」の内容が疎漏である。文献が乏しかったためではあるが、隠逸伝・野人伝を設けなかったのは遺憾なことである。『麗史提綱』は比較的優れているが、高麗史のみを取り扱っており、綱を立てるのに慎重ではなかった。『東史纂要』は類抄にすぎず、あまりにも粗略である。『東史會綱』は最も精密であるが、恭愍王代までで叙述が終わっているのは残念である[5]。

『東国通鑑』について「理解できない点が多い」と指摘したのは興味深いところで、これは後日、「義例に悖る」という、より厳しい評価へとつながる。

要するに、先行史書には全て問題があるということである。ならば、どうすべきか。安鼎福は、上古時代から高麗末期までを対象に、『綱目』の筆法に則ることとし、その名を『東

表1 『東史綱目』「凡例・採拠書目」中　主要　私撰書目

撰者	生沒年代	書名	巻／冊	刊行年代
呉澐	一五四〇～一六一七	東史纂要	八／八	一六〇六年刊
李廷馨	一五四九～一六〇六	東閣雑記	二／二	一六四九年刊
韓百謙	一五五二～一六一五	東國地理志	一冊　六十張	一六一五年刊
許穆	一五九五～一六八二	眉叟記言	九十三／五	一六八九年刊
兪棨	一六〇七～六四	麗史提綱	二十三／二十三	一六六七年刊
洪汝河	一六二一～七八	彙纂麗史	四十八／二十二	一六五九～七四年刊
柳馨遠	一六二二～七三	磻渓隧錄	二十六／十三	一七七〇年刊
李瀷	一六八一～一七六三	星湖僿說	三十／三十	一九六七年刊
林象徳	一六八三～一七八九	東史會綱	二十七／十	一六七四～一七二〇年刊

※星湖僿說は写本として伝来されてきたが、20世紀後期の1967年になって初めて出版された。

史綱目』にすれば、後代に裨益するところがあると綴った。(6)

(二)『東史綱目』の基本性格――綱目体の問題

安鼎福は自身が著す歴史書を『東史綱目』と命名した。綱目体で書かれた朝鮮の歴史という意味である。この本を執筆するためには、「綱目体」という歴史記述の方法を熟知する必要があった。「綱目」は「綱」と「目」によって当該記事の要旨と顚末を要領よく整理し、簡便な閲覧を可能にするというのが最大の長点である。しかし、同時に、凡例で表明する褒貶の基準を綱と目の叙述に厳格に適用する必要があった。厳正さが要求される史体なのである。

中国の葛兆光は綱目体の問題点について、「義理の褒貶を優先し、正統と非正統を是々非々の基準となし、一つの家門や氏を歴史の主流と見做す書法は、史実の堅固なる基盤から不安定な義理の基盤へと、歴史学を下落させる憂いがある。しかも、政治によって義理が変形された場合、その基盤が不安定になった歴史学は、ついには正確さを失うことになる」と指摘する。(7)

では、安鼎福は自分が著す歴史書において、義理を基盤にしながらも、史実の問題を忠実に描写するといった叙述を可能にするため、どのような方法を用いたのだろうか。安鼎福は、モデルとなる朱熹の『資治通鑑綱目』に関しても、「疑わしい筆法が多すぎて、しかも、凡例とも大分合致しない箇所が多い。「修正できなかったのを恨む」と行状に書かれているが、まさにその通りである」と指摘している。安鼎福は、ともに李瀷に修学した尹東奎《ユンドンギュ》と相談して、「綱目を読むときは、凡例に則り、凡例と相反する事柄については綱に則って注釈すると、その根本的な趣旨を失わない」という綱目体叙述の基本原則を樹立した。

(三)『東史綱目』の大義

その後、安鼎福は『東史綱目』の大義について、「正統を尊重し、節義を崇め、筆例に気を遣うこと」であると示す。以前、先行史書の問題として指摘したことを、自らの歴史記述において克服することを目指したのである。結果、安鼎福は檀君・箕子・馬韓を正統と見做し、外賊に立ち向かい、主君と国への義理を尽くして戦死した成己《ソンギ》・周勤《ズグン》・夫余豊《プヨプン》・甕山《オンサン》城将・遅受信《ジスシン》などの人物の事蹟を発掘した。彼らに関する事項は、その他の歴史家の排斥するところであった。当代の国王に背いて後高句麗王の弓裔《グンイエ》に降伏した王隆《ワンリュン》や、易姓革命を起こした高麗太祖の王建《ワンゴン》のことを反逆の党であると称し、王命に従った張保皐《ジャンボゴ》のことを正当に記述した。忠節という観点から、彼らの事蹟について、その他の歴史家とは異なる記述を行ったのである。(8)

(四)歴史叙述の視点

『東史綱目』の歴史叙述の視点も基本的な大義に忠実である。まず、自国史本位の歴史叙述の体系を確立した。従来の事大主義的な思考と中国中心の歴史観を排除し、師匠である李瀷の三韓正統論に基づき、韓民族の主体的・独自的な発展を体系化した。周知のように、正統論とは、中国の皇帝を世界の統治者と見做し、歴代交代する王朝を一貫した系譜上に位置させ、それを正統として認める中国の歴史家の観点である。現在の自身が所属している王朝の政権を合理的に擁護するための理論であり、中国以外の地域は正統を論ずるに足りないと、彼らは考えた。しかし、『東史綱目』はその凡例において、本国の歴史の正統を「檀君→箕子→馬韓→新羅(三国統一以後)→高麗(後三国統一以後)」のように規定している。正統論によるこのような主流の系統化は、歴史学の体系的な把握を可能にするものであった。(9)

一方、愛国的な観点に基づいて、外来の侵略者を撃退した歴史的な事実を特筆し、忠臣と名将の事蹟を高く評価した。高句麗の対隋・唐戦争と高麗の対契丹・蒙古戦争に関しては、祖国を守護する民衆の奮闘と、乙支文徳《ウルジムンドク》・姜邯賛《カンガムチャン》・徐煕《ソヒ》などの偉人の業績を称えた。韓民族の勇猛さを自負し、三国統一以後の新羅が文治を尊び、国防に関心を示さなかったために国力が弱化したと嘆いた。高麗の成宗が州・郡の兵器を納めて農具に変えたことを取り上げ、何をもって外賊の侵略に備えるつもりなのかと非難したのもその一例である。

もっと注目すべきは、愛民的な意識が歴史叙述の背景となっていることである。歴代国家の対民施策が収取に集中されていて、民の生活を顧みなかったことを批判した。高句麗の故国原王が行った賑貸法に関する按説では、「賑」はいいが、「貸」は国家の民への搾取であると批判する。高麗の光宗が行った奴婢按検法に関する按説では、その不当さを指摘する。文宗代に奴婢が無実に獄死したことに憤激し、裁判を慎重に審理し、改革すべきであると主張した。以上の事例は、著者が史実を利用して著者の生きていた時代の現実を批判したものであり、道徳的な儒家合理主義を表したものである。このような思想が『東史綱目』本編の十七巻を貫いている。(10)

(五) 合理的な史実考証

上記の本編とともに『東史綱目』の価値を高めるのが末尾の附巻である。附巻には「考異」・「怪説弁」・「雑説」・「地理考」の四つの編目が含まれていて、各編ではいくつかの問題が取り扱われている（一三三個の実例）。檀君説話、新羅初期の葛文王《ガルムンワン》制度・新羅の真興王が建てた定界碑の問題をはじめ、歴代疆域考や分野考に至るまで誠実に考証していて、歴史研究の力作といえる。前述したように、近代啓蒙期に『東史綱目』が重視されたのは、このような執拗な考証と、地理・伝説などを合理的な史実に基づいて叙述した点が評価されたためである。『東史綱目』の学問的・思想的な影響を受けた朴殷植《パクウンシク》・張志淵《ジャンジョン》・申采浩らによって近代歴史学が確立され、現代歴史学においても、準拠となる文献として『東史綱目』が重視されるのは、師匠の李瀷も称賛した史実考証の成果によるところが大きい。(11)

三、『東史綱目』の著述過程

(一) 綱目体の学習と適用

綱目体で歴史を叙述する際、最も重要なのは、綱の内容を決め、その内容を厳正に叙述することである。綱を決めることについて、安鼎福は頻りに周りに諮問を求めた。『東史会綱』を著した林象徳の親族でもあった林象鼎《イムサンジョン》が、彼の有能な諮問役を務めた。例えば、『書経』に見える武経事件の場合、管叔・蔡叔と同じように「誅」と書くべきだと林象鼎が主張したのに対し、安鼎福は、管叔・蔡叔については当然「誅」と書くべきであるが、武経の場合は「殺」を用いるのが正しいと応酬した。なぜなら、武経が天命を知らず、天命に背いた罪を犯したのは事実であるが、殷の遺孫であった彼が自分のものを取り戻そうとした点においては、本当は武経には罪

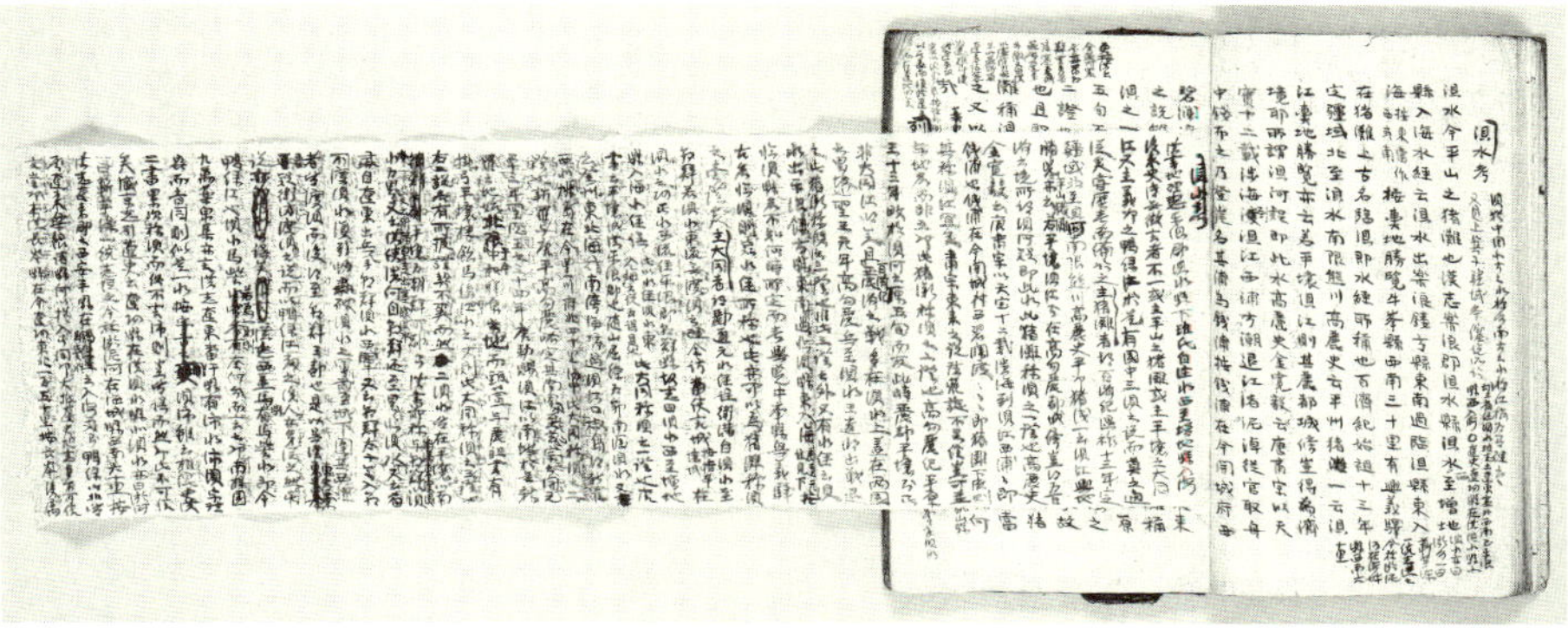

図1　安鼎福真筆抄本『東史綱目』の「疆域考証」と「浿水考」（韓国国立中央図書館所蔵）

がないと判断したからである。一方、「弑」は下が上を殺した場合に使う字だが、母后が息子を殺した場合はどうしたらいいのか。母后であっても、君王の前では臣下であると見做すべきかの問題で、安鼎福は李瀷に教えを乞うた。一字一字を慎重に使う厳正なる褒貶は、綱目体の歴史書では必然的に検討されるべきところである。なので、自分の判断に懐疑を抱く度に、安鼎福は師匠の李瀷や周りの先輩・友人に教えを請い続けたのである。

（二）境域の弁訂

『東史綱目』を著していた安鼎福に立ち向かうもう一つの難関は、一国の歴史を述べる大前提となる、国の境域を定める問題であった。安鼎福は、本国の地誌は頼るに足りないと思い、李瀷の助けを得て東国地理疑弁を著そうとした。古代朝鮮の三水（三大大河）である浿水・帯水・薩水の位置を比定する問題や、「朝鮮」という称号についても、そのような姿勢は同じであった。地誌に詳しかった邵南・尹東奎《ユンドンギュ》が度々安鼎福に諮問した。尹東奎は、「『前漢書』の地理志が最も明確なので信を置き、我が国の地誌に関しては正史に従うべし」と主張した。箕田説については李瀷の『孟子疾書』を参考した。事案ごとに諸文献から様々な見解を集めた安鼎福は、信頼できる根拠を採択しては、その根拠の出典を各条目の下に記した。司馬光の

『資治通鑑考異』の方法に倣ったこの種の作業は、彼が利用した文献の検証を可能にする。様々な論点をめぐる安鼎福の精密な考異作業は、『東史綱目』の卓越した成果の一つである。

（三）意見の衝突と経済的な困窮

『東史綱目』を執筆する安鼎福の前に立ちはだかったもう一つの難関は、史実をめぐって、この文献を監修していた李瀷との意見衝突であった。安鼎福は、もともと対馬島は朝鮮の領域なので附庸伝に入れようと思った。その根拠は、「昔、対馬は鶏林に属した」という『輿地勝覧』の記録と、朝鮮・太宗代の乙亥年に対馬を攻撃する際の教書の中に「そもそも対馬は我が国の領土である」と記されていたことである。しかし、李瀷は、信頼できる証拠がないのに嘘をついてはいけないとし、そのような考えは認められないと指摘した。数回にわたる議論の末に、安鼎福は李瀷の見解に従いつつも、「昔、対馬は鶏林に属した」という記事が『輿地勝覧』に載っているということを繰り返し指摘している。心残りの多い同意だったのである。

『東史綱目』の完成を目前にして、予期せぬ問題が発生した。遺戒を残すほどの重病にかかり、また、紙を買う費用がなかったため、しばらくの間、著述を中断せざるを得なかったのである。紙の問題が解消されたのは三年後の一七六〇年で、彼が四十九歳になるこの年に李瀷の助けを得ることができた。[12]

（四）『東史綱目』の完成と流布

安鼎福が四十五歳（一七五六年）に編纂を始めた『東史綱目』は、四十八歳（一七五九年）の時に一旦完成されたが、その後も刪削・修補作業は続き、六十七歳（一七七八年）に最終本が出来上がった。しかし、再びこれを校訂して、七十二歳（一七八三年）に完成した。実に二十七年もの歳月を要した著作だったのである。自序にも「書成、二十有余年、而久未繕写云々」と書かれている。[13]

ところで、最近の研究によると、序文が書かれた一七七八年の完成本は初稿段階のもので、本が完全に完成したと見做されてきた一七八三年の二年後の一七八五年までも修正作業が続いた。当時の国王だった正祖が『東史綱目』の完成と刊行を支援したためである。安鼎福がこの本の刊行を見ることはなかったが、彼は亡くなる六年前まで『東史綱目』の修正に没頭して、本の完成度を高めた。最後まで安鼎福が修正した内容は、高麗末期の国王である禑王と昌王に対する評価である。安鼎福は、二人が僧侶で当時の権力者だった辛旽の息子であるという『高麗史』の主張を否定し、その史実を明らかにするために最後まで尽力した。

正祖に捧げられた『東史綱目』は、その後、宮殿に秘蔵されていたが、朝鮮末期になって、自国の歴史に関心を持った識字層に広く筆写されるようになった。当時たくさん作られた写本が韓国のいくつかの大学図書館に現存する。一九一五年に朝鮮古書刊行会が活字で刊行した『東史綱目』は、はじめての刊行本である。この活字本は安鼎福が最終的に修正して正祖に捧げたものを底本としている。

四、『通鑑綱目』との比較から見えてくる『東史綱目』の特徴

(一) 深化された拠事直筆の歴史叙述

『東史綱目』は朱熹の綱目体に従っている。朱熹は『綱目』に凡例一巻を設け、発凡・明例によって『春秋』の微意を明らかにした。同じように、安鼎福も詳細な凡例を巻首に配置し、朱熹の方法に従おうとした。と同時に、安鼎福は朱熹が司馬光の『資治通鑑』を筆削して述作の本旨と勧戒の微意を明かし、綱と目とに分けて権衡予奪を一目瞭然にした方法に従った。孔子は同時代の人たちのことを記録したので、微言約意で『春秋』を叙述するしかなかったが、後代の人である朱熹は、拠事直書して勧善懲悪を明確に記すことができた。高麗末期の史実について、『東国通鑑』は朝鮮の建国勢力を庇護し正当化したが、禑王と昌王に関する安鼎福の記述と修正の内容が示すように、安鼎福は『春秋』の大義に立脚し、朱熹の綱目よりも明確に拠事直書した。

(二) 正統論と、『春秋』に依拠した自国中心の紀年法

安鼎福の綱目体認識の意味は、凡例で朱熹の方法に従うと言いつつも、綱目は華夏を中心としているので、これをこのまま東国朝鮮の歴史に適用するのは不可能であるということを直視した点である。安鼎福は、東国は中国とは礼や事柄が異なるので、このような現実に則って義例を立てるしかないとし、大小の形勢が異なるので、このような方法は避けられないということを強調した。謙遜な文章ではあるが、統系と紀年を独自に立てることを意図したことは勿論である。その方法は二つである。一つは正統論の導入、もう一つは自国中心の紀年法である。

統系は史家の第一義であることを直視していた安鼎福は、『東国通鑑』に「現存する史書がないために外紀として処理した」とされている檀君朝鮮から三韓までの時期について、徹底した正統論の観点から統系を立てた。文物が盛んになったとして箕子元年を歴史の最初として記録しながらも、それより先に掲載した「東国歴代伝授図」には檀君を一番前に配置することで、檀君朝鮮の位相を明確に示したのである。伝授・附庸・僭国を区分して統系を立てたのは、歴史を体系的

に認識するのに役立つ。透徹した歴史認識によって、『東国通鑑』の義例を正したのである。

一方、安鼎福は、歳年では中国の正朔に従いながらも、東国の紀年によって歴史を叙述した。中国の紀年の次に東国の紀年を提示した『東国通鑑』との対比点である。安鼎福は必要に応じて、綱目体よりも『春秋』の方法に従ったのである。事大関係が前提となっている紀伝体・綱目体を捨てて、対等な列国関係が前提となる『春秋』の魯の紀年法に従ったのは、朝鮮の歴史が中国と対等であることを暗に示唆することであった。

(三) 綱目体による記述方法の深化

『東史綱目』は綱目体を徹底的に適用したので、綱と目の区分が明確である。一部に綱目体の叙述を援用しているにすぎない『東国通鑑』と比べると、一つの事件を全体的に理解するのに便利である。『東国通鑑』の場合、様々な原典の文章を原文のまま引用しているので、正確な人名・官職名を知るのには多少有利であるが、その事件の原因と結果を説明していないので、事件を理解するのはやや難しい。これに対し、『東史綱目』は原典の文章を簡略に整理し、事件の背景や原因などの付加的な説明を行っているので、一つの史実を理解するのに便利である。しかも、『東史綱目』は史体としては編年体・綱目体であって、紀伝体・紀事本末体を排除しているが、必然的に欠かすことになる表・志・書の代わりに、序・目録・凡例とともに「東国歴代伝授之図」のような伝授図を多く首巻に載せたのは勿論、全地図・朝鮮四郡三韓図・三国初起図のような時代別地理図をも載せることで、歴史地理に関する緊要な情報を提供している。また、詳細な官職沿革図を載せることで、歴代官制の変化を綜覧できるようにしている。

他にも、末尾の附巻に含まれている「考異」・「怪説弁證」・「雑説」・「地理考」・「分野考」は本文を補完するものであった。安鼎福は旧史の荒怪不経な説を一切刪去し、別に弁証を一編作ったとし、また、三国時代の制度と典章のうち、その詳細が伝わっていないものに関しても、考察できるものを集めて別に一編を設けたとしている。「考異」では諸史の得失異同を取り扱い、「雑説」には、正史に入れることができない別説を載せた。「地理考」は東方の地理に関する名号・境域・界限について、主張が区々で穿鑿できないものを集めたものである。巻首の地図と共に、これらの項目は歴史地理の新しい領域を開拓するものであった。これらの項目は紀伝体の志・表に代わるものであり、編年綱目体の方法を発展させたもので、『通鑑綱目』の限界を超え、一部では『資治通鑑』の長点を直に受容したこととなった。『東国通鑑』における初歩的な綱目体の受容を大幅に発展させた事例といえる。

五、安鼎福の人物と学問

(一) 疎外された南人実学者、もしくは、星湖学派の高弟

最後に、安鼎福（一七一二〜一七九一）の人物と学問を見てみる。彼が活動した十八世紀は英祖・正祖代に当たる朝鮮王朝の中興期で、政治・経済・社会など様々な方面で研究と開発が旺盛に行われていた時期だった。安鼎福の家系は、光州安氏の中でも官職・文翰ともに一国の名門と称され、高麗末期・朝鮮初期の安省《アンソン》や、壬辰倭乱の際に扈聖勲として広陽君に封じられた安滉《アンファン》が彼の直系の祖先に当たる。

しかし、宣祖年間（一五六七〜一六〇七）に東西分党があって以来、彼の家門は権力を獲得できなかった南人に属したため、だんだん仕宦への進出が難しくなり、結局、政治権力から永遠に疎外されることとなった。安鼎福は資稟と学識、抱負と理想を政治的に実現することができず、一人の学者として研究と修養に精進しながら、師匠の李瀷（一六八一〜一七六三）や弟子らが形成した「経世致用」の思想を、儒教経典は勿論、政治・行政実務・国史に至るまで、理論的に拡充させた。

(二) 中央の下級官僚と地方県監という官僚生活

科挙合格者出身ではない安鼎福は、四十歳近くになってようやく万寧殿参奉・義盈庫奉事・帰厚署別提・司憲府監察などの中央官署の下僚として勤務したが、父親が死亡したために官界から退いた。六十歳を過ぎて再び、王太孫を輔導する翊衛司翊賛になり、木川県監を務めたりもした。彼が著した『臨官政要』は、地方行政官としての経験が具現されたものでもあった。しかし、一度も政治的に重要な席に着いたことはなく、彼自身も官吏としての生活に拘泥することはなかった。木川県監を最後に実職を退いた安鼎福は、七十九歳の時に嘉善大夫に陞資して同知中枢府事になり、広成君を襲封した。しかし、これらの官職はあくまでも高齢による形式的な礼遇にすぎなかった。

(三) 抄書篭と著書篭の学者

上記のように政治的に不遇だった安鼎福は、経済的にも安定した基盤を持たなかった。先天的に多病だった彼は、もっぱら意地で貧窮と疾病を克服し、研究と著述に専念した。安鼎福には本を買う資金がなかったため、彼はたくさんの本を借りては写し、「抄書篭」に蓄えるとともに、「著書篭」には自身の膨大な著述を蓄積した。そのようにして実現した書斎「麗沢斎」で、安鼎福は長大な著述を完成したのである。[14] 彼の首弟である下廬・黄徳吉《ファンドッキ》は「祭順菴先生文」という文章の中で安鼎福の学問について、「先生の学問は践迹に求め、下学はその条例であった。これを行事から見ると、東史を筆削

したのであった」と要約する。安鼎福は『下学指南』を著して下学への意志を表明し、『東史綱目』と『列朝通紀』を著して自身の企画を具体的に実践した。八十歳で死亡した安鼎福の著述は浩瀚で、抄書と著書を合わせて一〇〇種を超えると把握されている。そのうち、主な著作を主題別に分類すると次のようである。

文学：『順菴文集』、『百詩選』、『文章発揮』
史学：『東史綱目』、『列朝通紀』、『史鑑』、『読史詳節』
思想：『経書疑義』、『家礼集解』、『語類節要』、『天学問答』
行政：『臨官政要』、『大麓志』、『広州府志』
編纂：『星湖僿説類選』、『李子粋語』、『万物類聚』、『下学指南』

注

(1) 趙誠乙「順菴安鼎福の上古史認識」(『順菴安鼎福の学問と思想』成均館大学校出版部、二〇一三年) 三三五―三九七頁。
(2) 李基白「順菴安鼎福の合理主義的な史実考証」(『韓国実学研究』創刊号、韓国実学学会、一九九九年) 五四―七一頁。
(3) 呉恒寧「順菴安鼎福の断代史編年体、『列朝通紀』」(『順菴安鼎福の学問と思想』成均館大学校出版部、二〇一三年) 二八三―三一三頁。
(4) 尹南漢「解題」(『国訳東史綱目』民族文化推進会、一九七七年) 七―一一頁。
(5) 「海東一方史、皆不合人意。三国史、荒雑無可言、高麗史、稍為簡実、而至若諸志所録、皆不詳悉、此盖東人鹵莽、不尚文献。故一代之典章、多晦而不詳、非編史者之過也（中略）東国通鑑、亦多有未可知者。麗史提綱較優、只論麗史而立綱、亦多失謹厳、如簒僧懶翁于密城之類是也。東史簒要、不過類抄、太渉踈畧。近世有林校理象徳者作東史會綱、最号精密、止於恭愍」(「東史問答。上星湖先生書甲戌」『順菴集』巻十)。
(6) 「若有人更編東史、自上古至麗末、合成一編、依綱目之例、名之曰東史綱目、使一方之文献有伝。似好矣」(「東史問答。上星湖先生書甲戌」『順菴集』巻十)。
(7) 葛兆光「従『通鑑』到『綱目』」(『揚州師院学報』社会科学版、一九九二年三期)、劉国忠「『東史綱目』と『通鑑綱目』の対比研究」(『順菴安鼎福の学問と思想』成均館大学校出版部、二〇一三年、三一五―三三四頁より再引用)。
(8) 李佑成「『東史綱目』解題」(『東史綱目』景仁文化社、一九七〇年)。
(9) 李佑成「李朝後期の近畿学派における正統論の展開」(『韓国の歴史像』創作と批評、一九八二年)。
(10) 前掲注8李佑成論文、前掲注2李論文。
(11) 朴宗基「筆写本『東史綱目』の資料價値と性格——延世大所蔵本を中心に」(『東方学志』一七一、延世大学校国学研究院、二〇一五年) 一六五―一八五頁。
(12) 『東史綱目』の著述過程を最もよく示すのは『順菴集』所収の「東史問答」である。
(13) 前掲注4尹論文。
(14) 安鼎福の麗沢斎蔵書の形成と散逸については、金炫栄「順菴の麗沢斎蔵書の形成と散逸」(『順菴安鼎福の日常と麗沢斎蔵書』成均館大学校出版部、二〇一三年)。

朝鮮本『東国通鑑』の日本での流伝及び刊行

李　裕利

寛文七年（一六六七）に刊行された和刻本『東国通鑑』は、その序文と『国士館日録』の記事を通して、水戸藩と加賀藩前田家の所蔵本に基づいたことが判明する。この二つの版本は、元々文禄慶長の役に際し朝鮮から流出し、各々の藩に伝わったものであり、和刻本に現れた特徴から見ると、相互に異なる版本が使われたと判断できる。

はじめに

『古事記』及び『日本書紀』などで考えられる前近代の韓日書籍交流史の始点である四世紀以来、その規模や影響から見て最も大きな事件は、十六世紀の末に起きた、文禄慶長の役と呼ばれる七年間の出来事であった。一三九二年に開国してから、二〇〇年後である一五九二年に起きた戦役の頃まで、朝鮮は官を中心に国内外での書籍収集政策と金属活字本の刊行を行い、一方、各地方署では官署や寺院で出版活動が行われていた。こうして集積された書物は、七年間の戦役によって散逸や消滅の難に遭い、あるいは日本に流伝した。

文禄慶長の役後、十七世紀における日本では江戸幕府により新たな時代が開かれ、それ以前に受容された『四書五経』に対する宋代の新注釈のみならず、朱子学の理論も本格的に受容され始めた。そして、十六世紀末に始まった活字印刷により、出版文化にも以前とは異なる新たな潮流が起こった。その結果、寛永年間頃には商業出版が非常な勢いで成長し、十七世紀の後半になると、京都以外にも大阪や江戸で出版業

イ・ユリ——慶応義塾大学付属研究所斯道文庫訪問研究員（韓国学中央研究院韓国学大学院古文献管理学科博士課程修了）。専門は書誌学・東アジア書籍交流史。著書・論文に「『倭人求請謄録』に現われた朝鮮本の日本への伝来」（『書誌学報』三七、二〇一一年）、「日本近世の書籍目録に現れる朝鮮本の版権の変化——十七〜十八世紀初における京都で刊行された朝鮮人編著の儒学書を中心にして」（『書誌学研究』五二、二〇一二年）、「東アジアにおける『文献通考』の伝播と流通——『幕府書物方日記』に現れる十六世紀の朝鮮本『文献通考』」（『東アジアの文献交流——十六〜十八に韓中日の書籍の伝播と収容』ソウル：昭明出版、二〇一四年）などがある。

が発展することになる。商業出版による書物の供給は、革命といえるほど、それ以前とは明白に区別できる特徴的な変化と評価される。そして、その展開の中に、日本に伝えられた朝鮮本も参入したのである。

勿論、単純に伝えられたというだけでは、活用されたとまでは言いにくい。しかし、記録やこれを底本にした和刻本の場合は、その確かな証跡と見なし得るであろう。少なくとも、十七世紀の場合、和刻本には、その編著者として、中国人と共に朝鮮人の名も見えている。当時中国からも、商業出版の発達により多くの書物が流通していたため、朝鮮でも唐本を使って刊行した例が多かったし、和刻本の中で、唐本ではなく朝鮮本が底本になったすべての例を探し出すことは大変難しい。現在までの研究で、はっきり挙げられるのは五十点程度で、[1] その証跡は様々な分野に見られるが、とりわけ、李滉《イホアン》（一五〇一～一五七〇、退溪《テゲ》の号でもよく知られている）関係書が割合に多かったことが注目される。これは恐らく、大方の需要の傾向のみならず、実際の刊行に関係した人々の思想や学問的傾向をも語っていよう。

文禄慶長の役の際に流出した朝鮮本は、少なくとも十七世紀には幕府及び御三家と大名、それから、養安院蔵書で知られている曲直瀬正琳（一五六五～一六一一）を含む医者や禅僧の許など各所に収蔵されたと思われる。その中で、朝鮮本に基づく刊行以外に、朝鮮本をそのまま活用した事例も、記録を通して断片的に窺えるが、特に幕府の紅葉山文庫の書物奉行によって記された『幕府書物方日記』には、朝鮮本の管理や活用などを記した箇所が見られる。[2] しかし殆どの場合、その裏面に隠れている詳しい事情を知ることはできない。

そうした中で、和刻本として重刊された朝鮮本『東国通鑑』は、その本文が日本に伝えられたというだけではなく、どんな理由で誰により、どんな本を以って刊行されたのか、その一連の過程について比較的詳しく知ることのできる珍しい事例である。とりわけ、既に日本で朝鮮本との関連性においてよく触れられてきた水戸藩（家康の駿河御譲本）と林鵞峰（林羅山と林家）以外に、加賀藩主前田綱紀も関係し、今まであまり注目されなかった大名の朝鮮本所蔵例及びその書物収集活動についても、改めて確認できる良い例となる。

本稿では、こうした両国の書籍交流史及び日本近世書籍文化史中での意味を考えながら、十五世紀の朝鮮で成立し、十六世紀に日本に渡され、十七世紀にまた生まれ変わった『東国通鑑』という書について、和刻本成立過程の検証を試みたい。

一、『国士館日録』に現れた『東国通鑑』の活用及び刊行

『国士館日録』は『本朝通鑑』の編修を幕府から引き受けた林鵞峰（一六一八〜一六八〇）の日誌で、寛文二年（一六六二）十月十三日から寛文十年（一六七〇）十二月三十日までの編修過程だけではなく、鵞峰の日常の挙動や折々の考えなどが詳しく記されている。この記録には既に秋山高志の著書(3)で紹介されたように、編修資料の一つとして『東国通鑑』の入手と活用、そして和刻本の刊行まで、序文だけでは把握できない、比較的詳しい経過が確認できる。秋山の著書では主に刊行に関する内容が挙げられているが、ここでは、この書に関するすべての記録をまず紹介したい(4)。

寛文四年（一六六四）十月十九日　余曰、中華通鑑名聞於世。朝鮮亦有東國通鑑。則我國之史稱通鑑而可也。

同年十一月　十五日　借水戸參議東國通鑑、抄出預我國之事。

二十三日　見東國通鑑抄出之、然有脱卷。聞ト幽藏略本、故寄書而僦之。

二十七日　使重晴校東國通鑑抄出本。

十二月二十八日　及暮伯元來示東國通鑑抄出一冊至、是會津羽林所寄也。一昨日伯元謁羽林、詳問館中編緝《輯》之趣、告曰、今般之盛事、欲有小補於編輯。然不藏倭書。此一冊借水戸參議本抄出之。然彼本多脱落、故借加賀羽林本補之。預我邦事者盡載之。汝持之可示弘文院、若有小補則爲幸云云。此趣今日於營中伯元語伊牧。伊牧曰、羽林之言、詳可達諸老云云。余先日既借水戸本抄出之、可與此本相考焉。

寛文七年五月十八日　伯元頃日考明朝書及朝鮮通鑑等預我邦事、加補各年下。其書式前日示諭。

同年六月　十三日　口授新刊東國通鑑跋未成（中略）草東國通鑑跋畢、口授抛文筆。是去春以來所約也。此書希世者也。水戸參議君加賀羽林藏之、參議併校兩本以互寫、足以爲全部。而命書沽白水小令新刊也。

同月　十四日　及晩改東國通鑑跋。

同月二十九日　召仲龍命東國通鑑序淸書。

七月　一日　仲龍來呈東國通鑑序淨書。與安成對讀一校。其間余湯浴。浴畢、乃口授龍加訓點。

八月　五日　家有万巻書、不能見之、而猶求新書、雖似贅、是亦天性好書之癖。猶不能止、自一笑而已。就想先考、齢踰七旬、猶求新書。況余雖多憂、不及先考之齢二十餘年。豈可廢求書哉。且東國通鑑新刊本成。可在近則是亦來一部、以此寶鑑併附則博覽之一助乎。呵〃。

寛文八年二月十一日　洛書估白水憑安成寄。今歳補任略。且曰、東國通鑑開板既成。

同年　五月十七日　書賈白水子携新板東國通鑑全部五十七冊來。是水戸參議所命、而余曾作其序、故先早持來。白水近日可參府也。

『東国通鑑』に関する記事が初めて登場するのは、鵞峰等が本格的に『本朝通鑑』の編集に着手した寛文四年（一六六四）である。十月十九日、題目を『編年録』から『本朝通鑑』に改称することについて相談中、鵞峰が朝鮮の例としてこの書に言及している。和刻本の序文には鵞峰が少時に日本に『東国通鑑』が伝存することを聞いていたが、見たことはなく、寛永二十年（一六四三）第五回朝鮮通信使が訪ねた際、随行員の朴安期にも朝鮮での存在を聞いてみたという記事が見える。つまり鵞峰は既にこの書の存在を知っていたことが分かるが、林羅山の『年譜』中の「既見書目」により知っていた可能性がある。[5]

これらの記録は内容によって、次のように四つに分けられる。

①　水戸藩からの入手と活用

寛文四年（一六六四）十一月十五日〜二十七日、そして、一六六七年五月十八日の記録で、国士館で『東国通鑑』を水戸藩から借りて、必要な部分を筆写し校正する内容である。鵞峰等はこの段階で、水戸藩の蔵本が完全ではないことを把握したとしている。

②　前田家蔵本の存在と水戸藩の刊行

水戸藩の蔵本に欠本があるということが分かってから、一か月後である十二月二十八日に、国士館で編集を担当していた酒井白元が会津藩の保科正之（一六一一〜一六七二）から贈られた『東国通鑑』一本を携えつつ、この本は水戸本に加賀藩の前田家蔵本により補ったものであることを告げた。この日鵞峰は、以前に抄出しておいた家蔵本と併せ見るべきだと述べている。当時加賀藩主であった前田綱紀（一六四三～一七二四）は保科正之の女と婚姻関係にあり、正之は綱紀の後見人でもあったので、前田家蔵本の利用が十分できたと思われる。また、この記事によって、正之は鵞峰より先に、この書が水戸藩以外に前田家にもあったということを、知っていたことも分かる。

また三年後である寛文七年（一六六七）の記録には、新たに刊行される『東国通鑑』の和刻本に、鵞峰がその跋文を附した一件を伝え、当該の和刻本は水戸藩と前田家の蔵本を合わせて校正した稀書であるとの見解を述べている。この書が珍しいと言っているのは、鵞峰自身の経験に基づく見解と思われる。ともかく、鵞峰も以前からこの書を求め活用していたが、その和刻本の刊行者は徳川光圀であったことが確認できる。

③　鵞峰の序文作成

寛文七年（一六六七）六月十三日から七月一日までの記事には、鵞峰の序文を完成した過程が窺える。六月十三日の記録に、鵞峰が序文の執筆を依頼されたのは去る年の春であったという記事がある。従って、二つの本を校合し終わり、本格的に刊行に着手したのはその頃だと考えられる。記録には、鵞峰が序文を何度も浄書したり、直したりし、訓点を付け完成させたことが見える。

④　鵞峰の新しい版本の入手

八月五日には和刻本『東国通鑑』の完成後、その入手に対する期待感を表明している。その後、翌年の寛文八年二月十一日に書肆の白水から、和刻本の刊行完了を聞くことになる。ところで、実際に伝存する和刻本の刊記は寛文七年十一月で、若干の時差が認められる。そして、五月十七日には白水の子が水戸藩の命によって、鵞峰の許に初印本をもたらす。以上の記事により、刊記には示されなかった実際の刊行時期について情報を得ることができる。

二、日本に流入した朝鮮本『東国通鑑』

(一) 文禄慶長の役による朝鮮本の流出

前章の内容によって、寛文年間頃までに朝鮮本の『東国通鑑』が、少なくとも水戸藩と前田家に収蔵され、この二つの版本に基づいて和刻本が刊行されたことが分かった。それでは、これらの朝鮮本は何時、日本に将来されたのであろうか。十七世紀に日本に流伝した朝鮮本の殆どは、文禄慶長の役の際の将来で、それ以外には対馬との貿易によるものがあった。

文禄慶長の役による書籍流出は、前近代における両国の書籍交流史上最大の事件であったと思われるが、それについて、語ってくれる記録は極めて少なく断片的である。ただ、全般的な様子については当時の戦後の状況及び参戦将帥と担当地域、そして、『故事撮要』に収録されている各地の冊版目録を通して、推察ができる。

『故事撮要』は明宗九年（一五五四）に魚叔権《オスクオン》（生没年未詳）によって編纂された類書で、官吏や在野の士人に必要な、外交上及び日用の常識が収録されている。この本に見える各地の冊版は特産品の一つとして紹介され、現存最古の朝鮮時代の地方版の目録となっている。この書の初刊本は明宗九年に刊行された金属活字の乙亥字本であったが、既に所在不明である。現在はその後に刊行された宣祖一年（一五六八）の乙亥字本、同王九年（一五七六）の乙亥字本とその覆刻本、そして、同王十八年（一五八五）の整版本のみ、確認できる。時代が下がるほど、収録されている冊版の数が増えて行き、宣祖十八年本が最も多く、一一九地方、九八六種を載せている。しかしこれは、その間新たに開版された場合の他、前回の編集に漏れた版種が追加されたものと見做される[6]。

この書は校書館という官庁において活字本として刊行されたので、官撰書の性格を有っているが、『宣祖実録』の三十一年（一五九八）十月三日と五日に、『東国輿地勝覧』と共に中国の将帥によって多く持ち出されたという記事があって[7]、戦役が起きるまで朝鮮のみに流通していたと判断できる。そして、文字を読める人々に広く伝わっていたこの本に冊版目録が収録された上、五回にわたって刊行するたび書目が増加されたのは、その情報が有用であったことを意味すると解釈できる。しかし、その冊版が残らなかったためか、文禄慶長の役の後に刊行された版本では冊板目録を載せていない。

ただ、この目録の資料価値には幾つか限界がある。収録されている内容はあくまでも地方版に関することで、当時出版が最も集中していた漢城（現在のソウル市）の様子と、中央で刊行された活字本については記事が見られない。また、不十分な調査のためか、仏書を除いても二四〇餘種が漏れているし、寺院版と木活字本も抜けている。それから、書籍目録ではなく冊版目録であるため、版本が流伝し、他の地方にも収蔵のある可能性が十分にある。しかしながら、冊版を保有するということは、該当地域の必要によって開版されたことを示すから、その地域を中心に刊行流通していたことを意味する。従って、当時朝鮮の各地で存在していた書物の全体的な様子は把握できるであろう。

『故事撮要』宣祖十八年刊本の冊板目録に見られる書名は全六五五種で、一番多く開版された書は十四地域に渉った『考経』である。四部分類で見ると、子部三九一種（その内儒家類一三七種）、集部二四三種（別種類一五七種）、経部二一八種（小学類の蒙求書四十五種）、史部一一八種（伝記類四十種）の順で、地域別に見ると、慶尚道《ギョンサンド》が三八七種で最も多く、全羅道《チョルラド》三三七種、黄海道《ファンヘド》七十七種、平安道《ピョンアンド》六十七集、江原道《カンウォンド》六十一種、忠清道《チュンチョンド》三十七種、咸鏡道《ハムギョンド》十九種、それから京畿道《キョンギド》二種の順である。つまり、少なくとも十六世紀までの出版は殆ど慶尚道と全羅道で行われていたことが分かる。一方、咸鏡道は辺境であり、京畿道は漢城と近いため、冊版数が少なかったという見解がある。[8]

文禄元年（一五九二）四月十七日に釜山《プサン》に着いてから、日本の軍勢は、五月五日に、宇喜多秀家を含む全軍が漢城に集合するまで、速やかに北進し、首都を陥落させた。以後最初の目標である明への進攻ではなく、朝鮮での勢力の安定化を優先として、全国八道に各軍を駐留させた。漢城は宇喜多秀家の担当とされ、小西行長と宗義智が平安道、加藤清正と鍋島直茂が咸鏡道、黒田長政が黄海道、毛利吉成と島津義弘が江原道の担当となり、続けて北進を行った一方、福島正則が忠清道、小早川高影が全羅道、毛利輝元が慶尚道を担当し現地に駐屯した。

また、外交文書の作成法を心得、漢文の読める五山禅僧が各軍に送られた。戦役の直前、朝鮮を訪ねた経験があった天《てん》荊《けい》と景轍玄蘇《けいてつげんそ》が小西と宗の第一軍に従い、是琢《ぜたく》が加藤と鍋島に、安国寺の恵瓊《えけい》が毛利輝元に従った。[9] 五山禅僧は当時まで儒教経典と漢詩に親しみ、一部の者は中国に留学しつつ、書物を将来したり、その本を翻刻したりするなど、日本における出版と書籍流通の一翼を担い、特に漢籍外典については中心の役割を果していた。彼等は戦役に関する任務を行いながら、朝鮮本の流出にも深く関与したと思われる。従って、戦役の時、各地に所在の書物は、各々の担当の武将や従軍僧によって奪われた可能性が高い。

書物と活字を含む印刷用具が集中していたと思われる漢城は、一五九二年四月三十日に宣祖が平壌《ピョンヤン》に播遷してから、同年五月三日に初めて小西が漢城に入るまでの間、奴婢文書などの公文書が保管されていた官庁が乱民によって焼かれるなどしたため、その過程で多くの書物も消失した可能性がある。[10] 一方、一五九三年九月、後陽成天皇の命によって、勅版『古文孝経』の刊行が行われたため、漢城に所在していた鑄字所と校書館から流出した活字や印刷用具は勅版『古文孝経』の刊行以前には豊臣秀吉を経て、献上されたと思われる。

慶尚道の場合、戦役初期釜山から漢城まで進撃する主な通路であったため、七月二十三日の永川《ヨンチョン》を初めとし、九月六日に慶州《ギョンジュ》が義兵によって取り戻されるまでは、ほかの地域より戦況が安定していた。恵瓊は一五九二年五月二十一日星州で毛利輝元に出会い、六月七日に安国寺に手紙を送っているが、その中に朝鮮の内典と外典を船に乗せたと記した箇所がある。(11)窓口だった釜山も同じく慶尚道の所在であるため、他の地域に比べて、ここから安定的に、書物が日本に送られたと思われる。『故事撮要』には慶尚道に一番多くの冊版が記載されてもいるため、漢城を除くと、ここから渡された版本（特に整版）が最も多かったと予測される。

『故事撮要』による慶尚道の冊版は道内四十三地域に所在していたと記載されているが、その中で慶州が六十一種で最も多くて、その次が五十種の晋州《チンジュ》である。その他、十～四十九種の地域が九箇所あり、(12)平均して冊版数が多かった。

四部分類で見ると、子部に該当する書が一四七種で、最も多いが、その細目を見ると、集部の別集類が六十七種で最も多い。また子部の細目で個別の数多いのは五十種の儒家類である。これは、慶尚道には書院が比較的多く存在し、地域別科挙合格者の割合が最も高かったから、修学のために必要とされた経部と子部儒家類の書が多い一方、特に個人文集が最も多かったというのは、一般に文集が、その人物の没後、子孫或いは門人によって編修刊行されたことを考えてみれば、慶尚道の学問環境のみならず、官職進出者が多かったことの延長線上にある現象と説明される。

恵瓊との関連性が特に大きいと思われる、星州《ソンジュ》における『故事撮要』の冊版目録は次のようなものである。

収録『故事撮要』の種類	書名
四種（一五六八年、一五七六年二種、一五八五年）	『大学』『孟子』『附録春秋（春秋附録）』『小全左伝』『小全周易』『壽親養老書』『眞逸集（眞逸遺稿）』『忠武録』『黄山谷詩集（山谷詩集註）』
一種（一五八五年）	『啓蒙習伝』『困知記』『大觀斎集』『読書録（薛文清公読書録）』『童蒙須知』『名臣言行（宋名臣言行録）』『三綱行實（三綱行實図）』『選詩』『続蒙求（続蒙求分註）』『夙興夜寐箴』『歴代世譜』『彝尊録』『赤壁賦屏風』『朱子書節要』『朱子行狀』『秋江集』

この冊版は最小限星州にあったと想定される本で、恵瓊が送った可能性が高いものである。このうち星州だけに存在した書目は『啓蒙習伝』『困知記』『大觀斎集』『附録春秋（春秋附録）』『選詩』『続蒙求（続蒙求分註）』『歴代世譜』『彝尊録』『赤壁賦屏風』『朱子書節要』『朱子行狀』『秋江集』『忠武録』の十三種である。また直接底本になったとは言えないが、このうち和刻本として刊行されている書目は、『続蒙求』（万治二年和田九左衛門）『朱子書節要』（明暦二年荒木利兵衛尉

初刊）』『朱子行狀』（十七世紀前期に古活字版で初刊）で『秋江集』（寛永二十年風月宗知初刊）の四種である。

一方、慶尚道に続いて冊版が多かった全羅道への駐屯は、小早川隆景等の担当であった。全羅道の中でも全州は、全国で最大の冊版数である六十七種を有していたが、文禄の役の際にはまだ占領を経ていなかった。しかし一五九七年慶長の役の時、毛利秀元と宇喜多秀家が各々全州《チョンジュ》と光州《クワンジュ》を攻めて、この地域に対する攻略が本格的になった。従って、この地域の書物は、主に慶長の戦役に際して奪われたと思われる。『朝鮮王朝実録』を保管していた四つの保管所の中で、三所は文禄の役で焼失したが、全州の保管所は慶長度に無くなっているし、藤原惺窩と交遊したと知られている姜沆《カンハン》（一五六七～一六一八）や陶工などが捉えられたのも、この時期に起きた南原《ナムワオン》城の事件である。

『故事撮要』の全羅道分の冊版は三三七種が見える。子部の一四二種（その中儒家類五十五種）が最も多い中で、集部八十一種（別集類五十五種）、経部七十一種、史部三十四種の順である。各分類の版種の数で見ると、全羅道も同じく別集類の数が多いが、これは慶尚道と同じ理由であったと思われる。全州以外に南原が三十八種、光州が三十二種であった。

三、『東国通鑑』の流出

戦役前である十六世紀まで朝鮮に『東国通鑑』がどの程度流布していたのか。それについては『中宗実録』三十七年（一五四二）七月二十七日に魚得江《オドッガン》（一四七〇～一五五〇）の上疏の記事を通して、大略の情況が推測できる。その記事中、『東国通鑑』を鑄字で刷ったが、世の中に伝わっている数が少ないし、刷られた文字が小粒であるので、また直したり補ったりすべきで、『宋元通鑑』のように古地名とその距離について詳密にして、鑄字で多く印刷し、書肆を設置してより広く伝えるべきだという内容がある。[13] これは魚氏個人の意見であり、実際にはその通り行われなかったと見られるが、ともかくこの書は、あまり広く伝播していなかったということが分かる。そして、文字が小さいと言っていることから、鑄字とは「甲辰字」を意味することも分かる。

甲辰字とは成宗十五年（一四八四）に作られた金属活字で、以前の活字と異なる最も大きな特徴は、文字の規格が小さいということである。活字が小さいだけ、紙を節約できるという長所があるため、『文献通考』や『東国輿地勝覧』のような巨帙の書が刊行されたが、その代わりに摩滅しやすいという弱点があった。そのため、以前から使われてきた甲寅字や乙亥字に比べると、使用例が少ないが、『東国通鑑』の完成は甲辰字の制作から一年の後であるし、五十六巻の巨帙でもあるので、最初の刊行には甲辰字を使ったことが窺われ、実際に甲辰字本の伝存がある。

現存する『東国通鑑』の十六世紀以前の活字本にはこれ以外にも、甲寅字本がある。甲寅字は世宗十六年（一四三四）に初鑄され、以後正祖元年（一七七七）丁酉字まで、六回も作られた、朝鮮時代に最も多く使われた活字である。初鑄甲寅字で印刷された最初の書は世宗十六年（一四三四）十月に刊行された『大学衍義』である。その後、再鑄である庚辰字が宣祖十三年（一五八〇）に鑄造されてもいるが、同王十六年に初鑄甲寅字で刊行された『皇華集』などがある。従って、初鑄甲寅字は再鑄されたにもかかわらず、戦役直前まで、使い続けられたことが分かる。

本書の甲寅字本は初鑄字を用いており、その刊行時期は、記録がないため正確には分からないが、韓国の高麗大学校に収蔵されている印本（貴二〇六Ａ）[14] の蔵書印を以て、大体の時期が推測できる。そこに遺されている「望而」「尚山後學」という印記は太斗南《テドゥナム》（一四八六～一五三六）の称謂である。従って、該本の刊行は十六世紀前半である中宗年間（一五〇九～一五四五）であった可能性が高いと思われる。一方、一五六八年刊『故事撮要』を見ると、本書の冊版は平壌のみに見られるが、実際にそれと思わしき覆甲寅字版が現存する。この現存本と、活字版を地方に送り、現地で刊行し供給した朝鮮時代の書籍流通システムから見ると、ここでの版本は甲寅字の複製であった可能性が高い。これを認めるならば、活字本による刊行は遅くても一五六八年以前に為されたと推定できる。

上記の検討を通して、本書が文禄慶長の役以前にそれほど広く流通していなかったことが分かる。金属活字本は校書館という官庁でしか刊行されていなかったため、整版本より入手が難しかった。一般に金属活字本の印刷が完了すると、王命により内賜する方法で頒布された。その本の見返しには内賜記が著されている。従って、活字本は漢城に中心として頒布と保管が為されたので、一般論として推察すれば、活字本は漢城からもたらされた可能性が高い。また整版本の場合、もしこの際に持ち出されたことがあったとすれば、『故事撮要』では平壌のみ著録があるため、平壌周辺からの流出が、まず考えられる。

四、十七世紀における日本での朝鮮本『東国通鑑』の流伝

（一）寛文年間以前の日本における『東国通鑑』の伝存

『林羅山文集』巻四十八「朝鮮考序」に拠ると、林羅山が

『東文選』及び『東国通鑑』から日本関係の記事を整理した著作である『朝鮮考』が、明暦三年（一六五七）の大火で焼失したという。[15]従って、水戸藩と加賀藩で保存した以外にも、入手経路は不明ながら、十七世紀の半ばまで、林羅山の接した本も存したことが分かる。

十七世紀まで、日本に『東国通鑑』がどの位伝存していたのか、その正確な数量は把握できない。しかし、前章の検討のように、抑々朝鮮でも少なかったようであり、『国士館日録』に拠れば、林鵞峰の編修資料として入手の経緯を通して、当時日本でも珍しい書であったことが推測できる。

日本では延喜年間（九〇一～九二三）以後、編纂された正史がなかったから、鵞峰が編修資料の蒐集に労力を費やしたのは、編修の参考とできるまとまった資料が比較的少なかったためであった。勿論、幕府の命令によって、朝廷や武家や寺社から資料を提供されてもいたが、朝廷の場合、寛文七年（一六六七）四月、武家では寛文四～五年の時点でその積極性が著しく後退することになる。従って、鵞峰自身の個人的関係に依って求めざるを得なかった。[16]

編修が本格的に行われた寛文四年（一六六四）十月から、寛文七年（一六六七）五月までの記録によると、鵞峰は御三家を含む蔵書家の大名に和書目録又は和書を提供され、時に幕府から書を借りたり、永井尚庸（一六三一～一六七七）を通して、朝廷の目録を検討したりした。また、書商や養安院からも資料を入手したこともある。この過程の中から、特に朝鮮本関係の記事を挙げると、寛文四年（一六六四）十一月四日に十年も訪ねていた書商から『佔畢斎集』を購入したり、[17]同年十二月十七日に上杉家の蔵書目録を検討しつつ、その目録に中国本と朝鮮本のみ記載されていたことから、上杉家には中国本と朝鮮本が比較的多いことを知ったり、[18]寛文五年（一六六五）二月二十日には養安院と『東文選』を借りることを約束したりする内容が見られ、[19]鵞峰の朝鮮本の入手の方法が窺われ、情報をどのように得たのかが分かる。

つまり、編修資料を求めるために、様々な方面と接しつつ、自然に当時までの各地の蔵書状況について、把握していた可能性が高いと思われる。従って、鵞峰が『東国通鑑』の存在を前から分かっていたとしても、なかなか入手できなかったのは、少なくとも情報が足りなかったことが主な原因とは言い難い。

（二）前田家の所蔵

前田家の書籍収集は加賀藩の四代の藩主であり、前田家の五代目である綱紀（一六四三～一七二四）から本格的に行われた。[20]綱紀が著わした『桑華字苑』を通して、当時までの前田家の所蔵本に、入手時期と経路によって、大きく三種類があったことが分かる。先ず前田利常の収集本で、慶長八年(一六〇三)から万治元年(一六五八)の間に集められた小松蔵書、第二に父である前田光高(一六一六～一六四五)が求得した金沢蔵書、それから綱紀の万治二年以来蒐集の尊経閣蔵書である。[21] これら歴世の蔵書に対して、綱紀は八庫文籍と称する八つの分類(「秘閣群籍」「経庫群籍」「史庫群籍」「子庫群籍」「集庫群籍」「四庫副本」「侯清叢書」「滑耀叢書」)を設けた。そのうち「経庫群籍」「史庫群籍」「子庫群籍」「集庫群籍」「四庫副本」には細部分類を置き、またその下に各々本朝印本、本朝写本、中華印本、中華写本、中華石刻、朝鮮印本、朝鮮写本、朝鮮石刻の分類を置いた。現在各々の項目にどのような書目が入っていたのかまでは分からないが[22]、少なくとも、これを通して、綱紀以前から伝来した本があり、朝鮮本は四部にかかる様々なジャンルの書が集まっていたことが窺える。

上記の通り、綱紀は以前からの蔵書に基づいて、収集を重ねたことが知られる。利常が加賀藩主になったのは慶長十年(一六〇五)であったが、藩主となる前から書籍を収集したと思われる。当時の具体的書目がないため、朝鮮本が何時頃から前田家に収蔵されていたのか判断できないが、利常と光高のみならず、初代の前田利家(一五三九～一五九九)も朝鮮本の収集にかかわったであろう。利家は朝鮮で直接に戦闘を実行せず、徳川家康と共に名護屋城に後段として控えていたため、少なくとも、戦役の際、直接朝鮮本を保有した可能性は考えなくてもよいが、献上や購得などの形で後に前田家に入ったのではないかと思われる。ちなみに、米沢藩の上杉隆勝や徳山藩の毛利輝元の子秀就などに収蔵された朝鮮本入手の経緯には、戦役との直接な関係を考えられるであろう。

現在、前田家尊経閣文庫には甲辰字本『東国通鑑』を含め、一七二種一三六九冊の朝鮮本が収蔵されている。[23] その九一%以上が印刷本で、その中で朝鮮前期(十六世紀以前)刊行のものは、整版が六十五種、金属活字本は四十五種で、活字本のうち、内賜記があるのは十四種である。つまり、尊経閣文庫の蔵する朝鮮本の半分以上が、戦役前に刊行されたものである。この中には曲直瀬正琳の収蔵と伝える「養安院蔵書」の印記と、前田玄以(一五三九～一六〇二)が開基となった妙心寺蟠桃院の蔵書印と見られる、「蟠桃院」の印記を存する本も含まれる。

綱紀の様々な収書経路の中で、朝鮮本については、朝鮮との貿易と外交を担当していた対馬藩を利用した場合が認められる。『儀礼経典通解』や『退溪集』や明律書などが、そうして入手された書目である。[24] 後段にまた詳述するが、『倭人求請謄録』という朝鮮の記録には顕宗二年（一六六一）五月十五日に『儀礼経典通解集伝義』、同王十一年（一六七〇）六月二十九日と粛宗五年（一六七九）七月十日には『儀礼経典続通解義』が、顕宗二年（一六六一）五月十五日に『李退溪全集』、翌年である一六六二年二月二十五日に『李退溪文集』、同年三月十三日『退溪文集』、翌年の一六六四年一月五日に『退溪集』が見えている。これは朝鮮側の記録であるため、求請した詳しい事情は記されていないが、時期的には綱紀の活動と重なっていることから、綱紀の要請と関係のある場合も、含まれた可能性が指摘される。

この記録には当該の『東国通鑑』も寛文四年（一六六四）一月五日に一度、見えている。但し記録上、対馬藩の要請は退けられていることから、当該書の入手はできなかったようである。その背後には日本における『東国通鑑』への需要が認められるものの、前田家蔵本との関係においては、対馬経由の入手を、直接には想定できないようである。十七世紀の対馬藩宗家文庫での朝鮮本は十七世紀刊本が圧倒的に多かったことも[25]、一般的な状況を裏付けていよう。

前田家に蔵する朝鮮本『東国通鑑』は、少なくとも東京の尊経閣文庫に移されるまで二部あり、一九三二年に作られた『尊経閣文庫漢籍分類目録』には二部が見えている。明治維新以後、前田家が加賀藩から東京の本郷邸に蔵書を移す際、その一部を金沢師範学校や第一中学校などへ寄贈の形式で譲渡し、これらの書物は尊経閣文庫の整備が終わってから再び文庫に返却された。明治四十二年（一九〇九）四月二十三日に作成された石川県師範学校から返却された蔵書の目録にはこの二部の本が見えており、実際に二部とも「石川県師範学校之印」の印記が押されていたようである。従って、幕末以来、前田家には朝鮮本『東国通鑑』二部を有っていた可能性が高い。現在尊経閣文庫では甲辰字本の一部しか確認できないが、残りの一部に対しては以前の調査目録があって、印記の内容とともに、初鑄甲寅字混入補字本であることが記録されている[26]。しかしながら、この二部それぞれ何時、入庫したのかは分からない。但し、朝鮮全体について見ても、文禄慶長の役以後には甲寅字本と甲辰字本、両方とも刊行されなかったし、元々刊行の乏しい書目であったので、文禄慶長の役後の一七〇三年に四鑄甲寅字である戊辰字本で再び刊行される以前には、活字版の流布は極めて狭い状態だったと思われる。従って、この二部の活字本が少なくとも日本に流入したのは文禄慶長の役後間もない時期で、もしそうであるとすれば、戦役中に、漢城からもたらされた情況を推測できる。

（三）水戸藩の所蔵

慶長五年（一六〇〇）関ケ原の戦いで徳川家康の東軍が勝

ち、戦役に深く関与した西軍は没落した。従って、彼等が持っていた朝鮮本の一部は自然に家康の入手する所となり、特に恵瓊の分も含まれていたと思われる。[27] 以後、伏見学校に一部寄贈した以外の伝本は多く家康の所有となった。つまり、戦役の際にもたらされた朝鮮本の大部分は家康の所蔵になったと言える。

家康は伏見版と駿河版という活字印刷に力を傾けた一方、江戸城に富士見亭文庫を建て、そこに自分の所蔵本を保管した。引退後駿河に蔵書も移したが、家康の没後、徳川秀忠に命じられた林羅山によって、一部はまた江戸城の紅葉山文庫へ、他の蔵書は御三家（尾張・紀伊・水戸）に各々五：五：三の割で分配された。尾張家の分は現在名古屋の蓬左文庫に遺存しているが、紀伊家の分は散逸し、今は「南葵文庫」という印記でその存在を確認できるだけである。

元和元年（一六一五）比較的低い割合で蔵書を譲られた水戸藩は、その時から朝鮮本を収蔵し始めたようである。以後徳川光圀の『大日本史』の編修のために関連資料を集め、御譲本に基づいて蔵書を増やした。大正期の目録を見ると、所蔵されていた資料の三分の二が筆写資料だが、[28] これはその編修資料として収集、活用された結果と思われる。水戸藩の蔵書は彰考館文庫で管理されていたが、第二次世界大戦の際、その多くが焼失した。

水戸藩における『東国通鑑』の所蔵については、元和二年（一六一六）一月に作成された御譲本の目録である『御書物請取之帳』によって、把握できる。この目録は一九七三年に徳川美術館で再発見された資料で、ここに『東国通鑑』八冊が記されている。[29] 冊数の記載が確実とは言えないが、完帙ではなかったと推測できる。『東国通鑑』が当時も珍しい書物であったので、水戸藩所刊の和刻本の底本になったものは、この本であった可能性が高い。鵞峰の序文では、光圀が偶然見つけたもので、戦役の時に流入した本だと述べているが、直接には御譲本として、家康から相続されたものであった可能性を退け難い。

（四）対馬藩の所蔵

参考までに述べると、十七世紀の日本で朝鮮本『東国通鑑』を収蔵した他の所有者には、対馬藩もあった。周知の通り、当時対馬は幕府から認められ、朝鮮との貿易や外交を担当していた。両国間では文禄慶長の役後国交が断絶されたが、それまで対馬藩の財政は朝鮮との貿易に依存していたし、新しく政権を始めた家康も国内外からの認知及び情報収集のため、朝鮮との関係回復が必要だった。そこで、慶長十四年（一六〇九）己酉約条で国交を回復し、二年後から貿易も再開された。

対馬と朝鮮との貿易は以前とは違って、釜山の倭館に限って、行われた。貿易の形には種々の様式があったが、書籍の場合、既に第四章第二節に紹介したように、『倭人求請謄録』という記録を通して、求請という形を取ったことが分かる。求請とは、対馬から幕府や対馬藩主などの名義で必要な物品を朝鮮に公式に要請し、それに対して、朝鮮で無償或いは有償で支給する貿易方法である。(30)『倭人求請謄録』には、一六三七年三月から一七二四年四月まで対馬藩の要請に対する担当官員の上部への報告及び処理の記事がある。書籍関係の記事は、一六三九年八月十六日の『性理群書』『参同契』『十二律』の求請を初め、一七〇八年『東医宝鑑』まで約七十年間五十回について収録されている。(31)

対馬藩では菩提寺の万松院に宗家文庫を建て、蔵書を保管していた。天和三年（一六八三）に作成された『天和三年目録』には当時ここで所蔵されていた本について確認できるが、細目に「朝鮮本」もある。ここに記されている朝鮮本は二十七部で、「日本板本」に続いている。主に儒学書と朝鮮人の文集で、十七世紀刊本が圧倒的多数を占める。(32)

この目録には『東国通鑑』が、三十二冊と五十一冊として記され、一六八三年まで対馬には二部があったことを確認できる。朝鮮との関係を利用して入手したことは確実であろうが、冊数以外の情報はないため、具体的にどんな版本を有っていたのかは判断できない。

五、朝鮮本及び和刻本『東国通鑑』の版本

第一章で紹介した記録のように、寛文七年（一六六七）に刊行されてから、水戸藩の命によって贈られた鵞峰の所蔵本は、現在国立公文書館の内閣文庫（二八五−二九）に伝わっていて、初刊本の姿を窺える。

この版本には林鵞峰の蔵本であったことを知らせる印記「弘文學士院」が第一冊の首のみに押されている。この本は栗皮表紙で、五つ目綴になっている。その版式は、単辺で界線はなく、半葉十行十七字であり、版心の部分は黒口と上下内向黒魚尾である。そして、前付の目次は林鵞峰の序文―「進東国通鑑箋」―「東国通鑑序」「東国通鑑凡例」―「東国通鑑外紀」―「東国通鑑目録」の順である。第一冊は前付で、本文の巻一は第二冊から始まる。本の大きさは縦二八・〇×横一九・二糎、版の大きさは半葉縦二〇・七×横一五・九糎である。

該本は江戸前期に見られる栗皮表紙を備えた五針眼の装訂である。版式は朝鮮本とは異なるが、行字数は韓国高麗大学校所蔵甲寅字本（晩松貴二〇六A）(33)と同じで、間々初鑄甲寅字

本の特徴である「明」字が見える。さらに、凡例の項数が、韓国国立中央図書館所蔵甲辰字本（B二古朝五〇-一四七）[34]は十一条なのに対して、和刻本は甲寅字本と同じく十二条である。従って、表面的に見ると和刻本は甲辰字本ではなく、甲寅字本に基づいていると言える。

甲寅字本に凡例の増加された条項は、王室関係や官爵の名称に関することで、中国以外使用が不可とされた用語が本文の中に似たように現れる場合に対応したことである。[35]朝鮮は明と冊封・朝貢関係であったため、このような用語使用の問題は外交的に敏感であった。それゆえ、甲辰字本の後で、甲寅字本で再刊する際に、追加したと推測される。

甲辰字本では徐居正の箋文と李克墩の序文のみ、乙亥字を用いて刊行されたため、その部分の款式は九行十六字である。甲辰字本の尊経閣文庫蔵本[36]では、その第一冊が甲辰字本の版式を真似た印刷の罫紙に補写されているが、原本本来の版式が反映せずに、本文と同じく十二行十九字となっている。また「明」字を用いた箇所が見えるし、凡例の数も十二条であり、補写の際に使われた底本は、甲寅字本又は和刻本であったと思われる。

ところで、和刻本の巻五十六には本文の中に何故か空白の個所が間々見られる。この部分に対して、甲寅字本は該当の文字が揃っているが、尊経閣文庫蔵本には同じく空白とされている。従って、少なくとも巻五十六に限っては、甲寅字本ではなく、甲辰字本が底本になったと思われる。刊行に際し水戸藩では、完全な一帙を揃えるために、二部の本をじっくり比べながら、完成したと想像されるが、そうだとすれば、空白のある本をわざわざ参照したとは考えにくい。従って、当時参考とされた甲寅字本には巻五十六に欠本等の問題があり、その部分だけは別に甲辰字本を反映したと判断される。[37]

これまでの考証により、『東国通鑑』の和刻本には、甲寅字本と甲辰字本という異なる版本の底本とされた可能性が指摘された。これはつまり、水戸藩と前田家の蔵本に相異する点のあったことを示している。刊行に当たり、どちらの、どの版本が参考とされたのかという実情については断言できないが、水戸藩主導の刊行である一方、尊経閣文庫に巻五十六を備えた甲辰字本を遺存することから、水戸藩の甲寅字本と前田家の甲辰字本に基づいて和刻本が成立した可能性を、より強く想定したい。

おわりに

十五世紀まで、朝鮮には編年体の通史がなかったため、宋代の『資治通鑑』をモデルにして、世祖の命で、世祖四年

（一四五八）に『東国通鑑』の編修が始まった。途中、一時的な中止を経て、成宗十六年（一四八五）になって、完成した。その後、十六世紀まで二種類の活字で刊行された『東国通鑑』は、十六世紀末に起こった文禄慶長の役の際、日本に流出した可能性が高いと思われる。『朝鮮王朝実録』の記録によると、この書は戦役以前から既に珍しくなっていたことが分かり、『国史館日録』に現れる林鵞峰の『東国通鑑』の入手過程と他の編修資料の蒐集活動を通して、戦役以後日本でも、あまり伝存していなかったと推測される。

当時日本に伝わった朝鮮本『東国通鑑』の数量は正確には把握できないが、少なくとも、十七世紀には明暦三年（一六五七）に焼失した林羅山所見の本と、対馬藩の天和三年（一六八三）の目録で見える二部、それから和刻本の実際の底本となった水戸藩と加賀藩前田家の蔵本があった。朝鮮との貿易を行っていた対馬藩以外には、戦役の際に将来されたと判断される。特に水戸藩の蔵本は元和二年（一六一六）に作成された『御書物請取之帳』に記載されていて、駿河御譲本として、相続された書と思われる。幕府と御三家以外にも、蔵書蒐集に興味を持っていた大名があった。そのうち、前田綱紀は代表的人物であるが、『国士館日録』でも、その面貌が窺える。

『東国通鑑』は林鵞峰の『本朝通鑑』と徳川光圀の『大日本史』の編修事業のための資料として、必要とされたが、水戸藩の蔵本が不完全だったため、加賀藩前田家の蔵本を用いて、完全な一部を揃え刊行したことが『国士館日録』によって分かる。つまり、和刻本『東国通鑑』は、初め朝鮮の編年史として必要とされ、編修・刊行されたものが、戦役により日本に伝わってから、日本史の編修に活用するため、甲辰字及び甲寅字系統の二種の朝鮮本を使い、完全な一部として再現された本と言える。

また、『東国通鑑』の和刻本の成立過程を検討しつつ、当時の林鵞峰及び大名らの蔵書蒐集と人的ネットワークによる書籍交流についても垣間見ることができた。日本に将来されてから影響を及ぼした朝鮮本について、その詳しい経緯が分かる事例は意外に少ない。そのため、寛永年間から商業出版が急増し始める中で重行された朝鮮本と幕府や御三家、それから対馬藩の収蔵した朝鮮本が、これまでの主な研究であった。しかし、ここに取り上げた『東国通鑑』は、今までの研究にさらに多様性を加え、当時の複雑な本文情況を具体的に知らせる点で、十七世紀の韓日書籍交流史及び日本近世出版史の研究にとって、大きな意味を有する書と思われる。

注

（1）柳鐸一「江戸時代韓国文献日本刊行研究」（『韓国文学叢論』二二、一九九八年）、李裕利『十七世紀に日本で刊行された朝鮮本の研究』（韓国学中央研究院韓国学大学院古文献管理学科修士学位論文、二〇一一年）。

（2）李裕利「東アジアにおける『文献通考』の伝播と流通――『幕府書物方日記』に現れる十六世紀の朝鮮本『文献通考』」（『東アジアの文献交流――十六～十八に韓中日の書籍の伝播と収容』ソウル：昭明出版、二〇一四年）。

（3）秋山高志『水戸の文人――近世日本の学府』（ぺりかん社、二〇〇九年）二六六頁。

（4）山本武夫校訂『国士館日録』一―四（『史料纂集』一一、続群書類従完成会、一九九七年）。

（5）西中研二「林羅山と『東國通鑑』について――林羅山の『年譜』にある『東國史記』は『三國史記』か『東國通鑑』か」（『国際日本研究』五、二〇一三年）によると、「既讀書目」に書かれた書名は「東国史記」であるが、林羅山が著わした『朝鮮考』が『東文選』と『東国通鑑』に基づいていること、寛永十四年（一六三六）に羅山が第四回朝鮮通信使に『東国通鑑』の内容について質問したことなどで、『東国通鑑』を指していると論じている。

（6）金致雨『『故事撮要』の冊版目録とその収録刊本の研究』（ソウル：アセア文化社、二〇〇七年）一八七頁。

（7）『宣祖実録』三十一年十月三日。『輿地勝覽』『攷事撮要』等冊、前日天將多數持去、；『宣祖実録』三十一年十月三日。『輿地勝覽』及『攷事撮要』、流入中國甚多。

（8）金致雨『『故事撮要』の冊版目録とその収録刊本の研究』（ソウル：アセア文化社、二〇〇七年）二七七―二八一頁。

（9）北島万治『豊臣秀吉の朝鮮侵略』（吉川弘文館、一九九五年）五五―五六頁。

（10）李俊杰『朝鮮時代における日本との書籍交流の研究』（ソウル：弘益斎、一九八七年）一四七頁。

（11）新村出『南蛮広記』（岩波書店、一九二五年）一六二頁。

（12）金致雨『『故事撮要』の冊版目録とその収録刊本の研究』（ソウル：アセア文化社、二〇〇七年）二七八頁。

（13）『中宗実録』三十七年七月二十七日。近世徐居正摠裁史局、撰『東國通鑑』、至爲該博、鑄字印頒、亦罕於世。（中略）且其印『通鑑』之字、過於細小、今宜更設史局、所云論與文、更加筆削。臣觀劉用章編緝『新增宋元通鑑』、古郡縣名下、必書今名、去某地幾里、一從『大明一統志』、極爲分明、中國地理、瞭然於目。今宜法此、『東國通鑑』與『宋元通鑑』、詳密正同、鑄字多印、國用頒賜之外、盡付書肆、使一國、無不知東方之興廢矣。

（14）二十六冊（藍本、全五十六巻三十冊）：黄檗色表紙（三三・五×二一・〇糎）左肩貼付題簽に「東國通鑑［ ］〈幾之幾〉」と書し、右側から収録篇名を書す。（前付と巻一を収録した第一冊は欠く。第二冊に巻二と巻三があり）、四周單邊（二五・〇×一七・〇糎）、有界、十行十七字、黒口、上下内向黒一―二葉花紋魚尾、小字雙行、印記は毎冊首に「高麗／大学校／蔵書」（正方、陽刻）、毎冊首と冊末に「望而」（正方、陽刻、巻三の首にも存す。）と「尚山後學」（正方、陰刻）（高麗大学校図書館）。

（15）『林羅山文集』巻四十八・朝鮮考序 闕「先生、標出日本事蹟東國通鑑東文選等者、且倭漢詩文書簡贈答者併記爲一巻、罹丁酉之災序亦無副稿」。

（16）田中尚子「林鵞峰の書籍収集と学問――『国士館日録』再

考」（『国語国文』八二―三、二〇一三年）一八頁。

(17)『国士館日録』寛文四年十一月四日。今日書估來館中、其所携之書中有朝鮮『佔畢齋集』、閲見之、則有載我邦事、余心喜以爲、是亦今般編集之一事也、卽求得之。此書估者出入余家既十餘年、與安成有舊交。

(18)『国士館日録』寛文四年十二月十七日。義冬（吉良義冬）出示上杉家文書、其中文祿朝鮮之役萬曆天子有授景勝官職勅書、（中略）又有家藏書目、皆唐本朝鮮本也。余一一點跿之。

(19)『国士館日録』寛文五年二月二十日。巳刻養安院法印・元德法印來、皆自廟堂歸路也、約養安院借『東文選』。

(20) 菊池紳一「加賀前田家と尊経閣文庫――文化財を守り、伝えた人々」（勉誠出版、二〇一五年）三頁。

(21) 近藤盤雄『加賀松雲公』中（羽野知顕、一九〇九年）一二八―一二九頁の間の挿影。

(22) 但し、秘閣群籍に対しては吉岡真之「前田綱紀収集「秘閣群籍」の目録について」（『禁裏本と古典学』塙書房、二〇〇九年）二九一―三一八頁に翻刻されている。

(23) 国立文化財研究所『海外典籍文化財調査目録――日本尊経閣文庫所蔵韓国本』（二〇〇六年）。

(24) 近藤盤雄『加賀松雲公』中（羽野知顕、一九〇九年）二一四頁。

(25) 藤本幸夫「宗家文庫蔵朝鮮本に就いて――『天和三年目録』と現存本を対照しつつ」（『朝鮮学報』九九、一九八一年）一九七頁。

(26) 国立文化財研究所『海外典籍文化財調査目録――日本尊経閣文庫所蔵韓国本』（二〇〇六年）四十五、五十六巻二十一冊（巻四十三～四十四、四十七～四十八、五十一～五十二、五十六は補写）。

(27) 川瀬一馬「駿河御譲本の研究」（『書誌学』三―四、一九四三年）二〇〇頁。

(28)『彰考館文庫図書目録』（八潮書店、一九七七年）八―九頁。

(29) 秋山高志「駿河御譲本について――水戸徳川家の場合」（『水戸の書物』常陸書房、一九九四年）八―一二頁。

(30) 鄭景柱「仁祖――粛宗朝の倭人求請慣行と決済方式」（『貿易評論』京城大学校貿易研究所、一九九四年）六頁。

(31) 李裕利「『倭人求請謄録』に現われた朝鮮本の日本への伝来」（『書誌学報』三七、二〇一一年）一九頁。

(32) 藤本幸夫「宗家文庫蔵朝鮮本に就いて――『天和三年目録』と現存本を対照しつつ」（『朝鮮学報』九九、一九八一年）一九七頁。

(33) 前掲注11参照。

(34) 十冊（醢本）：黄檗色表紙（二四・三×一八・一糎）左肩打ち付けに「東國通鑑」と書す。（第一冊のみ、書名の下に小字で「目録」と書す。）書脳に「共十」と書す。「進東國通鑑箋」―「東國通鑑序」（以上乙亥字、九行十六字）―「東國通鑑凡例」―「東國通鑑外紀」―「東國通鑑目録」（以上甲辰字、十二行十九字、二冊から巻一）、四周雙邊（二〇・五×一四・四）有界、九行十六字、黒口、上下内向黒魚尾、小字雙行、三件の印記（大韓民国国立中央図書館）。

(35) 一、君或名或號或謚、妃或稱后、世子或稱太子或稱正胤、教或稱詔或稱制、官爵之件擬上國、皆從實直書。

(36) 五十六巻三十三冊（第一冊、巻十二、十四、四十九～五十配補）：後補淡茶色菊繫紋混入卍繫型空押表紙（三五・一×一七・一）、四つ目綴、左肩打付に「東國通鑑〈幾〉」と書す。毎冊の前後に後補副葉子が一枚ずつあり、前副葉子の裏面の右肩に「金澤學校」（長方、陽刻、緑印）の印記を存す。「進東國

通鑑箋」―「東國通鑑序」―「東國通鑑凡例」―「東國通鑑外紀」―「東國通鑑目録」（以上第一冊）、四周雙邊（二〇・五×一四・四）有界、十二行十九字、黒口、上下内向黒魚尾、小字雙行、毎冊首に「石川縣／師範學／校之印」（正方、陽刻）、「〔李〕氏」（長方、陽刻）。

（37）勿論、同じ活字を使った印本だとしても、印刷を繰り返す中、修正を施して、異なる箇所を生ずる場合もある。それゆえこの甲寅字本も同じく、高麗大学校所蔵本以前に印刷されたことがあり、それ際には甲辰字本の通り、空白であった可能性を完全に排除できない。

海を渡る「通鑑」――和刻本『東国通鑑』

『新刊東国通鑑』板木の現状について

金　時徳

キム・シドク――ソウル大学奎章閣韓国学研究院教授。専門は日本文献学、戦争史。著書に『異国征伐戦記の世界』（笠間書院、二〇一〇年）、『壬辰戦争関連日本文献解題――近世編』（moon、二〇一〇年、共著、韓国語）、『校勘解説懲毖録』（acanet、二〇一三年、韓国語）などがある。

豊臣秀吉の朝鮮侵略によって日本に齎された『東国通鑑』の板本を元に、一六六七年に水戸藩が松栢堂・出雲寺和泉掾に製作させたのが『新刊東国通鑑』である。『新刊東国通鑑』の板木五三五枚は一九一九年に、第二代朝鮮総督の長谷川好道によって植民地朝鮮の旧奎章閣に寄贈された。板木は一九二〇年代に旧奎章閣から京城帝国大学に移管されたと思われるが、その後、行方不明になった。筆者は二〇一四年の末に現ソウル大学奎章閣韓国学研究院の書庫から板木五三三枚を発見し、学界に報告した。去年、板木の実物調査を許可されたので、改めて調査結果を報告する次第である。板木には印刷の主体や時期に関して、文献からは知る由もなかった情報が多く墨書されている。四百余年にわたる『東国通鑑』の流伝の歴史を考察するための、興味深い材料といえる。

一、先行調査の再検討

ソウル大学奎章閣韓国学研究院に所蔵されている『新刊東国通鑑』板木五三三枚の大部分は一六六七年（寛文七）に幕府の御用書肆だった松栢堂・出雲寺和泉掾が製作したものである。仏教文献の板木を除くと、韓国・日本両国を合わせて、比較的早い時期に作られて現存する板木として、その価値は高い。二〇一五年にユネスコ世界記録遺産に登録された七一八種六万四二二六枚の板木を所蔵する韓国国学振興院、そして、奈良大学の「板木閲覧システム」が提供する板木情報によると『新刊東国通鑑』の板木よりやや早い時期に製作されて現存する板木が若干点確認されるが、『新刊東国通鑑』の板木五三三枚に匹敵するような板木は見当たらないといっていい。

(一)『長谷川好道寄贈東国通鑑版木調書』(図1)

近代に入って、『新刊東国通鑑』板木の調査は二回行われた。最初は、一九一九年に第二代朝鮮総督の長谷川好道が五三五枚の板木を旧奎章閣に寄贈した際に行われた簡単な調査であった。その結果をまとめたのが『長谷川好道寄贈東国通鑑版《ママ》木調書』(奎二六〇九三)である。『長谷川好道寄贈東国通鑑版木調書』は三丁半の粗略なものなので、このままでは板木の研究に利用できない。しかも、その後、『長谷川好道寄贈東国通鑑版木調書』の存在は忘れられてしまったようである。二〇〇四年にソウル大学奎章閣が板木の悉皆調査を行ったが、『長谷川好道寄贈東国通鑑版木調書』が参照されることはなかった。しかし、『長谷川好道寄贈東国通鑑版木調書』と現存板木を比較することによって、およそ一〇〇年の間、板木をめぐって起きた変化を追跡することができる。

(二)『奎章閣所蔵冊板目録』

次に、二〇〇四年にソウル大学奎章が行った板木の実物調査結果をまとめたのが『奎章閣所蔵冊板目録』である。二〇〇四年の調査は、初めてすべての板木を調査したという点に意義があるが、次のような限界をも有する。

まず、調査の際、『新刊東国通鑑』の板木が十七世紀に日本で製作されたという点が把握されていなかった。そのため、『奎章閣所蔵冊板目録』の記述内容からは様々な誤謬が見受けられる。また、板木には様々な墨書・刻書が存在するが、これらの貴重な情報を一切取り上げていない。いくつかの『新刊東国通鑑』板木の空欄には、江戸~明治期にかけて板木を印刷した当事者らが記録した墨書・刻書が数多く確認される。この度、筆者に許可された調査時間が制限されたため、すべての板木に目を通すことはできなかったが、そのような状況の中にも、享保から明治に至る間に度々行われた印刷に関する情報が墨書・刻書されていることを確認した。この種の情報は近世・近代期における文献の成立や出版のことを考えるた

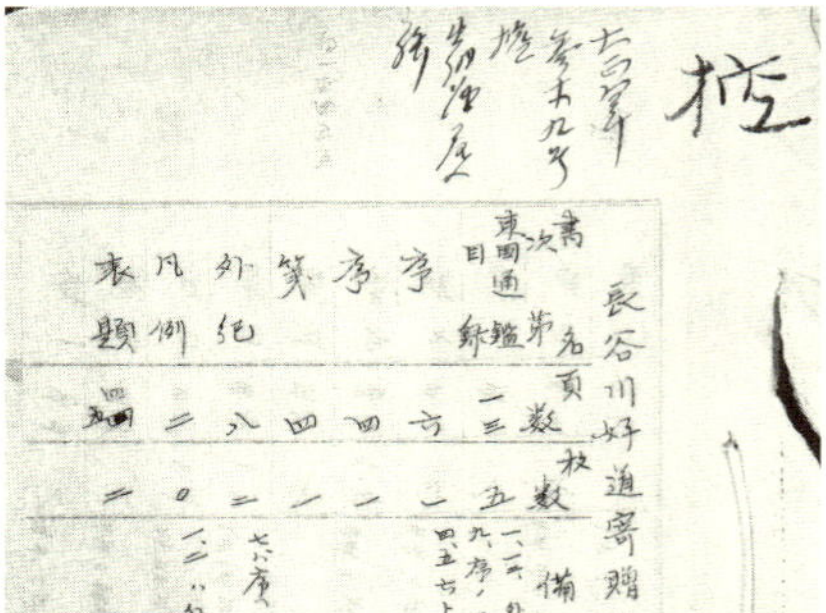

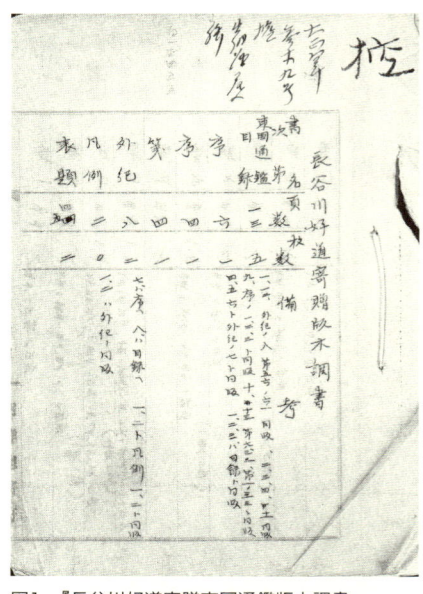

図1 『長谷川好道寄贈東国通鑑版木調書』

めの重要な手掛かりとなる。にもかかわらず、一九一九年に板木が寄贈されて以来、この種の情報が板木の保存や研究に活用されることはなかった。また、一九一九年に寄贈された当時から、五三五枚の板木には端食《はしばみ》がなかったので、板面が摩擦するなど、保存上の問題となっていた。そのため、二〇一一〜一四年に一括的に端食を取り付ける作業が行われたが、その時、一部の端食が墨書を隠してしまった例が確認される。

(三)「再発見された『新刊東国通鑑』の板木から近世軍記を考える」

最後に、筆者は実物調査が許可されない中、文献上の証拠のみに頼り、「再発見された『新刊東国通鑑』の板木から近世軍記を考える」という論文を『文学』二〇一五年三・四月号（岩波書店）に掲載した。この論文を発表した当時、筆者は一八八三年（明治十六）に刊行された再板本のみを調査し、再板本の諸板本の成立順番を「韓国・国立中央図書館所蔵本↓日本・国会図書館所蔵本↓韓国・韓国学中央研究院所蔵本↓韓国・漢南大学所蔵本↓韓国・ソウル大学奎章閣韓国学研究院所蔵板木」であったと推定した。

しかし、拙稿が発表されたことによって、奎章閣韓国学研究院側が板木の実物調査を許可して下さり、なお、林家旧蔵の寛文七年板本（二八五-〇〇二九）を国立公文書館のウェブサイトから閲覧することができた。その結果、拙稿の内容を大幅訂正する必要性が生じた。その詳しい内容を次節で詳述する。

二、『新刊東国通鑑』板木の実物調査結果のまとめ

奎章閣韓国学研究院情報資料管理部の朴淑禧《パクスクヒ》・権在哲《グォンゼチョル》・金珍皓《キムジンホ》ら関係者の方々のご厚意に預り、二〇一五年七月二十二日に『新刊東国通鑑』板木五三三枚を実物調査することが実現した。その結果、以下の五点が確認された。

(一) 墨書・刻書

文献上の記述から確認される『新刊東国通鑑』の刊行に関わる情報は次のように整理することができる。まず、水戸藩の注文を受けて松栢堂・出雲寺和泉掾が一六六七年（寛文七）に『新刊東国通鑑』を刊行した。その後、松栢堂は一八八三年（明治十六）にもう一度『新刊東国通鑑』を刊行する。国会図書館本の表見返しに「明治十六年補刻／東国通鑑／京都出雲寺松栢堂藏版」とあるので、板木の一部が「補刻」されたことが推測されるが、「補刻」の具体的な内容を把握することはできない。最後に、韓国学中央研究院所蔵本には松栢堂・出雲寺の寛文七年板の刊記とともに、京都の聖華房・山

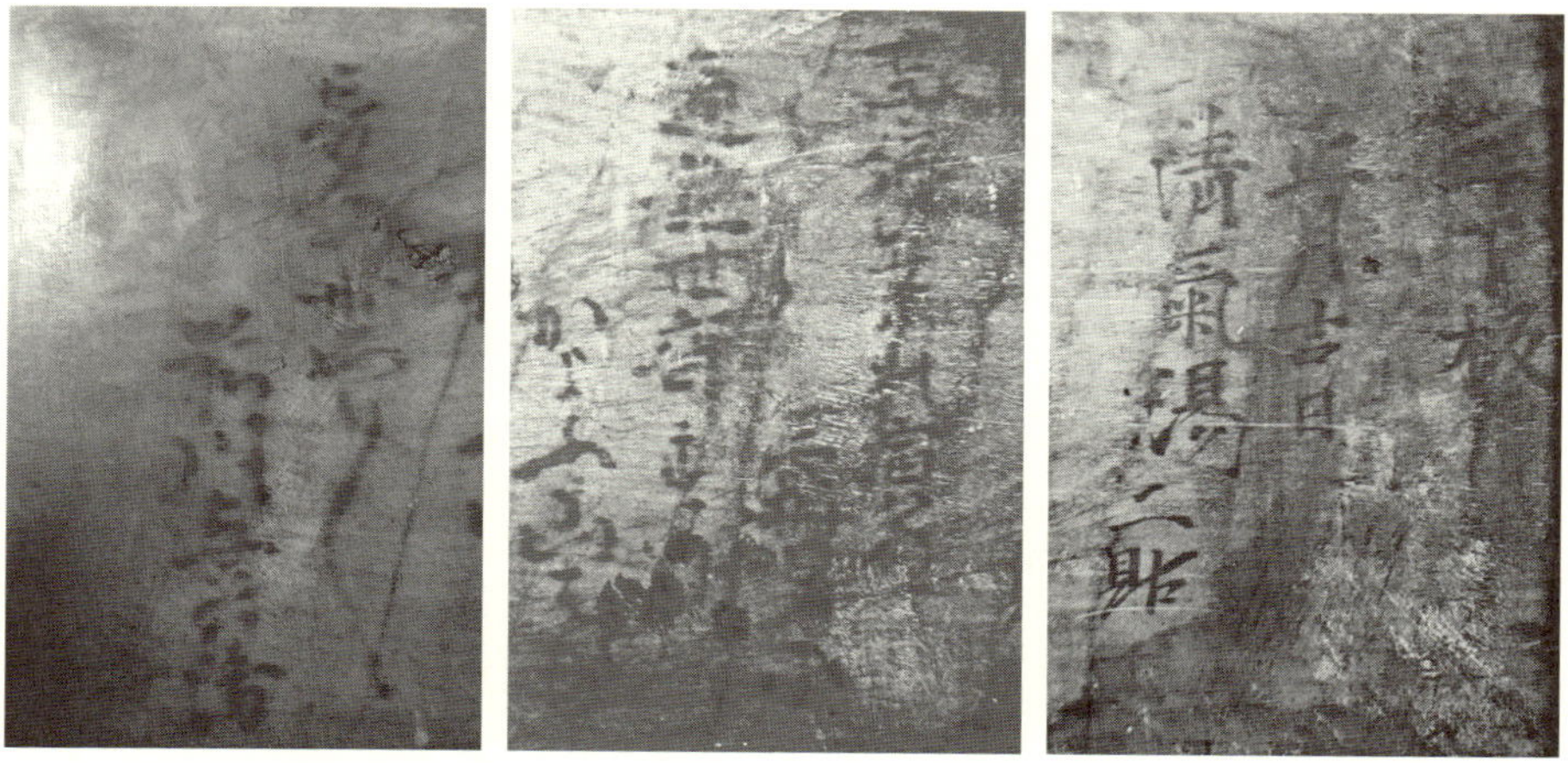

図2　②奎木四四九八裏の墨書

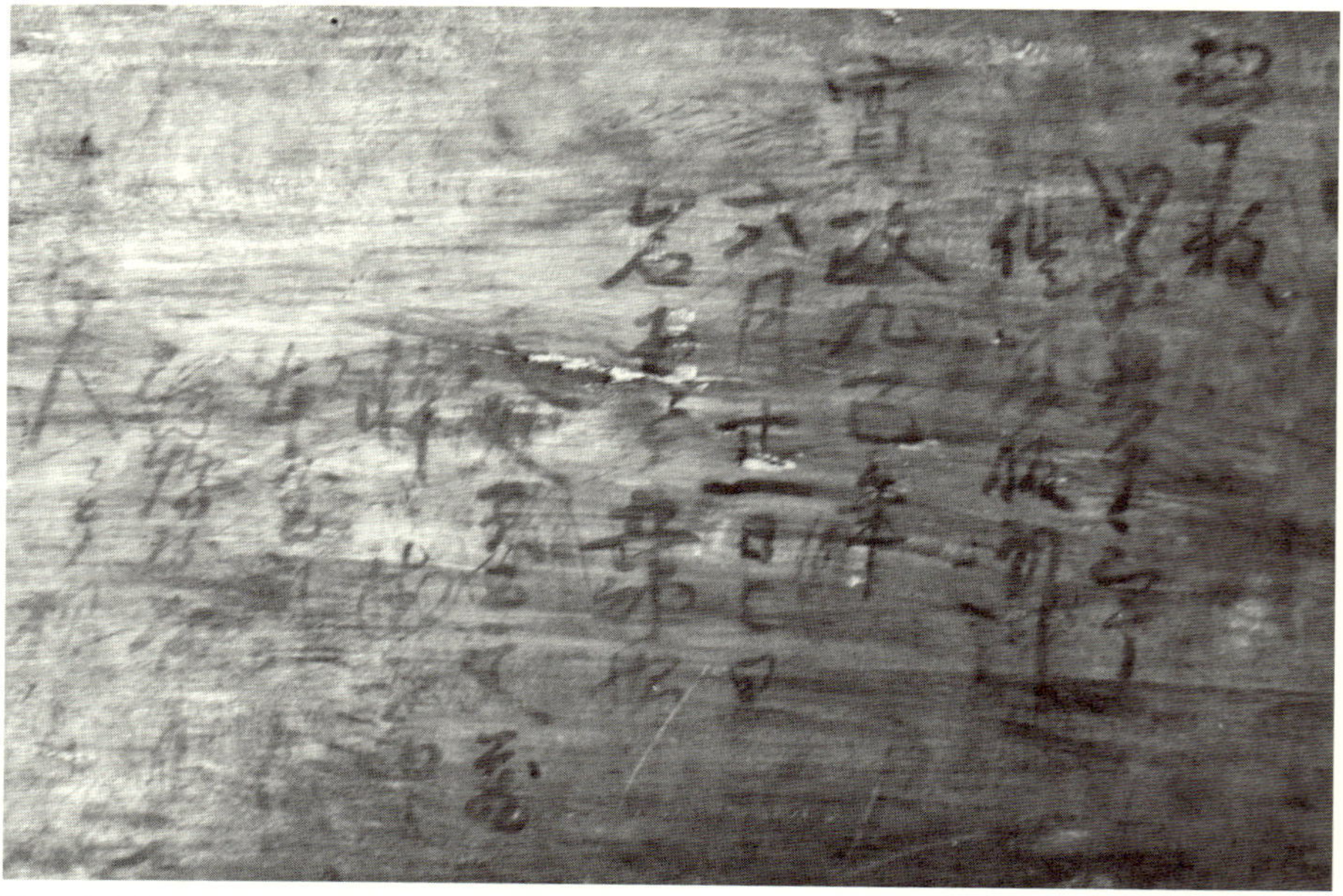

図3　③奎木四六七五裏の墨書

図5　⑤奎木四二八八裏の墨書

図4　④奎木四二〇六裏の墨書

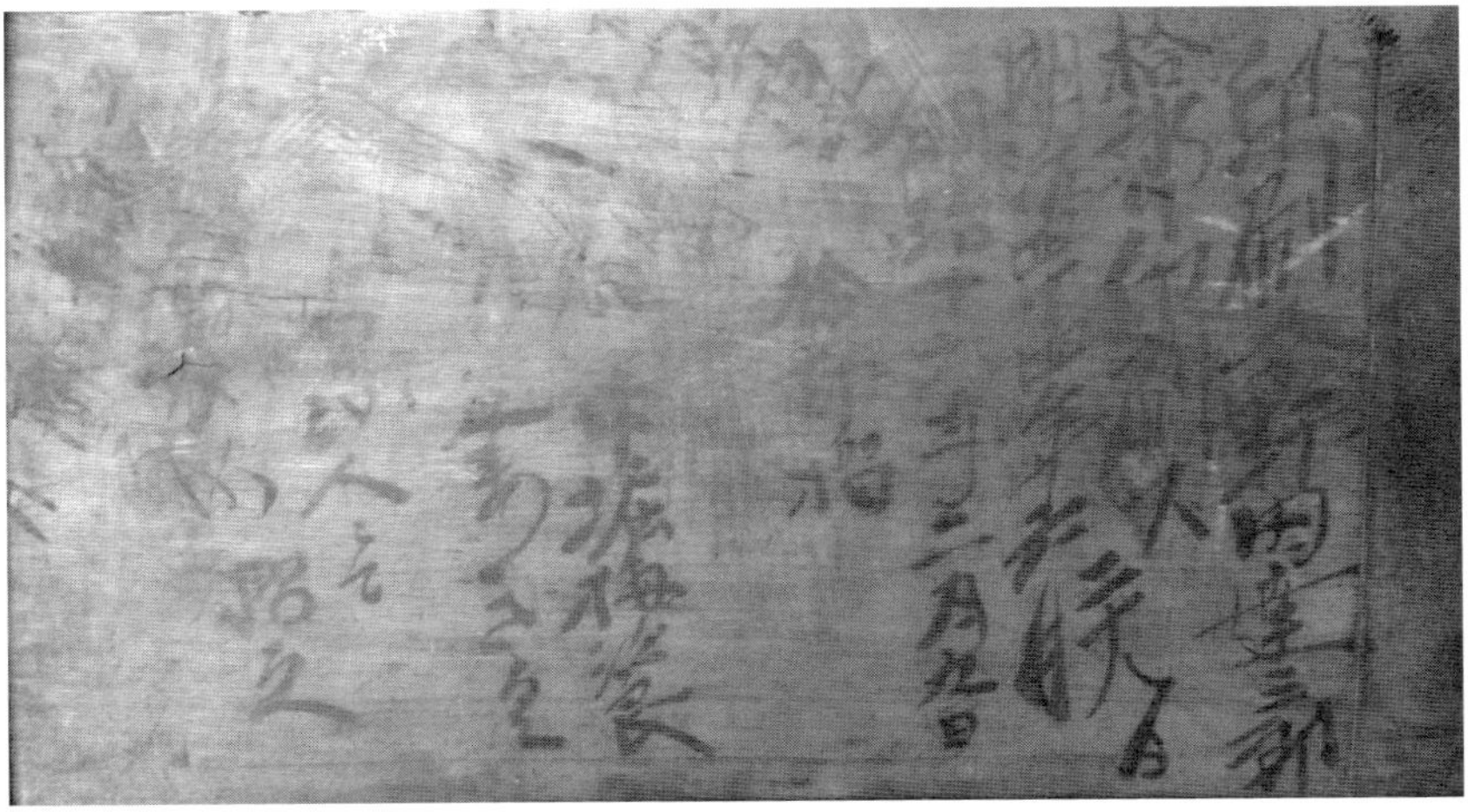

図6　⑥奎木四二六三裏の墨書

図7　⑦奎木四四一一裏の墨書

田茂助の刊記・販売目録が付いている。したがって、一八八三年以降、『新刊東国通鑑』の板木は松栢堂から聖華房に移り、さらにその後に長谷川好道に移ったことが分かる。

この度、『新刊東国通鑑』の板木に書かれている墨書・刻書の情報を合わせて、その刊行状況を整理すると次のようになる。

①寛文七年（一六六七）に初板が刊行される：国立公文書館・林家旧蔵本。

②享保年間（一七一六〜三五）に印刷（奎木四四九八による）（図2）

③寛政九年（一七九七）に印刷（奎木四六七五による）（図3）

④文化七年（一八一〇）に印刷（奎木四二〇六による）（図4）

⑤文政九年（一八二六）に印刷（奎木四二八八による）（図5）

⑥明治十六年（一八八三）に松栢堂の「補刻」板が十部印刷される（奎木四二六三・奎木四六五一・奎木四六七五による）（図6）：国会図書館所蔵本。

⑦明治二十四年（一八九一）に中堀梅次郎が五部印刷する（奎木四四一一による）（図7）

⑧明治四十四年（一九一一）に野田達三郎が十部印刷する（奎木四二〇七・奎木四二二〇・奎木四二六三・奎木四二八八・奎木四四〇四・奎木四四七一・奎木四五一二・奎木四六五〇・奎木四六五一による）。

（二）欠板

板木の実物調査から、欠板は二度にわたって発生したことが確認される。まず、一九一九年以前に既に欠板された板木は、明治十六年板に付いている、松栢堂・出雲寺による表見返し半丁と寛文七年板刊記半丁・明治十六年板刊記半丁である。韓国学中央研究院所蔵本にはこの表見返しと明治十六年板刊記とがなく、代わりに、聖華房・山田茂助の刊記と販売目録を載せた半丁が付いている。韓国・漢南大学所蔵本には明治十六年板の以上の丁がすべて見えなくなっている。

次に、一九一九年に寄贈された後に欠板された板木は二枚である。『長谷川好道寄贈東国通鑑版木調書』には【目録二・三・四・十一】と【巻十五-三十七・三十八・三十九・四十】を載せた板木があったと記されているが、現在は確認されない。ただし、奎章閣韓国学研究院の板木収蔵庫には所属の判然としない板木の切れが多数所蔵されているので、その中から欠板している二枚の一部分が発見される可能性もある。

（三）補刻

奎木四二〇二には「巻三-三十二」「巻三-三十七」「巻三-三十八」「巻二-二十四」の四丁が彫られている。このうち、「巻二-二十四」丁は明治期に補刻されたものである。「巻二-二十四」丁は奎木四二〇二と奎木四三八三に彫られているが、両丁は筆跡などを明らかに異にする。奎木四三八三の「巻二-二十

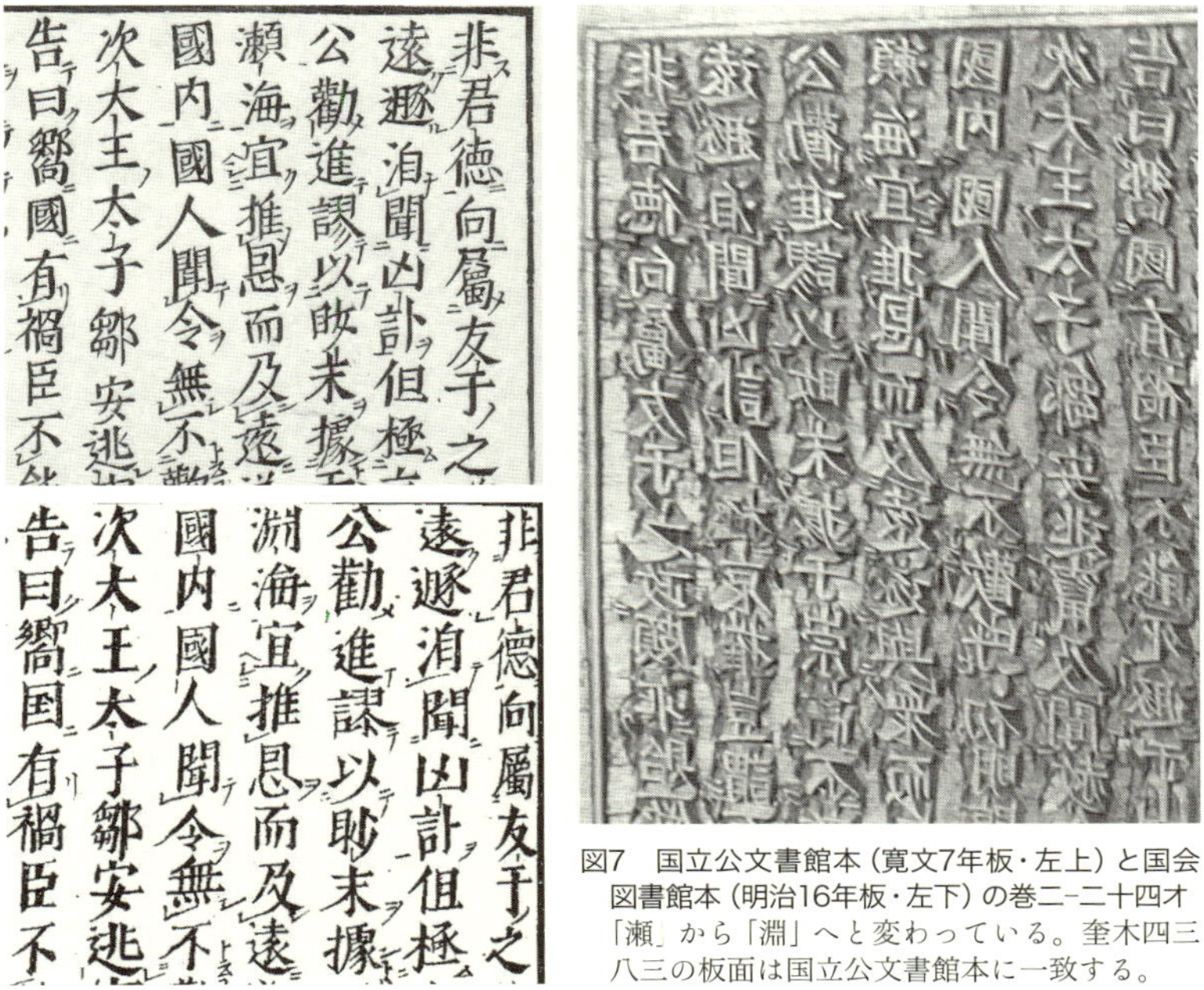

図7　国立公文書館本（寛文7年板・左上）と国会図書館本（明治16年板・左下）の巻二-二十四オ「瀬」から「淵」へと変わっている。奎木四三八三の板面は国立公文書館本に一致する。

四」丁オ面の右から四行目の最初の文字は「瀬」であるが、奎木四二〇二のそれは「淵」と変わっている。寛文七年板の国立公文書館本と明治十六年板の国会図書館本を比べると、前者は「瀬」が、後者は「淵」となっている（**図7**）。したがって、奎木四二〇二の「巻二-二十四」丁は明治十六年に補刻されたものとみられる。奎木四三八三「巻二-二十四」丁の隣の空面には、「いらぬ所にて〇／目くら〇〇〇／是はするまい／尤々々」との墨書が書かれている。

（四）毀板

①奎木四二一九【巻四-十三／空（巻四-十四）／／巻四-十五／空（巻四-十六）】には「巻四-十四」丁と「巻四-十六」丁がそれぞれ二行のみ残されていて、なんらかの理由で、奎木四二二〇と奎木四二二一に新たに「巻四-十四」丁と「巻四-十六」丁が彫られている。

②「巻三十二-十七・十八・十九・二十」の四丁は奎木四四七七の四面、及び、奎木四三八四（巻三十二-二十）・奎木四五八六（巻三十二-十九）・奎木四六五八（巻三十二-十七）・奎木四六九四（巻三十二-十八）に彫られている。筆者が確認したすべての板本の「巻三十二-十七・十八・十九・二十」丁は奎木四四七七から印刷されたものである。奎木四三八四・奎木四五八六・奎木四六五八・奎木四六九四の当該丁面からは、意図的に

毀損させたと見られる痕跡が確認される。既に十七世紀に板木を製作した段階に使用されなくなった板面だった可能性がある。

(五) 損傷・埋木

①寛文七年板の製作当時からあった損傷

奎木四二一五【巻三-三十九／空／／空／空】の三つの空面には大きい割れが入っているが、割れは既に板面を彫る以前から発生していたもののようである。だから、この三面を使うのをやめて、奎木四二〇二に「巻三-三十二・三十七・三十八」の三丁を彫ったのであろう。そして、残っていた奎木四二〇二の空面に、明治十六年板を刊行する際に「巻二-二十四」丁を補刻したと思われる。一方、奎木四二一五に彫られている「巻三-三十九」丁にも割れが入っている。「巻三-三十九」丁ウ面の右から四行目の下半分に当たる「其戸牧其府庫累世之」は埋木であるが、奎木四二一五の割れが「巻三-三十九」丁にまで及んだために埋木を使ったものとみられる。この埋木の痕跡は既に国立公文書館本の段階から確認される**(図9)**。

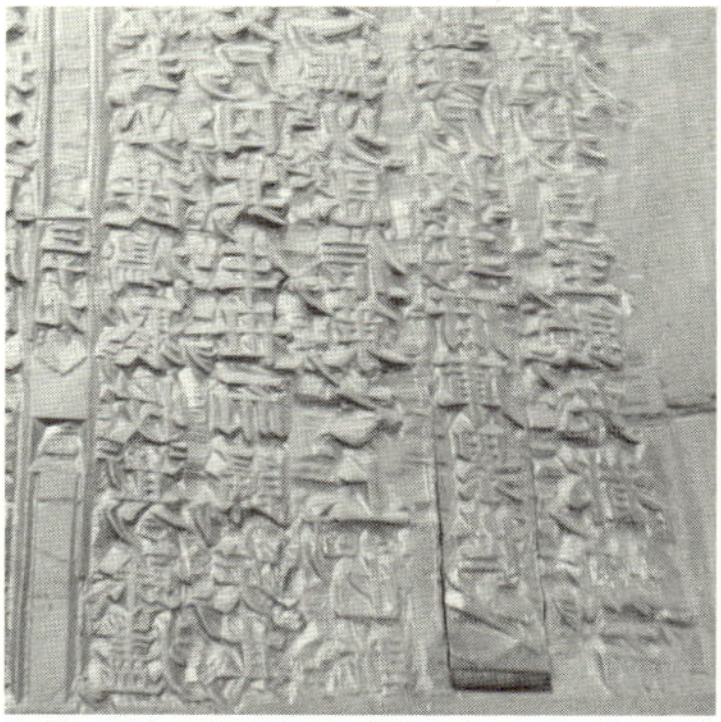

図9　国立公文書館本の巻三-三十九ウから確認される埋木の痕跡
奎木四二一五の板面に対応する。

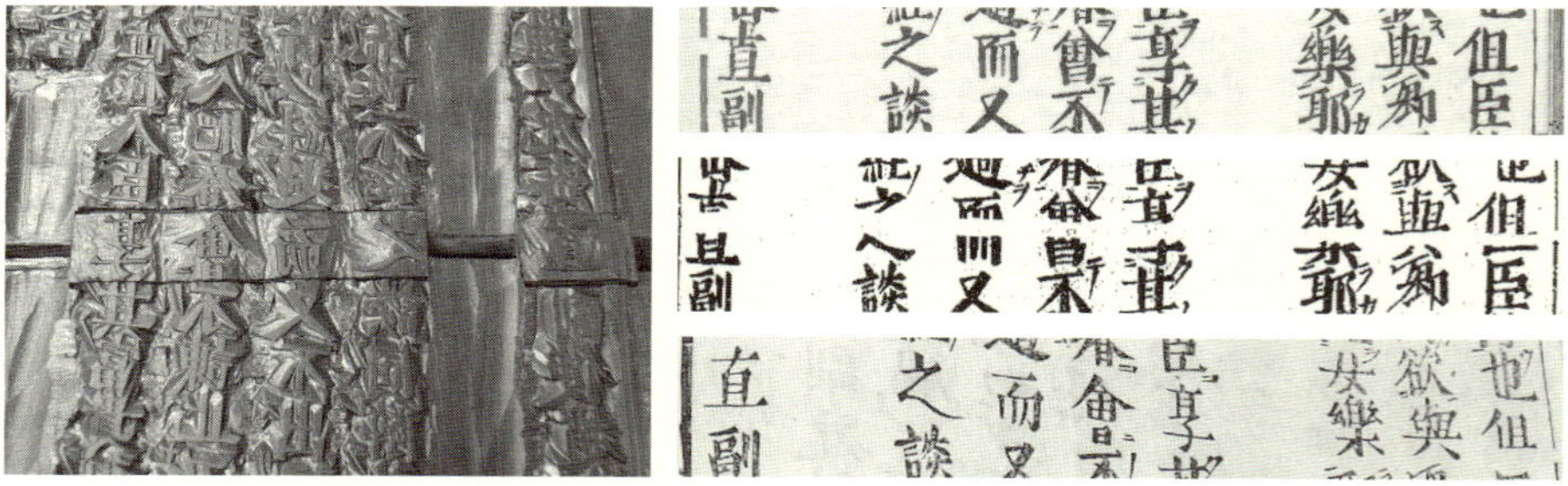

図10　国立公文書館本（右上）・国会図書館本（右中）・漢南大学校本（右下）「巻五十二-二十五」の変遷
奎木四六五七の板面は右下の漢南大学校本に一致する。

奎木四五七〇【巻四十三-三十三/巻四十四-三十三//巻四十三-三十四/空】の場合も裏面の割れがひどく、それによる損傷は前面の「巻四十四-三十三」丁にまで及んでいる。なので、もともとはここに板面を彫るべきではなかっただろうが、「巻四十四-三十三」丁は巻末に当たり、印刷すると空欄になる位置に割れがあったので、費用を節約するためにそのまま彫ったものとみられる。

②寛文七年板を製作した後に発生した損傷

奎木四三九九【巻二十三-十三~十六】、奎木四四四三【巻二十八-十七~二十】、奎木四四七一【巻三十一-三十七/空//空/空】などは、寛文七年板（国立公文書館本）の段階では損傷が確認されないが、漢南大学校本・国会図書館本などでは損傷が発生している。

奎木四六五七【巻五十二-二十五~二十八】：国立公文書館本の段階では損傷のなかった「巻五十二-二十五」丁が、国会図書館本では割れが入っている状態になり、漢南大学校本では埋木を入れて印刷していることが確認される（図10）。

奎木四三五五【巻十八-十三~十六】には割れが入っているが、筆者が確認したすべての板本からは割れの跡が確認されない。最近になって割れが発生したと見られる。一方、奎木四五四六【巻四十一-九/（巻四十一-十）//巻四十一-十一/巻四十一-十二】の場合は、すべての板本における当該面に問題がない。しかし、現存板木では「巻四十一-九」丁の下段、「巻四十一-十二」丁の右下段、「巻四十一-十二」丁の上段のみが残っていて、「巻四十一-十」丁は完全に消失している。

三、『新刊東国通鑑』板木の全体目録

現在、奎章閣韓国学研究院蔵『新刊東国通鑑』の板木を研究者が閲覧することは厳しく制限されている。ここに板木五三三枚の全体目録と特筆すべき事項を提示する。

奎木四一七七・奎木四一七八：題箋
奎木四一七九【李克墩《イ・グクドン》序一~四】
奎木四一八〇【新刊東国通鑑序一/新刊東国通鑑序二//新刊東国通鑑序三/目録九】
奎木四一八一【目録一/外紀八//目録十二/巻五十六-六十一】
奎木四一八二【目録五~八】
奎木四一八三【目録十/巻一-三十三//目録十三/巻七-三十三】
奎木四一八四【凡例一/外紀二//凡例二/外紀一】
奎木四一八五【箋一~四】

奎木四一八六【外紀三～六】
奎木四一八七【外紀七／新刊東国通鑑序五／／新刊東国通鑑序四／新刊東国通鑑序六】
奎木四一八八～奎木四一九五【巻一-一～三十二】：「巻一-三十三」丁は奎木四一八三にある。
奎木四一九六～奎木四二〇〇【巻二-一～二十】
奎木四二〇一【巻二-二十一／巻二-二十三／／巻二-二十二／巻二-二十五】
奎木四二〇二【巻二-二十四／巻三-三十二／／巻三-三十七／巻三-三十八】：「巻二-二十四」丁は十九世紀の補刻。
奎木四二〇三【巻二-二十六／巻二-二十七／／空／空】
奎木四二〇四【巻三-一／空／／空／空】
奎木四二〇五【巻三-二／空／／空／空】
奎木四二〇六【巻三-三／巻三-四／／空／空】：空面裏に「文化七（以下、読めない）」の墨書。
奎木四二〇七【巻三-五／巻三-七／／巻三-六／空】：「明治四拾四年六月八日ヨリ／印刷者／部摺／野田（以下、読めない）」の刻書。
奎木四二〇八【巻三-八～十一】
奎木四二〇九【巻三-十二／巻三-二十六／／巻三-二十五／巻三-二十七】
奎木四二一〇～奎木四二一二【巻三-十三～二十四】
奎木四二一三【巻三-二十八／巻三-三十／／巻三-二十九／巻三-三十一】
奎木四二一四【巻三-三十三～三十六】
奎木四二一五【巻三-三十九／空／／空／空】：三つの空面には寛文七年板の段階から大きい割れが発生していたようで、奎木四二〇二に「巻三-三十二・三十七・三十八」の三丁を彫ったと見られる。「巻三-三十九」丁にも割れが発生していて、「巻三-三十九」丁ウ面には「其戸牧其府庫累世之」が埋木で入っており、寛文七年板の段階から埋木の痕跡が確認される。
奎木四二一六～奎木四二一八【巻四-一～十二】
奎木四二一九【巻四-十三／空（巻四-十四）／／巻四-十五／空（巻四-十六）】：表と裏の空面には「巻四-十四・十六」の二丁が二行ずつ残っている。
奎木四二二〇【巻四-十四／巻五十二-三／／空／空】：奎木四二一九に「巻四-十四」丁を彫った後、なんらかの理由でここに再び彫ったようである。空面に「明治四十四年／六月十一日／印刷ス／野田達三郎」の墨書。
奎木四二二一【巻四-十六／巻五十二-一／／空／空】：奎木四二一九に「巻四-十六」丁を彫った後、なんらかの理由でここに再び彫ったようである。空面に「明治四十四年／六月八日ヨリ／拾部印刷ス／野田達三郎」の墨書。

奎木四二二二～奎木四二二六【巻四‐十七～三十六】

奎木四二二七～奎木四二三五【巻五‐一～三十六】

奎木四二三六～奎木四二四六【巻六‐一～四十四】

奎木四二四七【巻六‐四十五／空／／巻九‐二十九／巻九‐三十】：空面に「明治四十四年／六月二十五日／東国通鑑／拾部印刷ス／摺〇／野田達三郎」の墨書。

奎木四二四八～奎木四二五五【巻七‐一～三十二】：「巻七‐三十三」丁は奎木四一八三にある。

奎木四二五六～奎木四二六二【巻八‐一～二十八】

奎木四二六三【巻八‐二十九／巻八‐三十一／／巻八‐三十／空】：空面に相異なる筆致で「明治十六年二月九日／拾部摺／中堀梅次郎／（二万きく）／（右）弐人にて／〇〇摺之」、「印刷人野田達三郎／拾部印刷ス／明治四十四年六月二十八日」の墨書。

奎木四二六四～奎木四二七〇【巻九‐一～二十八】：「巻九‐二十九・三十」丁は奎木四二四七にある。

奎木四二七一～奎木四二七八【巻十‐一～三十二】

奎木四二七九～奎木四二八七【巻十一‐一～三十六】

奎木四二八八【巻十一‐三十七／巻十一‐三十八／／空／空】：「文政九年（以下、読めない）」、「明治四十四年六月十二日／拾部印刷ス／野田達三郎」の墨書。

奎木四二八九【巻十二‐一／巻十二‐二／／巻十二‐三／巻十二‐四十八】

奎木四二九〇【巻十二‐四／巻十二‐四十七／／巻十二‐四十五／巻十二‐四十六】

奎木四二九一～奎木四三〇〇【巻十二‐五～四十四】

奎木四三〇一～奎木四三〇八【巻十三‐一～三十二】

奎木四三〇九～奎木四三一八【巻十四‐一～四十】

奎木四三一九【巻十四‐四十一／空／／空／空】

奎木四三二〇～奎木四三二八【巻十五‐一～三十六】：「巻十五‐三十七～四十」丁の彫られた板木は一九一九年の寄贈当時は存在したが、その後に無くなったようである。

奎木四三二九～奎木四三三八【巻十六‐一～四十】

奎木四三三九【巻十六‐四十一／巻三十九‐三十／／巻三十九‐二十九／巻四十‐二十九】

奎木四三四〇～奎木四三五〇【巻十七‐一～四十四】

奎木四三五一【巻十七‐四十五／空／／巻十八‐二十九／巻十八‐三十】

奎木四三五二～奎木四三五四【巻十八‐一～十二】

奎木四三五五【巻十八‐十三～十六】：板木には割れが発生

しているが、すべての板本からはその痕跡が見当たらない。
奎木四三五六～奎木四三五八【巻十八‐十七～二十八】：「巻十八‐二十九・三十」丁は奎木四三五一にある。
奎木四三五九～奎木四三六七【巻十九‐一～三十六】
奎木四三六八【巻十九‐三十七／巻二十‐三十六／／巻二十‐三十七／巻十九‐三十八】
奎木四三六九～奎木四三七六【巻二十‐一～三十二】
奎木四三七七【巻二十‐三十三／空／／巻二十‐三十四／巻二十‐三十五】：「巻二十‐三十六・三十七」丁は奎木四三六八にある。
奎木四三七八～奎木四三八一【巻二十一‐一～十六】
奎木四三八二【巻二十一‐十七／空／／巻二十一‐十九／空】
奎木四三八三【巻二十一‐十八／空／／巻二十一‐二十四／空】：「巻二十一‐二十四」丁は奎木四二〇二と奎木四三八三の両方に彫られているが、両丁は筆跡などを明らかに異にする。奎木四三八三の「巻二十一‐二十四」丁オ面の右から四行目の最初の文字は「瀬」であるが、奎木四二〇二のそれは「淵」と変わっている。寛文七年板の国立公文書館本と明治十六年板の国会図書館本を比べると、前者は「瀬」が、後者は「淵」となっている。したがって、奎木四二〇二の「巻二十一‐二十四」丁は明治十六年に補刻されたものとみられる。奎木四三八三「巻二十一‐二十四」丁の隣の空面には、「いらぬ所にて〇／目くら〇〇〇／是はするまい／尤々」との墨書が書かれている。
奎木四三八四【巻二十一‐二十／巻三十二‐二十／／空／空】：「巻三十二‐二十」丁は奎木四三八四と奎木四四七七の両方に彫られている。すべての板本は奎木四四七七の板木から印刷されており、奎木四三八四に彫られた「巻三十二‐二十」丁には意図的に毀損された痕跡がある。既に十七世紀の製作段階で廃棄されたものと見られる。
奎木四三八五～奎木四三八七【巻二十一‐二十一～三十二】
奎木四三八八～奎木四三九五【巻二十二‐一～三十二】
奎木四三九六～奎木四三九八【巻二十三‐一～十二】
奎木四三九九【巻二十三‐十三～十六】：国立公文書館本の板面には損傷がないが、漢南大学校本では欠損が始まっており、国会図書館本は大いに摩耗している。
奎木四四〇〇～奎木四四〇二【巻二十三‐十七～二十八】
奎木四四〇三【巻二十三‐二十九／巻二十三‐三十一／／巻二十三‐三十／巻二十三‐三十二】：「巻二十三‐三十二」丁に当たる板面は上半分のみが残っている。
奎木四四〇四【巻二十三‐三十三／空／／巻二十三‐三十四／空】：明治四十四年印刷の墨書。

奎木四四〇五～奎木四四一〇【巻二十四-一～二十四】
奎木四四一一【巻二十四-二十五／巻二十四-二十七／／巻二十四-二十六／空】：「明治二十四年／六月八日／五部摺／上京竹屋町麩屋町／西ニ入捨〇戸／中堀〇〇〇」の墨書。
奎木四四一二【巻二十四-二十八～三十-一】
奎木四四一三・奎木四四一四【巻二十五-一～八】
奎木四四一五【巻二十五-九／巻二十五-十六／／巻二十五-十四／巻二十五-十五】
奎木四四一六【巻二十五-十～十三】
奎木四四一七・奎木四四一八【巻二十五-十七～二十四】
奎木四四一九【巻二十五-二十五／巻二十五-二十六／／巻二十六-一／巻二十六-二】
奎木四四二〇～奎木四四二八【巻二十六-三～三十八】
奎木四四二九～奎木四四三七【巻二十七-一～三十六】
奎木四四三八【巻二十七-三十七／巻二十八-二十九／／巻二十七-三十八／巻二十八-三十】
奎木四四三九～奎木四四四二【巻二十八-一～十六】
奎木四四四三【巻二十八-十七～二十】：国立国会図書館本には損傷がないが、国会図書館本・漢南大学校本などは大いに摩耗している。
奎木四四四四・奎木四四四五【巻二十八-二十一～二十八】：「巻二十八-二十九・三十」丁は奎木四四三八にある。
奎木四四四六【巻二十九-一～四】
奎木四四四七【巻二十九-五／巻二十九-二十三／／巻二十九-六／巻二十九-七】
奎木四四四八～奎木四四五〇【巻二十九-八～十八】
奎木四四五一【巻二十九-二十／巻二十九-二十一／／巻二十九-二十二／巻二十九-二十四】
奎木四四五二【巻二十九-二十五／巻二十九-二十六／／巻二十九-二十七／巻三十-三十七】
奎木四四五三～奎木四四六一【巻三十-一～三十六】：「巻三十-三十七」丁は奎木四四五二にある。
奎木四四六二【巻三十一-一～四】
奎木四四六三【巻三十一-五～八】：割れ。既に国立公文書館本の段階から確認される。
奎木四四六四～奎木四四七〇【巻三十一-九～三十六】
奎木四四七一【巻三十一-三十七／空／／空／空】：空面に虫食い。国立公文書館本の「巻三十一-三十七」丁には損傷がないが、国会図書館本では状態が悪化しているので、最初の板木にあった虫食いが、その後、広がったと思われる。なお、空面には「明治四拾四年／六月二十三日／東国通鑑／拾部印刷ス／印刷人野田／達三郎」の墨書。

奎木四四七二【巻三十一-三十八~四十一】

奎木四四七三~奎木四四七六【巻三十二-一~十六】

奎木四四七七【巻三十二-十七~二十】：この四丁は奎木四三八四（巻三十二-二十）・奎木四五八六（巻三十二-十九）・奎木四六五八（巻三十二-十七）・奎木四六九四（巻三十二-十八）にも彫られている。すべての板本はこの奎木四四七七を利用して印刷されていて、奎木四三八四・奎木四五八六・奎木四六五八・奎木四六九四の当該丁には意図的に毀損させた痕跡がある。板木の製作当時から廃棄されたものとみられる。

奎木四四七八~奎木四四八二【巻三十二-二十一~四十】

奎木四四八三~奎木四四九〇【巻三十三-一~三十二】

奎木四四九一~奎木四四九七【巻三十四-一~二十八】

奎木四四九八【巻三十四-二十九／巻三十四-三十／／巻三十四-三十一／空】：空面に享保年間に印刷したことを伝える墨書が書かれている。

奎木四四九九~奎木四五〇四【巻三十五-一~二十四】

奎木四五〇五【巻三十五-二十五／巻三十五-二十六／／空／空】

奎木四五〇六~奎木四五一一【巻三十六-一~二十四】

奎木四五一二【巻三十六-二十五／巻三十六-二十七／／巻三十六-二十六／空】：表面「巻三十六-二十七」丁に大きい割れがあり、それが裏面「巻三十六-二十六」丁に及んでいる。空面には「明治四拾四年六月十三日／拾部印刷ス／野田」の墨書。

奎木四五一三~奎木四五二一【巻三十七-一~三十六】

奎木四五二二~奎木四五二九【巻三十八-一~二十八】

奎木四五三〇~奎木四五三六【巻三十九-一~二十八】：「巻三十九-二十九・三十」丁は奎木四三三九にある。

奎木四五三七~奎木四五四三【巻四十-一~二十八】：「巻四十-二十九」丁は奎木四三三九にある。

奎木四五四四・奎木四五四五【巻四十一-一~八】

奎木四五四六【巻四十一-九／（巻四十一-十）／／巻四十一-十一／巻四十一-十二】：すべての板本からは「巻四十一-九~十二」丁が確認されるが、現存板木では「巻四十一-九」丁の下段、「巻四十一-十一」右下段、「巻四十一-十二」の上段のみが確認され、「巻四十一-十」丁は完全に消失している。

奎木四五四七~奎木四五五二【巻四十一-十三~三十六】

奎木四五五三~奎木四五六〇【巻四十二-一~三十】

奎木四五六一【巻四十二-三十三／巻四十二-三十四／／空／空】

奎木四五六二~奎木四五六九【巻四十三-一~三十二】

奎木四五七〇【巻四十三-三十三／巻四十四-三十三／／巻四

十三-三十四／空】：裏面の割れがひどく、それによる損傷は前面の「巻四十四-三十三」丁にまで及んでいる。もともとはここに板面を彫るべきではなかっただろうが、「巻四十四-三十三」丁は巻末に当たり、印刷すると空欄になる位置に割れがあったので、費用を節約するためにそのまま彫ったものとみられる。空面には「三丁ふく々々」の墨書。

奎木四五七一～奎木四五七八【巻四十四-一～三十二】：「巻四十四-三十三」丁は奎木四五七〇にある。

奎木四五七九～奎木四五八五【巻四十五-一～二十八】

奎木四五八六【巻四十五-二十九／巻三十二-十九／／巻五十二-三十一／巻五十二-三十二】：「巻三十二-十九」丁は毀損されていて、同じ丁が奎木四四七七にもある。

奎木四五八七～奎木四五九三・奎木四五九五・奎木四五九六【巻四十六-一～三十六】

奎木四五九四【巻四十六-三十七／巻四十六-三十八／／空／空】

奎木四五九七～奎木四六〇六【巻四十七-一～三十六】

奎木四六〇七【巻四十七-四十一／巻四十八-四十五／／空／空】

奎木四六〇八～奎木四六一八【巻四十八-一～四十四】：「巻四十八-四十五」丁は奎木四六〇七にある。

奎木四六一九～奎木四六二八【巻四十九-一～四十】

奎木四六二九～奎木四六三九【巻五十-一～四十四】

奎木四六四〇【巻五十-四十五／巻五十二-四十一／／空／空】

奎木四六四一～奎木四六四九【巻五十一-一～三十六】

奎木四六五〇【巻五十二-二／空／／空／空】：「巻五十二-一」丁は奎木四三二一にある。裏面の空面には「明治／四十四年／六月／十六日／十部印／刷ス／（ハンコらしき痕跡？）／野田達／三郎」の墨書。

奎木四六五一【巻五十二-四／空／／空／空】：「巻五十二-三」丁は奎木四三二〇にある。裏面の空面には「明治六六／六年（以下、読めない）」、「明治四十四年／六月拾六日／拾部印刷ス／印刷／野田達三郎」、「全部印刷ス」の墨書。

奎木四六五二～奎木四六五六【巻五十二-五～二十四】

奎木四六五七【巻五十二-二十五／巻五十二-二十六／／巻五十二-二十七／巻五十二-二十八】：「巻五十二-二十五」丁の真ん中を埋木が横たわっているが、国立公文書館本の段階では損傷のなかった「巻五十二-二十五」丁が、国会図書館本では割れが入っている状態になり、漢南大学校本では埋木を入れて印刷していることが確認される。一方、「巻五十二-二十八」丁が彫られている板面も割れているが、ここには埋木が入っていない。

奎木四六五八【巻五十二-二十九／巻五十二-三十／／巻三十

二-十七／空】：「巻三十二-十七」丁は毀損されていて、奎木四四七七に彫られている丁が明治十六年の印刷の際に利用された。空面には「九（年？　以下、読めない）」の墨書。

奎木四六五九・奎木四六六〇【巻五十二-三十三～四十】：「巻五十二-三十一・三十二」丁は奎木四五八六に、「巻五十二-四十二」丁は奎木四六四〇にある。

奎木四六六一～奎木四六七四【巻五十三-一～五十六】

奎木四六七五【巻五十三-五十七／巻五十三-五十八／／空／空】：割れが入った空面には「寛政九己年／六月二十一日ら（以下、読めない）五部摺／（読めない。印刷を担当した四人の名前のようである）」、「明治十六年二月／大〇紙拾部摺／中堀梅次郎／（以下、読めない）／右の人にて摺申候」の墨書。

奎木四六七六～奎木四六八六【巻五十四-一～四十四】

奎木四六八七【巻五十四-四十五／巻五十四-四十六／／空／空】

奎木四六八八～奎木四六九三【巻五十五-一～二十四】

奎木四六九四【巻五十五-二十五／巻五十五-二十六／／巻五十五-二十七／巻三十二-十八】：「巻三十二-十八」丁は意図的に毀損されている。奎木四四七七に彫られている方が印刷に利用された。

奎木四六九五～奎木四七〇九【巻五十六-一～巻五十六-六十】：「巻五十六-六十一」丁は奎木四一八一にある。

◎コラム◎

長谷川好道と東国通鑑

辻　大和

つじ・やまと――学習院大学東洋文化研究所助教。専門は朝鮮時代史。論文に「一七世紀初頭朝鮮の対明貿易――初期中江開市の存廃を中心に」（『東洋学報』九六―一、二〇一四年）、「一七世紀朝鮮・明間における海路使行と貿易の展開」（『朝鮮史研究会論文集』五二、二〇一四年）などがあり、共訳書にアレクサンダー・ウッドサイド著、古田元夫・秦玲子監修、伊藤未帆・辻大和ほか共訳『ロスト・モダニティーズ――中国・ベトナム・朝鮮の科挙官僚制と現代世界』（NTT出版、二〇一三年）などがある。

はじめに

最近金時徳氏が、朝鮮王朝由来のアーカイブズである、ソウル大学校奎章閣韓国学研究院に所蔵される『東国通鑑』版木を、長谷川好道第二代朝鮮総督（一八五〇～一九二四年。朝鮮総督として一九一六～一九一九年在任）が寄贈した和刻版の版木であることを確認した（金時徳「再発見された『新刊東国通鑑』の板木から近世軍記を考える」『文学』一六―二、二〇一五年）。金氏が文中で触れるとおり、植民地期から『東国通鑑』和刻版の版木は一九一九年（大正八）に寄贈されたといわれていた。たとえば京城帝国大学予科の教授で日本史の研究者であった、名越那珂次郎は一九二八年に「東国通鑑の版木は、大正八年に前総督の長谷川大将から、総督府学務局学務課分室（旧奎章閣）に寄贈されたもので、今日完全に整理保存されてゐる」と述べていた（名越那珂次郎「朝鮮に伝はれる徳川光圀の二貴重資料に就て」『朝鮮』一六一、一九二八年）。しかし京城帝国大学法文学部を卒業して平壌高等女学校教諭となったばかりの山口正之は「その版木は長谷川朝鮮総督の尽力によつて大正八年四月八日朝鮮に将来され、今現に朝鮮総督府学務課分室に保管されてゐることは衆知の事実である。朝鮮に将来されし年月日は総督府学務局分《ママ》室井上琢磨氏の御好意により之を知るを得た」と述べており（山口正之「徳川時代に於ける朝鮮書籍の翻刻」『文教の朝鮮』四九、一九二九年）、文言が異なっている。二説とも長谷川好道が『東国通鑑』の版木が朝鮮に入るよう力を使ったことは同じであり、将来の原因は言及されていない。奎章閣所蔵の版木調書にも将来の経緯は記載されておらず、金氏が調べられたように奎章閣の図書目録類にも情報がないことも確認できる。

長谷川好道が和刻版『東国通鑑』の版

木を奎章閣にもたらした理由はこのように未詳であるが、本コラムでは長谷川好道と朝鮮史研究との接点や、東国通鑑が近代においてどのように用いられたのか、ということを探ることで、『東国通鑑』版木将来の周辺を埋めてみたいと思う。

一、長谷川好道の人となり

まず、長谷川好道の朝鮮関係の情報は探しにくい。長谷川の伝記はほとんど普及しておらず、長谷川家で没後に編纂された略伝（香川香南撰・〔長谷川家〕子弟訳『元帥伯爵長谷川好道略伝』私家版、一九二五年。以下、『略伝』）ですら、岩国市立中央図書館や岩国市徴古館といったところに数少なく所蔵されるのみであり、本人旧蔵の資料はいまのところ見つかっていない。こうした長谷川好道の情報の少なさは、初代朝鮮総督寺内正毅や第三代朝鮮総督斎藤実のように国立国会図書館憲政資料室等に本人旧蔵の一次資料がまとまって保管されていて、ほかに本人の名前を冠した記念文庫・記念館がある（寺内の場合は山口県立大学附属図書館桜圃寺内文庫があり、斎藤の場合は奥州市立斎藤実記念館がある）のとは対照的である。

次に長谷川好道の略歴と朝鮮史との接点を見てみたい。前述の『略伝』などによると長谷川好道は一八五〇年、岩国藩士長谷川藤次郎の子として現在の山口県岩国市に生まれ、戊辰戦争に長州藩精義隊の小隊長として参戦したのち、一八七〇年に大阪兵学寮に入学し、一八七一年に陸軍大尉となった。その後一八八六年に陸軍少将、陸軍歩兵第十二旅団長となり十年在任し、一九〇四年には日清戦争に出征したほか、一九〇四年には日露戦争にも出征した。一九〇四〜一九〇八年にかけては韓国駐箚軍司令官もつとめ、一九一五年には元帥となった。一九一六年十月に初代朝鮮総督であった寺内正毅が内閣総理大臣となったことを受け、同年十一月にその後継として長谷川が朝鮮総督に就任した。一九一九年三月に三一独立運動が勃発したのち、長谷川は同年八月に朝鮮総督を辞任し（後継は斎藤実）、一九二四年に没した。この略歴からわかるように、長谷川は生粋の軍人であり、朝鮮駐箚軍司令官および朝鮮総督以外のキャリアに朝鮮、朝鮮史との接点は見えにくい。

もっとも岩国市には長谷川好道と朝鮮文物との関係を推測させる手がかりが少数ながら伝存している。例えば長谷川が、岩国藩主吉川家の先祖である、吉川広家が壬辰の乱の際に明軍と戦った碧蹄館をしのんで（平成十年六月十三日に「岩国練武OB会会員一同」がたてた長谷川好道元帥生誕地の説明版、二〇一五年十二月に現地で確認）、一九一八年に京畿道碧蹄の六角亭を岩国の紅葉谷公園に寄贈した、という伝承（岩国市紅葉谷公園内六角亭わきにある説明版、二〇一五年十二月に確認）である。こうした吉川広家関係の情報をみると、長谷川が朝鮮史に一定の関心をもっていたと見られる。しかしながら『東国通鑑』は後述するように古朝鮮から高麗末までの歴史書であり、壬辰の乱は叙述範囲に含まれていない。そのため吉川広家と朝鮮との関係は『東国通鑑』将来の直接のきっかけとは考えにくい。

二、近代の『東国通鑑』

本書で言及されている『東国通鑑』は全五十六巻、外紀一巻の構成であり、朝鮮王朝世祖のとき徐居正らが編纂に着手し、一四八四年（成宗十五）に完成した。古朝鮮から高麗末までの歴史が編年体で叙述されている。『東国通鑑』は十七世紀までに日本にもたらされ、水戸藩の徳川光圀が注文して、一六六七年（寛文七）に幕府の御用書肆であった京都の松栢堂で和刻版が制作された。それ以降、本書のなかでたびたび言及されているように、江戸時代の日本人学者に多用されている。それでは十九世紀以降、『東国通鑑』はどのように利用されたのであろうか。

十九世紀以降、朝鮮に関係した外交関係者によって『東国通鑑』が広く利用された可能性がある。まず触れたいのはイギリスの外交官であるW・G・アストン（一八四一～一九一一）である。アストンは一八六四年に駐日本英国公使館に日本語通訳見習として来日、一八七五年から一八八〇年まで日本語書記官補佐を務め、一八八四年から一八八六年にかけて駐朝鮮英国公使館臨時総領事を務めた。一八七八年からアストンは日本や欧州で入手可能な資料をもとに朝鮮語や朝鮮史を研究し、発表していた（楠家重敏『W・G・アストン――日本と朝鮮を結ぶ学者外交官』雄松堂出版、二〇〇五年）。現在アストン旧蔵古典籍の大半がケンブリッジ大学に所蔵されるが、彼が収集した朝鮮本はロシア・サンクトペテルブルクのロシア科学アカデミー東洋写本研究所に所蔵され、その中に「寛文七刊（京、林白水〈出雲寺和泉掾〉）五十六巻・首目一巻」の東国通鑑があるという（Nozomu Hayashi and Peter Kornicki, *Early Japanese books in Cambridge University Library : A catalogue of the Aston, Satow and von Siebold collections*［ケンブリッジ大学所蔵和漢古書総合目録：アストン・サトウ・シーボルト・コレクション］Cambridge University Press 1991, p.365）。彼の調査を可能にしたのは日本に江戸時代以来伝わった朝鮮本およびその和刻本であったと考えられ、日本にある朝鮮本はフランスの外交官、モーリス・クーランも調査していた。

一方、日本人で注目されるのは、明治期の東洋史学で顕著な業績を残した内藤虎二郎（湖南）である。内藤は清朝と日本の間で行われた間島協約の締結交渉に際し（当時の大韓帝国は第二次日韓協約により日本の保護国となっていた）、間島関係の史籍を調査し、参謀本部と外務省に報告書を提出した（一九〇九年）。そのなかで内藤は清朝以前の高麗女真の境界をめぐる一一〇三年から一一〇九年の間の紛争についての考証について『東国通鑑』を引用している（内藤虎次郎著・名和悦子翻刻「外務省提出『間島問題調査書』」名和

悦子『内藤湖南の国境領土論再考』汲古書院、二〇一二年、二五六頁）。

このように外交官、歴史家に用いられた『東国通鑑』であるが、現在では古代から高麗時代にかけての朝鮮史研究において、第一に取り上げられるべき史料とはされていないように見受けられる。そのことは日本の場合、朝鮮史研究が深められていく中で、『東国通鑑』の限界が指摘されたことが遠因であろう。たとえば林泰輔は一八九六年には『東国通鑑』は記述に誤謬が多いことを指摘しており（林泰輔「朝鮮史籍考」『史学雑誌』七編三号、一八九六年）、今西龍は同書が研究用として採るべき点はないものの、編年体であることの便利さから朝鮮で広く通用したことを指摘している（今西龍「朝鮮史の栞（第二回）」『史林』一―四、一九一六年）。

以上のように東国通鑑は一六六七年に和刻版が作られ、江戸時代日本で利用された。それは二十世紀初頭までの西洋の外交官や日本人学者にも用いられたのであった。長谷川好道が版木を寄贈するに際し、そうした資料的価値をある程度把握していたものと想像される。

三、近代の奎章閣

最後に『東国通鑑』が納められた奎章閣について見ておきたい。奎章閣は朝鮮第二十二代の王正祖即位の年（一七七六）九月に、昌徳宮に設立された文書館、図書館である。正祖以降、規模を拡大したが一九一〇年八月の韓国併合と同時に奎章閣は廃止された。韓国併合を受けて発足した朝鮮総督府は、李王職の庶務係内に図書室と図書主任を置いて奎章閣図書を保管させたのち、一九一一年六月に朝鮮総督府取調局に奎章閣図書を引き受けさせ、朝鮮総督府は璿源譜閣に所蔵していた『承政院日記』と『日省録』や、太白山と五台山にあった史庫の蔵書も接収して奎章閣図書に合流させた。その後一九一二年四月に奎章閣図書は参事官室に移管され、「分室」が置かれた。一九二二年十一月に奎章閣図書は学務局に移管され、学務課に分室が置かれた（愼鏞廈「奎章閣圖書의 變遷過程에 대한 一研究」『奎章閣』五、一九八一年、七三―七六頁）。一九三〇年までに奎章閣図書は朝鮮総督府学務局から京城帝国大学に譲渡された。現在はソウル大学校奎章閣韓国学研究院に保管されている。

『東国通鑑』版木が納められた、一九一〇年代の奎章閣は前述のように総督府取調局の下に置かれていた。永島広紀氏の研究によれば、「取調局」が図書の整理を管掌していたが、同局廃止後、総督官房の参事官室がそれを引き継いだものの、一貫して図書整理の中心にあってその作業の指揮に当たったのは法官出身の小田幹治郎であり、小田ら参事官室員が編輯した『朝鮮図書解題』（一九一五年刊）によって実録・儀軌をはじめとする官府文書の全貌が明らかになったという（永島広紀「旧宮内省図書寮の朝鮮本蒐集と日韓の文化財問題」『年報朝鮮学』一六、二

○一三年、七七頁）。一方で今西龍は、奎章閣所蔵資料は一般の研究者には容易に閲覧できないと述べており（今西龍「朝鮮史の栞（第三回）」『史林』二―一、一九一七年）、朝鮮人公衆も用いることができなかった（愼鏞廈、前掲論文、七七―七八頁）。

とはいえ朝鮮総督府に協力した日本人学者が京城を訪問した際、奎章閣を見学した事例もあった。**表1**は朝鮮総督府学務局内に本部が置かれた、朝鮮教育会の機関誌に見える日本人学者の朝鮮訪問記事を抄出したものである。これから国語学者の上田万年や新村出が奎章閣を見学したことがわかる。さらに総督府嘱託の内藤湖南のために奎章閣史料の謄写も行われた。内藤は一九一二年（大正元）十二月に（一六三七～一六四四年の間、清の瀋陽で捕虜となっていた朝鮮王世子らが漢城の朝鮮政府に送った状啓を写した）『瀋陽状啓』の写本ができたと稲葉岩吉に書簡で伝えており（「書簡三五六　大正元年一二

表1　『朝鮮教育会雑誌』・『朝鮮教育研究会雑誌』にみえる日本人学者の朝鮮訪問

号数	刊行年月	記事名	内容
17	大正2年4月	関野博士並に鳥居氏の調査概要	関野博士と鳥居龍蔵が古建築と資料調査を行った。
21	大正2年10月	白鳥内藤両博士講演会	京城公立高等女学校において9月2日に東大教授白鳥文学博士、9月26日に京大教授内藤文学博士の講演会を行った
22	大正2年11月	金沢博士講演	朝鮮総督府嘱託の金沢文学博士が京城公立高等女学校で講演
27	大正3年4月	金沢博士及び保科博士の出張	本府嘱託、文学博士金沢庄三郎は浦塩・ハルピンでの朝鮮語調査の後4月2日に京城に入った。東京高師教授保科孝一は欧州調査の報告のため京城に入った。
31	大正3年8月	上田万年博士の去来	東京帝大教授上田万年は欧米漫遊の途次を以て7月18日京城に入り、京城諸学校及び奎昌《ママ》閣を参観後、22日モスコーに向かった。
32	大正3年9月	新村博士の講演	新村博士は朝鮮の図書調査並に学事視察として本月5日来京、一週間滞在奎章閣博物館各種学校を視察
40	大正4年5月	黒板博士の来鮮《(ママ)》	東京帝大教授黒板勝美は歴史上に於ける日朝の関係調査の用務を帯び、朝鮮に到着した
43	大正4年8月	関野黒板両博士講演	慶北・忠南地方の史蹟を調査した関野貞と、慶尚南北・忠清南北地方を調査した黒板勝美が京城で講演した。
3	大正4年12月	鳥居嘱託の史跡調査	鳥居龍蔵による朝鮮古蹟調査
30	大正7年3月	金沢博士の来鮮	金沢庄三郎が方言調査のため朝鮮を訪問
32	大正7年5月	井上文学博士朝鮮巡講	東洋大学の井上円了が朝鮮各地で講演

※大正4年9月まで『朝鮮教育会雑誌』大正4年10月から『朝鮮教育研究会雑誌』。朝鮮教育会と朝鮮教育研究会は朝鮮総督府学務局内に本部が置かれていた。

月二一日付　京都岡崎町より東京小石川原町十番地・稲葉岩吉宛」『内藤湖南全集　一四』筑摩書房、一九七六年、四九三―四九四頁）、実際に奎章閣には『瀋陽状啓謄写日記』という資料が現存する（『瀋陽状啓謄写日記』ソウル大学校奎章閣韓国学研究院所蔵（奎二〇〇五八）。原稿用紙の版心に「朝鮮総督府取調局」とある）。

ほかにも当時、朝鮮総督府学務局編輯課に勤めていた言語学者の小倉進平関係文書（学習院大学東洋文化研究所所蔵）にも一九一三年（大正二）に、奎章閣資料を写したことが明白なカードが多数ある（『調査研究報告六〇　小倉進平関係文書目録』学習院大学東洋文化研究所、二〇一六年）。

以上のように、韓国併合直後から朝鮮総督府管理下におかれた奎章閣は総督府取調局、参事官室のもとで整理が行われ、日本人学者によって調査も行われるようになっていた。

終わりに

以上のように、長谷川好道の経歴において『東国通鑑』との直接の接点は残念ながら未詳であるが、長谷川が朝鮮史に関心を持つ動機になりそうな事柄はあった。東国通鑑は江戸時代から明治時代にかけて日本や西洋の外交関係者によって利用され、内藤湖南のように朝鮮の国境問題の調査に用いる者もいた。韓国併合後の奎章閣図書は朝鮮総督府の事業だけでなく、総督府に関係した日本人学者によっても用いられるものとなっており、朝鮮総督からみても重要な施設であることは充分に認識されていたとみられる。

引用書以外の参考文献

伊藤幸司・永島広紀・日比野利信編『寺内正毅と帝国日本』（勉誠出版、二〇一五年）。

李炯植『朝鮮総督府官僚の統治構想』（吉川弘文館、二〇一三年）。

岸本美緒編『岩波講座「帝国」日本の学知　第三巻　東洋学の磁場』（岩波書店、二〇〇六年）。

白井順『前間恭作の学問と生涯』（風響社、二〇一五年）。

中見立夫「日本の東洋史学黎明期における史料への探求」（『神田信夫先生古稀記念論集　清朝と東アジア』山川出版社、一九九二年）。

藤實久美子『近世書籍文化論』（吉川弘文館、二〇〇六年）。

島国の「通鑑」——史書編纂と歴史叙述

林家の学問と『本朝通鑑』

澤井啓一

さわい・けいいち——恵泉女学園大学名誉教授。専門は近世東アジアの思想と文化。著書・論文に『山崎闇斎——天人唯一の妙、神明不思議の道』（ミネルヴァ日本評伝選、ミネルヴァ書房、二〇一四年）、「林羅山と朱子学」（『形成される教養——十七世紀日本の〈知〉』勉誠出版、二〇一五年）などがある。

林家の学問と『本朝通鑑』の関わりを考えるには、林家二代目の鵞峰に焦点をあてる必要がある。鵞峰は、父羅山の業績を引き継ぐなかで、羅山の実用的な儒学に日本の歴史や故実に関する具体的な知識を加えようとした。同時に鵞峰は、編纂作業と学塾における教育体制との一体化を図り、「家業」の発展的継承を目論んだのである。

はじめに

林鵞峰は、『国史館日録』の最後、すなわち寛文十年（一六七〇）十二月晦日の項に、それまで携わってきた『本朝通鑑』の編纂を無事に終えた安堵とともに、「南北の書庫には数万巻にのぼる書物が蔵められているので、それによって家業に励むことができる。また家禄はもろもろを合わせると二〇〇〇石に近いので、自分たちの生活はもちろんのこと、生徒を十分に養うことができる。どうして高貴な身分の人々をうらやむ必要があろうか」といった趣旨のことを満足げに書いている。ここで鵞峰が言う「家業」とはどのようなことを指すのか。また、そのことと『本朝通鑑』の編纂とはいかなる関係にあるのか。本稿が扱うのはこの問題である。だが、この話題に入る前に林家の歴史的変遷について簡単に確認しておくことにする。[1]

一、林家の歴史

林家は林羅山（一五八三～一六五七）に始まる。京都に暮らす牢人の子に生まれ、藤原惺窩に儒学を学び、やがて惺窩の推薦によって徳川家康に仕えた。その後秀忠・家光にも仕え、法律や外交文書の起草のほか、諸大名の依頼を受けて儒学に関する多くの著述を著す。家光から上野忍岡に土地を与えられ、そこに私的な学問所・文庫と孔子廟を建てたこともこの後の林家を考えるうえでは重要である。鵞峰の言う「家業」には、幕府に関わる業務だけでなく私的な活動も含まれていたからである。公私の区別が曖昧であった当時においては、羅山によって始められたあらゆることが「家業」として意識されていたと思われる。羅山には四人の息子がいたが、長男と次男は早く亡くなっていたから、三男の春勝（鵞峰）が羅山の後を嗣いだ。また四男の守勝（読耕斎）も別家を立てて幕府に仕えたが、やはり若くして亡くなっている。

（二）鵞峰による継承的発展

林家二代目の鵞峰（一六一八～一六八〇）は京都に生まれ育ったので、父と同じく惺窩の弟子であった那波活所に学び、その後江戸に出て父の仕事を手伝い、その死後に後を嗣ぐ。父羅山と同じく幕府の訴訟や外交にも関与したが、なんといっても父が中断したままであった『本朝編年録』の編纂を『本朝通鑑』という名のもとに完成させたことでよく知られており、これについては本稿の主要なテーマでもあるので後に述べることにしたい。そのほか四代将軍家綱から「弘文院学士」の称号を授けられたことも、本稿で扱う林家の「家業」という問題においては非常に重要であった。(2)

羅山は家康に仕えるに際して僧形を命じられて「法印」という称号を得たが、鵞峰もそれを継承していた。しかし、「法印」は儒家の称号ではないと自覚していた鵞峰は、その後「礼部（治部）法印」の称号を得て、儒学者として認知されるための第一歩を進め、さらに「弘文院学士」の称号を得て儒学者であることをはっきりと内外に示した。

内というのは、「弘文院」は平安時代の大学別曹の名称であったので、朝廷に対する幕府の権威向上に資するものとなったと思われるからである。とりわけ「弘文院学士」の称号が与えられた寛文三年（一六六三）に鵞峰は五経の講義を終えており、そのことが称号授与の理由となったのではないかと多くの研究者が指摘している。儒学に関して、京都の公家衆と遜色のない、あるいはそれ以上の人材が幕府の下にいることを明示するものであり、これは鵞峰にとってまさに父の望みを実現する快挙であっただろう。

「弘文院」は同時に中国唐代の門下省の下に置かれた教育組織の名称を踏襲することになり、また史書編纂に従事する役職でもあったから、前年から始まっていた『本朝通鑑』の編纂に箔をつけることにもなっただろう。それ以上に、朝鮮などとの外交にも役立つ称号であったと思われる。『本朝通鑑』という名称が中国の『資治通鑑』、朝鮮の『東国通鑑』を意識したものであったことはよく知られているが、そればかりでなく朝鮮通信使の副使には「弘文館」の肩書きを持つ者が多かったので、かれらとの「つりあい」もこの称号によって図ることができたからである。

「弘文院学士」という称号は内政・外交上の課題から浮上してきたものと思われるが、儒学者としての林家の地位向上にも大きく役立った。このように羅山ばかりでなく、鵞峰もまた時代状況を巧みに利用していたところにこそ林家躍進の秘訣があった。

(二) 鳳岡の「大学頭」就任

鵞峰には二人の息子がおり、長男を春信(梅洞)といい、幼い頃より利発で、祖父羅山や父鵞峰の期待を集めていたが、若くして亡くなってしまう。ただし、後で述べることになるが、梅洞(一六四三〜一六六六)は、鵞峰が携わっていた『本朝通鑑』の編纂事業とそれに深く関わっていた家塾の制度充実とにおいて大きな役割を果たしていて、林家の歴史を考えるとき、その存在は重要である。次男が春常(鳳岡)で、鵞峰の後を嗣いで「弘文院学士」となる。鳳岡(一六四五〜一七三二)は、その後五代将軍綱吉の時、湯島に聖堂(孔子廟)が造られるとともに「大学頭」に任命される。

「大学頭」とは、もとは古代律令制における大学寮の実質的な長官の名称で、官僚候補の学生を選抜して教育することと孔子を祀る釈奠とを管轄した。実質的と述べたのは、平安時代には、「大学頭」の上に総裁として「別当」が置かれていたからであるが、江戸時代には「大学頭」が最上位であった。鳳岡に「大学頭」という称号が与えられた理由は、官僚育成のための主管者というよりも釈奠を行う聖堂の管理者ということにあったと思われるが、父鵞峰が任じられた「弘文院学士」とは異なり、幕府の正規の役職のなかに組み込まれていたところにその意義があった。「科挙」のない当時の日本では選抜された官僚候補生などもとより存在しなかったが、湯島に移転した学塾は公的な教育施設に準ずる位置づけと見なされ、「大学頭」が幕府の文教政策の責任者であるという理解——実際には「誤認」に過ぎない——も徐々に広まるようになった。

学塾が幕府直轄の学問所となり、林家が「大学頭」としてその長官職を世襲するようになるのは、寛政二年(一七九〇)、いわゆる寛政異学の禁が発令されてからのことである。本稿で扱う『本朝通鑑』の編纂事業からは離れてしまうのだが、幕府直轄の教育組織を確立し、その責任者を林家が専有するという羅山以来の暗黙の目標が最終的には不完全な形でしか実現しなかったこと、すなわち公的な教育機関は設立されたものの、その瞬間にそれが林家の手からするりと抜け落ちてしまったことを理解するためには、寛政異学の禁以降における林家の歴史についても知っておく必要がある。

(三) 寛政異学の禁と林家改革

寛政異学の禁当時の当主は七代目の信敬（錦峯）であった。林家は四代信充（榴岡）・五代信言（鳳谷）とそれぞれの子供が順当に継承したものの、鳳谷の子が早世したために六代目は孫の信徴（鳳潭）が継ぐことになる。この鳳潭の時に、湯島聖堂領であった村々からの年貢を私的に流用していたことが発覚し、幕府は林家の粛正と聖堂の改革に着手する。寛政異学の禁では幕府による学問統制という側面だけが話題にのぼるが、準公的な教育機関と目されるようになった林家およびその学塾に対する綱紀粛正でもあったことに注意しなければならない。幕府からの介入が負担となったためか、鳳潭は二十七歳という若さで亡くなり、その後を養子の信敬（錦峯）が継ぐ。

錦峯は、七〇〇〇石の旗本富田明親の次男で、鳳潭の養子となって「大学頭」を継ぎ、幕府の命を受けて学塾の改革に当たるが、その途中でやはり養父と同じく二十七歳で亡くなっている。錦峯の父富田明親は小諸藩主牧野康周の三男から富田家に養子に入ったが、富田家・牧野家は、五代将軍綱吉の母桂昌院の弟で、その縁故により公家の青侍から大名にまで出世した本庄宗資に始まる本庄家と養子縁組によって親密な関係が作られており、錦峯が林家に養子に入ったこともこうした新興勢力の台頭と関わりがあった。このことは、林家の当主という地位が儒学という学問を代表する能力よりも聖堂および学塾の管理運営という幕府の一役職を担うだけの能力があればよいと見なされていたことを意味している。それゆえ錦峯には学塾および聖堂の改革は荷が重すぎたのかもしれない。錦峯は跡継ぎがないままに急死した。

これに乗じて幕府は美濃岩村藩主松平乗薀の三男乗衡（のち林述斎）を養子とし、改革を断行させるという介入を行った。松平乗薀が鳳岡の弟子であったというのがその名目であるが、聖堂と学塾における林家の役割を抑えることが実際の目的であった。かくして林述斎のもと、寛政九年（一七九七）に聖堂と学問所の分離という改革が断行され、それと同時に林家の学塾の廃止、新たな組織として昌平坂学問所（昌平黌）が設立されることになった。この学問所の教授職には、林述斎の補佐として尾藤二洲・古賀精里が任命され、また塾生も、それまで「直参」に限られていた聴講資格が、各藩の藩士や郷士、さらには牢人にまで拡大されることになり、林家の私塾という色彩は完全に一掃された。

その後の昌平坂学問所は、美濃岩村藩家老の子として述斎に近侍していた佐藤一斎が塾長となり、林述斎とともに全国各地出身の塾生を多く育成するが、それはもはや林家の活動とはいえない。すでに幕府儒官という地位は、鳳岡の時に木下順庵が採用されて以来、林家およびその門弟たちの独占物ではなくなっていたが、順庵は羅山と同じく惺窩の門にあった松永尺五の弟子であったから、ほぼ同系統の儒学者が任命されていたと見なせる。大きく変わるのは八代吉宗の時に荻生徂徠の弟の北渓が任命されたことで、これ以降、広い意味で惺窩系ではない儒学者——たとえば尾藤二洲は宇野明霞に師事した片山北海の門人であり、古賀精里は闇斎系朱子学とされる——も幕府儒官に任命されるようになり、林家の当主やその門人たちが活動する場はかなり狭められたものとなっていた。

二、『本朝通鑑』の編纂

林家による『本朝通鑑』の編纂の詳しい経緯については、専門的に研究しておられる方々が本書で執筆されていることでもあり、ここではこの後の議論に関わることがらについて簡単に述べておくことにしたい。[3]

(一) 羅山・鵞峰による歴史書編纂

林家の歴史書編纂が羅山による『本朝編年録』に始まることはもちろんであるが、『本朝編年録』の編纂にはいくつかの段階があった。羅山による編纂は将軍家光の命によるものであり、書名も仮につけられたものであったと伝えられているが、最初に神武から持統までの時期が完成し、寛永二十一年(一六四四)に献上された。その後、文武から淳和までが正保二年(一六四五)に、続いて仁明から宇田までが慶安三年(一六五〇)に完成するが、それ以降の編纂は将軍家光の死、さらには羅山自身の死によって中断することになる。ただ中断の理由には、当事者の死という問題のほかに、これまでの編纂には『日本書紀』を始めとする六国史、『旧事記』『古事記』などの資料があって比較的容易であったが、宇田以降の編纂には参考するべき資料を収集してそれらを精査しなければならないという問題が大きく立ちはだかっていた。

一方、鵞峰による『本朝通鑑』の編纂は寛文二年(一六六二)に、将軍家綱の意を受けた老中・若年寄たちから『本朝編年録』編集の継続を命じられたものであったが、これは幕府全体の意志として、宇田以降から徳川政権誕生直前までの歴史を知る必要性を認めたことを意味している。これよりさきの明暦三年（一六五七）、水戸藩主徳川光圀は、のちに『大日本史』と呼ばれる歴史書の編纂を開始していた。これに尾張藩主徳川義直の『類聚日本紀』の編纂を加えることもできるだろう。『類聚日本紀』は菅原道真の『類聚国史』を手本にした類書であるから、歴史書とは呼べないかもしれないが、徳川義直は羅山に資料などを提供して「宇田天皇実録」の編纂を依頼し、これは正保四年（一六四七）頃にとりあえず完成していたとされるから、親藩を含めた徳川幕府全体に日本の歴史への関心が高まっていたことを窺うことはできる。

（二）同時代における歴史への関心

『本朝通鑑』と『大日本史』の編纂は幕府やその周辺で徳川政権の正当性の確立に向けた動向だと理解することができるが、同じ頃に民間でも歴史への関心が高まっていたことにも注意しておく必要がある。光圀による史書編纂が着手された明暦三年に山崎闇斎が『倭鑑』なる書物の執筆を始めたと伝えられている。これは中途で挫折するが、朱子学的価値基準によってさまざまな日本史上の事件を厳格に評価しようとしたものと考えられ、『垂加草』に収録された「倭鑑目録」には女帝紀を男帝の附録に格下げしたり、南朝の正統性を明確にする方針が記されている。また『本朝通鑑』の編纂が始まった寛文二年には鵜飼信之（石斎）の『本朝編年小史』が出版されていて、これは北朝の正統を主張した点で現朝廷側に立った史観と言えるものであった。なお、鵜飼信之の息子金平（錬斎）は、闇斎の門人でもあり、のちに水戸藩に仕えて彰考館総裁になった人物でもあるが、すでに慶元四年（一六五一）に自身の訓点による『資治通鑑綱目』を出版しており、朱子学的歴史観の普及におおいに貢献していた。

幕府が成立した元和から寛永の初めにかけては、『甲陽軍鑑』『太閤記』『三河物語』などといった軍記物を中心に、戦国から幕府成立期までの歴史に関心が向けられていたが、そこから五十年ほど経過したこの時期、すなわち明暦から寛文の頃になると、日本全体の歴史をふり返りながら現在を確認するために歴史への関心が高まっていたことが分かる。また儒学の浸透に伴って、儒学的価値観、とりわけ朱子学的な価値観に基づいて日本の歴史を見直すことへの関心も高まっていたことが確認できる。それゆえ、羅山による『本朝編年録』の編纂はともかく、鵞峰による『本朝通鑑』の編纂は、こうした世の中全般の歴史への関心のなかで、幕府がその威信をかけて正統な歴史がいかなるものであるかを書き示すことを意味していたのである。幕府の重臣たちが一堂に会した場で、鵞峰に歴史書編纂の継続という将軍の命令が伝えられたことが、なによりもそれを証明していた。

三、学塾の再編成

幕閣じきじきの命を受けた鵞峰は編纂の再開に向けた準備を進める。結論を先取りして述べると、この過程で林家の学塾は、一方では歴史書の編纂作業を進める公的な組織（国史館）として整備されると同時に、一方では羅山以来の私的な学塾が準公的な教育組織へと性格を変えることになり、編纂と教育という二重の機能を持つようになる。さきに述べたように林家の学塾が正式な幕府の教育機関となるのは寛政異学の禁以降のことであるが、私的なものから公的なものへと変わってゆくうえでの重要な第一歩であった。これは、儒学に基づく教育がなかなか公的に認められなかった当時の日本にあって、名称と内実との関係は曖昧ではあるが、穏やかに改革を進めてゆくための巧妙な仕掛けであった。

（一）鵞峰による国史館の設立

林家の学塾は、もともと寛永七年（一六三〇）に家光から上野忍岡の土地を別邸用地として下賜された羅山が同九年に学寮を建設したことに始まる。もちろん、これはあくまでも私的な教育の場に過ぎなかったが、同じ年に尾張藩主徳川義直の寄進によって孔子などを祀る先聖殿が建設されたことは重要な意味を持っていた。学習のための場のみを設けるのではなく、孔子を始めとする聖人・賢人と目された人々を定期的に祀る施設を作ることは儒学に基づく教育を行う機関にとって必須の要素であるというのが近世東アジアの共通の理解だったからである。羅山は寛永十年春に簡略化された形式ではあるものの、正規の祭祀である「釈菜」を行ったほか、同年秋には将軍家光が、これもやはり寛永寺参拝のついでという形であったが、先聖殿を訪れて羅山の講義を聴くということも行われた。このようにして羅山は林家の学塾が私塾以上の存在であることを世間に示そうと試みたのである。

鵞峰は、寛文四年（一六六四）に学塾のあった上野忍岡に国史館を設営し、春信（梅洞）・信篤（鳳岡）の二人の息子、父羅山以来の門人であった人見友元（竹洞）・坂井伯元（漸軒）などがそこに起居しながら編纂に当たるという体制を整えた。形式的には、幕府の公的な仕事ということから山城・淀藩主で奏者番（のちに若年寄）であった永井尚庸が編纂奉行となっていたが、実質的には「総裁」であった鵞峰が総責任者であった。その下に、梅洞以下の四名が時代別に編纂作業を統括した。それぞれの統括者の下には、「諸生」などと呼ばれた編集員が置かれ、さらに筆写だけに従事した「傭書」と呼ばれた者たちも配属されて、総勢三十数名という大所帯となっていた。かれらには月俸・日支という給与が幕府から支払われた。

鵞峰の手になる『国史館日録』には編纂作業の状況が克明に書かれているが、月に五日の休日以外は、朝八時から夕方の四時まで作業にあたり、正月も八日が仕事始めだとある。この勤務時間などは、残業に明け暮れる現代のサラリーマンと比較すればそれほど苛酷だとは言えないが、江戸城に務める武士たちのほとんどが午前十時に登城し、午後二時には城から下がっていたことに較べると、倍以上の労働ということになる。鵞峰は、自分たちが武家ではなく、当時の庶民並みに働いていると言いたかったのかもしれない。それほどに奮闘しながらも『本朝通鑑』が完成するのは寛文十年(一六七〇)のことであり、歴史的資料がほとんどなかった古代後期から中世にかけての編纂がいかに困難だったかを物語っている。

(二)編纂体制との一体化

編纂に多くの時間がかかったことは、作業の困難さと同時に、そのための有能な人材が乏しかったことを示している。そこで鵞峰は編纂作業と学塾の運営とを一体化させた体制を作りあげた。これは長男の梅洞の発案とされるが、編纂作業に従事する門人たちの学力を向上させるために「五科十等」(あるいは「五科十品」)という制度を確立した。それ以前の学塾では、月五回の鵞峰による講義(講筵)と、その後の門人たちによる講読会(講会)とが行われていた。その他に門人からの質問に答えるための面会(接遇)を月三回開いたり、月一回鵞峰が課題を出して門人に詩文を書かせること(月課)も行われ、これはこれで当時の学塾としてはかなり整備されたカリキュラムだったと言える。

これに対して「五科十等」は、経・史・文・詩・倭学という五科目の専攻を立て、それぞれに甲・乙から壬・癸までの十階級を設けて、試験や課題作品のできばえによって学生を進級させるという制度である。この制度の中味はかなり複雑であるが、五科目全般にわたって優秀な人材と、そのどれかに特に秀でている人材とに分けて育成しようとしていたところに特色が認められる。すなわち五科目すべてにわたって、ある程度優れていれば「員実生」となり、そこから「員長」、最終的にはすべてに甲等と認められた「大員長」へと進むことになっていたが、経・史・倭学のどれかに優れていれば「員特生」に、詩・文に秀でていれば「員秀生」となれることになっていた。儒学者の本業たる経学はともかく、歴史や故実などに詳しい人材、またきちんとした漢文が書ける人材が『本朝通鑑』の編纂において必要とされていたことを物語っている。

この学塾制度をさきの編纂体制との関連で見ると、梅洞以下の責任者はすべて「員長」の称号を与えられていた。正確には長男の梅洞が「左員長」、羅山の門人で年長だった人見友元が「右員長」、若手の門人の坂井伯元が「権左員長」、もっとも若い次男の鳳岡が「権右員長」に任命されていた。では、編纂の実質的責任者であった鵞峰が「大員長」となっていたかと言えば、そうではなく、「大員長」は空席であった。鵞峰は林家の当主であり、また塾生たちを教える教師の立場にあったから、この制度の外にあると見なされたのであろう。「大員長」の席は梅洞らがこのさき成長するための目標として残されていた。

ところで、このとき「員実生」「員特生」「員秀生」のすべては該当者なしであった。わずかに数名が各科目ごとに中等程度の実力を認定された「萌生」とされているだけで、これを見ても林家の門人に人材が不足していたことは明らかである。資格認定の基準が厳しすぎるという見方もできるが、いかに鵞峰から直接の教育を受けていたとはいえ、若い梅洞や鳳岡が「員長」として認められているのだから、基準の問題ではなく、林家という看板のもとに人材を求めるのには限界があったと考えるべきだろう。この時期、すでに京都では、松永尺五やその子供たち、山崎闇斎、中村惕斎や伊藤仁斎なども私塾を開き、各地から学生を集めるようになっていた。江戸にあって、塾生が幕臣に限られていた林家はこうした塾生獲得の競争に遅れをとっていたと思われる。

塾生を集め、彼らをいかに効率よく教育するかは学塾運営上の大きな問題であったが、それ以上に史書編纂事業に大きく関わる問題でもあった。というのも、中国や朝鮮などと違って「科挙」という選抜試験もない状態では史書編纂に携わる有能な人材を集めることはかなり困難であったからである。編纂事業では、それに携わる人員に幕府から扶持米などが給付されたにしても、それを担う人材は結局のところ自前で調達するしかなかった。編纂体制と学塾との一体化は、人材を育成しつつ、公的な事業を遂行しなければならないという当時の林家が置かれた困難な状況を打破するための窮余の策であった。給付の奨学金を与えることによってその募集を容易にするという意味を持っていたからである。

四、林家の学業

史書編纂の事業が行われた時期はともかく、それ以降「五科十等」制度がどこまで実行されたのかは不明であり、ほとんど機能しなかったのではないかと思われる。というのも、

「大員長」は経・史・文・詩・倭学の五科目すべてにわたって優秀であることが求められていたからである。儒学者を標榜する以上、経学に優れているのはもちろんであるが、詩文にも秀で、中国・日本の歴史や故実に詳しいことも必須の要件だったからである。亡くなる直前の梅洞が「大員長」になるまでは死んでも死にきれないと口にしていたという話は有名であるが、林家の当主にとって博学であることが羅山以来の「伝統」と強く意識されていたことがよく分かる。「五科十等」制度はたんに史書編纂のために考案されたというのではなく、「家業」の確立という意味も持たされていた。

(二) 羅山による「家業」の伝授

羅山が鵞峰をどのように教育したか、言い換えると林家の次期当主としていかに鍛えていたかを窺い知る資料が、羅山と鵞峰の文集それぞれに残されている。(4) 羅山のものにはその出題が、鵞峰のものには羅山の設問と鵞峰による答えとが収録されている。双方の資料には若干の異同があり、羅山の文集には、寛永十七年(一六四〇)に当時二十三歳であった鵞峰と十七歳であった読耕斎とに与えた一〇〇問と、さらに同じ年のものと思われる追加の二十七の問題とが載せられている。一方、鵞峰の文集には、羅山からの二つの設問群に対する答えが六十五点にわたって収録されている。羅山の文集に鵞峰がつけた説明には、羅山の問題および鵞峰・読耕斎の解答をあわせて「攻堅従容録」という書物としてまとめたとあるが、おそらく明暦の大火で焼失したのであろう、現在確認することはできない。また羅山の文集には、最晩年の明暦二年(一六五六)にも同じような試みがなされたが、整理する前に明暦の大火で焼けてしまったと記されている。

羅山の設問を見ると、儒学に関わることがほとんどで、「理気」「太極」といった朱子学の基本概念を確認する問題もあるが、多くは四書・五経に書かれたさまざまな事項に関するもので、経学的な理解度よりもその知識を問う出題であった。そうしたなかで注目されるのは、鵞峰の文集に、二例に過ぎないが、「即席」と注記されたものが存在することである。一つは「詩の色香を評す」という題で、山谷(黄庭堅)・簡斎(陳与義)といった宋代の詩人の作法に関するもの、もう一つは「春夜花月」という題で、半山(王安石)・眉山(蘇軾)の詩に関するものである。すべて詩人として著名な人物であるので難問とは言えないが、日頃の学習がどこまで蓄積されているのかを試すものであった。

こうした「即席」の問答は、羅山が採用されるに際して家康から受けた質問を想起させる。このとき羅山は、相国寺の僧侶や公家の清原秀賢が陪席するなかで、後漢の光武帝の系譜、漢の武帝の反魂香に関する典拠、屈原の愛でた蘭の種類という、およそ経学には何の関係もない質問をされ、それに見事に答えたことによって採用された。当時から現在に至るまで、儒学への見識ではなく、たんなる知識が評価されただけだという批判がなされているが、これは羅山の責任というよりも、当時の儒学者への評価がその程度であったことをよく示すものである。ここから羅山は、儒学的な博識の重要性、どのような問題でもいったんは儒学というフィルターを通して説明可能であることを証明しようと奮闘する。

(二)鵞峰の「家業」意識

羅山の学問が当時の中国・明代の思想動向、またその影響を受けて朝鮮でも興りつつあった「実用」的な博学を強く意識したものであったことはすでに別なところで書いているのでここでは省くが[5]、鵞峰もまた、羅山の博識のもとに展開される実用的な学問を「家業」として継承しようとしていた。それをよく示すのが寛文七年(一六六七)の年末に書かれた「一能子伝」である。これは弟子に口述筆記させた作品であるが、「経を講じ、史を読み、倭漢の才を該ね、詩を作り文を作り、かつ古来の例を知り、近世の事に通ず」ることが「一能」だと述べ、そのうえで「法式の損益、改元の勘例、あるいは朝廷の政務、異域の贈答」には、この能力なくしては滞ってしまうと語っている。

鵞峰は同時に、自身を投影した一能子が将軍に儒学を講じることも、幕閣からの重要機密に関する諮問もないことを告白している。実際には行われたことはないにしても、いざという場合に備えて普段から絶え間なく学力を磨くことこそが、鵞峰が理解した林家の「家業」なのである。それはまた平和な時代に生きる武家が、将来起こりうる戦闘に備えて常日頃から鍛錬を怠らないことと何ら変わるものではなかった。その意味では、林家の当主である鵞峰の意識は他の大名や旗本と同じであった。ただ、幕府に仕える儒学者という職務において、その代表たる林家の地位はまだまだ不安定であったから、あらゆる機会を捉えてその向上を図る必要があると鵞峰は強く意識していたと思われる。それこそが、父羅山を継ぎ、さらに息子鳳岡に伝えるべき林家の「家業」のあり方だったからである。

中国や朝鮮の歴史書を読むだけでなく、『本朝編年録』あるいは『本朝通鑑』として日本の歴史を編纂することは、さまざまな人物や事件に関する知識、実用的な博学をより広めることになる。歴史書編纂は将軍や幕閣から命じられたことであったにしても、林家の「家業」にとってけっしてマイナスではなかった。資料を集め、それらを吟味して、的確な漢文に表現することは至難の業であったが、そのことは林家一門にはかり知れない利益をもたらすと考えたがゆえに羅山も鵞峰もそれを引き受け、全力で完成を目指したのである。ただ、それを実行するための人材という点で現状は不十分だと痛感し、学塾における教育制度との一体化によって事態の打開を図るとともに、それによって林家一門の儒学的博識もさらに向上させようとしたのである。

おわりに

『本朝通鑑』が完成した後、鵞峰は林家一門を挙げて取り組むような大事業に出会うことはなかった。その後を嗣いだ鳳岡においてはなおさらであった。わずかに『三河物語』を改訂した『武徳大成記』の編纂を命じられたが、これは人見竹洞や木下順庵との共同作業であった。儒学好きの綱吉が五代将軍として就任したことは鳳岡にとってまたとない好機であり、事実、経書の講義などを行って儒学者としての地位を示すことはできたが、同時に木下順庵や新井白石、さらには荻生徂徠などといった新たに台頭してきた儒学者との競争にもさらされることになった。こうしたなかで、「弘文院学士」を継いだ後、さらに幕府直営となった湯島聖堂の管理者として「大学頭」に就任したことは「渡りに舟」であったと言うことができる。幕府の文教政策の名目的な責任者として競争の外に立つことが保証されたからである。だが、これは同時に、実用的な博学を誇ってきた林家が儒学という衣装を身に纏いながら一介の幕臣へと変貌する第一歩でもあったのである。

注

(1) 林家に関しては、羅山の伝記や思想に関する著書は多くあるが、林家全体に関するものはほとんどない。そのなかでは揖斐高『江戸幕府と儒学者——林羅山・鵞峰・鳳岡三代の闘い』（中公新書二二七三、中央公論新社、二〇一四年）は羅山・鵞峰・鳳岡を扱っていて参考になる。また斯文会が出版した『聖堂物語』や『昌平黌物語』などのパンフレットは、湯島聖堂設立後の様子を知るうえで参考になる。

(2) 「弘文院学士」をめぐる問題については、前掲注1揖斐書のほか、高橋章則「弘文院学士の成立と林鵞峰」（『東北大学文学部日本語学科論集』一、一九九一年）、朱全安「弘文院学士号取得にみる林家の大望——幕府文教施策との関連性の視点から」（『千葉商大紀要』五〇—一、二〇一二年）を参照した。

(3) 羅山と鵞峰の編纂方針については、従来から羅山が朱熹の『資治通鑑綱目』、鵞峰が司馬光の『資治通鑑』を規範としていたことが指摘されている。ただ、羅山が若い頃から『資治通鑑綱目』に親しんでいたこと、『資治通鑑綱目』は朱子学的価値判断による毀誉褒貶が強いにしても、『資治通鑑』も儒学的な価値に基づいて歴史的事実を選択していること、なによりも『資治通鑑』なくして『資治通鑑綱目』は存在しえないことなどを考慮すると、このことをもって両者の大きな思想的相違とまで考える必要はないように思われる。そこで本稿では、むしろ歴史書編纂事業における両者の継承性と、それが林家の「家業」にどのような意味を持っていたかについて論じることにした。

（4）　羅山の設問は京都史蹟会編『林羅山全集』（弘文社、一九三〇年）の巻三十四と巻三十五に、また鵞峰の答えは『鵞峰林学士全集』（近世儒家文集集成一二、ぺりかん社、一九九七年）の巻五十三から巻五十八にそれぞれ収録されている。

（5）　拙稿「林羅山と朱子学」（鈴木健一編『形成される教養──十七世紀日本の〈知〉』勉誠出版、二〇一五年）。

『本朝通鑑』の編修とその時代

藤實久美子

ふじざね・くみこ——ノートルダム清心女子大学文学部教授。専門は日本近世史。著書に『近世書籍文化論』（吉川弘文館、二〇〇六年）、『江戸の武家名鑑』（吉川弘文館、二〇〇八年）などがある。

『本朝通鑑』は神代から後陽成が退位する慶長十六年（一六一一）までを漢文体で記述した、延喜以来の「正史」である。本稿は、その前史である『本朝編年録』から起筆し、『本朝通鑑』の編修過程を史料収集への後水尾院・公家の対応、武家の対応、流布本といわれる軍書（板本）出版と武家家蔵書の関係から明らかにして、十七世紀中ごろの社会相に迫る。

はじめに

寛永二十一年（一六四四）、幕府の儒者林羅山（道春）は三代将軍徳川家光から日本通史の編修を命じられた。羅山は『本朝編年録』と題し、神武から持統までの編修に着手して、同年十月にこれを完成した。文武から淳和までは正保二年（一六四五）に完成した。次いで仁明から宇多までが慶安三年（一六五〇）に完成して、小姓組番頭の久世広之を通じて将軍に献上された。しかしながら、『本朝編年録』は羅山が病気のため細部の検討に不十分な所があった。また醍醐以後は端本が多く、拠るべき史料を集める必要があった。

慶安四年四月二十日に将軍家光が没した。明暦三年（一六五七）正月十九日、振袖火事で林家の本宅と銅書庫が焼失した。羅山自身は難を逃れたが、消沈のため二十三日に没した。『本朝編年録』編修は三十三巻をまとめて中断した。

寛文二年（一六六二）十月三日、羅山の子春斎（鵞峰）は、老中の酒井忠清——寛文六年三月から大老——・阿部忠秋、若年寄の稲葉正則——寛文三年九月より老中——列座のもと、将軍の意向として『本朝編年録』編修を継続するようにと命じられた。時に四代将軍徳川家綱は二十一歳、春斎は四十五歳であった。

この『本朝編年録』続修は改題されて『本朝通鑑』となる。『本朝通鑑』は家光・羅山の時期から引き継いだ史料収集を課題とした。この課題は家綱・春斎の時期に克服されたのか。本稿では、この点に視点を置いて『本朝通鑑』の編修過程を明らかにして、『本朝通鑑』および寛文期の社会について考えてみたい。

一、『本朝通鑑』の編修体制

寛文二年十一月一日、『本朝編年録』続修は四人の分担執筆者によって開始された。昌泰から久寿——醍醐紀から近衛紀——までは林梅洞が担当した。但し、梅洞は寛文六年に夭折する。保元から文保——後白河紀から花園紀——は人見友元、元応から正長——後醍醐紀から称光紀——は坂井伯元、永享から慶長十六年——後花園紀から後陽成紀——は林鳳岡という分担で、総裁は春斎が務めた。

寛文四年から同五年にかけて、矢継ぎ早に編修体制は整備された。

① 寛文四年七月二十八日、当時、奏者番であった永井尚庸——寛文五年より若年寄——が、責任者として「奉行」に任じられた。尚庸は家臣の村上・伊藤・片岡を交替で業務につかせた。

② 編修所は弘文院内に定められた。弘文院とは、寛文三年十二月に春斎が幕府から院号「弘文院学士」を与えられたことにより、林家の忍岡の別荘に許された名称である。編修者はそれぞれの立場から編纂物を編むから、総裁である春斎に院号が授与されたことに注意しておく必要がある。寛文四年八月長寮と文庫が新設され、以後、建物は国史館と呼ばれる。

③ 筆生八人——のち三十余人に増員——の手当として、月俸九十五人扶持が、林家に給付された。扶持は一人一日玄米五合を標準として支払われるとし、現米一石を金一両換算すると、一六六石余（両）を給付されたことになる。

④ 寛文四年十月一日、老中稲葉正則は、寺社奉行の井上正利と加々爪直澄に、諸国の寺社に向けての集書の指示を伝えた。十一月七日に、老中らは、在府の大名のうち蓄書で知られるものに蔵書目録を提供させることを決めた。また同日、江戸城内の紅葉山文庫の書籍と、

『二条家日次記』（徳川家康が入手した公家二条家の叢書）の利用を許可された。十二月老中は、江戸に滞在中の武家伝奏（幕府と朝廷の連絡役を務める）に書状を託して、朝廷と公家に書籍の提供を求めた。翌五年二月、大名家の江戸留守居を呼び寄せて、各家で所持する書籍と、領国内の寺社等にある古い書籍の提出を命じた。

先述した『本朝編年録』の編修が将軍と側近によって進められたことに比べてみると、『本朝通鑑』の編修では幕府の諸機関を通じて協力が求められたことが明らかである。

⑤

書名『本朝通鑑』の発案は「奉行」の永井尚庸にかかり、保科正之・榊原忠次の合議により承認された。その後、老中稲葉正則の賛同があって、寛文四年十月二十日に家綱の耳に達して決定した（『日録』八頁）(1)。この書名は、一〇八四年に司馬光が著した『資治通鑑』、朝鮮の『東国通鑑』に倣ったものである。

十七世紀、儒教の日本化が進む中で儒者の多くは自国の歴史叙述に関心を高めつつあった(2)。寛文二年は明が清に完全に滅ぼされて、東アジア世界の動乱は収拾に向かう時期にあった。春斎は明から清への政権交代を「華夷変態」と表現した。東アジアの世界秩序の中心としてあった大明帝国が崩壊して、『本朝編年録』段階と『本朝通鑑』段階とでは日本の中国観は大きく変化した。

『本朝通鑑』では編年体を採用し、国家の興亡を追究せず、「百王一姓之典故、人物治乱盛衰を今世に明らかにせしむるに在り、故にこれを神武ゟ始むる也」(3)としている。日本は万世一系の天皇が統治する神国であるとする日本的中華思想のもとに、徳川政権の平和は不動であることを示しうる叙述形式が選択された点を確認しておかなければならない。

二、幕府の依頼と朝廷・公家の対応

（一）依頼の方法

寛文四年十二月十日、老中は武家伝奏（飛鳥井雅章・正親町実豊）の宿所に赴いて、『本朝通鑑』の編修に必要な書籍の提供を依頼した。通常、武家伝奏は東海道を十三日かけて京都に帰る。両伝奏は十二月二十二日ごろに右の旨を霊元に伝えたであろう。当時、霊元は十一歳であり、後水尾院の意向が幕府に示された。

昨日伊牧語曰。此間品川侍従為上使上洛。帰府。在京間。両伝奏飛鳥井大納言。正親町大納言曰。本朝通鑑編集事奏聞。法皇曰。是固好事。書成則可借写之。諸公家中。二条前関白家蔵旧記。然秘不出。其所秘。皆是有識故実也。可載通鑑者。皆興廃存亡之事也。非可秘之者。一部中所秘所不秘相雑。則遣其書於江戸。朕亦難命。不如除所秘。写所不秘者。遣抄本而可也。云々（「日録」七八頁）。

右の史料の内容は以下の通りである。『本朝通鑑』の編修を好事であると評価する。完成した折には借りて写したい。公家では二条家が最も多くの「旧記」を所持しているが秘して出さない。それは有職故実に関わるからである。『本朝通鑑』の編修目的が、政権の興廃を明らかにすることにあるならば書籍の提供に支障はない。だが、一つの書籍には、秘すべき所とそうでないところが入り交じっている。そのため、諸家に対して、書籍を江戸に送るようにと命じることはできない。秘す所を除いた「抄本」の提供には応じられる。

有職故実を記した書籍の所持は、公家にとって家の存続にかかわる。この点を考慮して、後水尾院は条件を付けた提案を行ったわけである。また後水尾院の返答からは、幕府が当初、朝廷や公家に書籍をそのまま江戸に送るようにと要請していたことも明らかになる。

後水尾院の返答を受けて、老中らは、京都所司代牧野親成を通じて、重ねて諸家の旧記を尋ね求めるようにと要請した。

(二) 公家の対応

朝廷の回答は遅れた。朝廷側に動きが認められるのは十月十一日である。同日、摂政鷹司房輔から内大臣近衛基熙に三通の書籍目録が届けられた。基熙は、それらの写しを作成しており、陽明文庫に現存する。三通の書籍目録からは、編修の骨子となる『六国史』『新国史』の正本、鎌倉中期に成立した『本朝書籍目録』に掲出される朝廷や公家の間で広く知られている書籍、公家の家々に所蔵されている「日記」や「仮名書」を提供してほしいと春斎は考えていたことがわかる。

十月十三日、「有無段可令返事」と房輔は基熙に伝えた。翌十四日、基熙は日記[4]に「先日之書籍之事一部も所持無之由令申了、兎角諸事皆々評議ニ可一同旨申遣了」と返事をし、これに対して房輔は、「心得之旨返事」をしたと記した。すなわち基熙は、目録にある書籍は一切所持していない。この件は諸家で評議して対応を統一するのが肝要であるとの見解を示し、これを房輔も了承したのである。

ただし基熙の見解は公家を代表するものであっても、後水尾院の判断は別のところにあったとせねばならない。なぜならば、後水尾院は次に記す対応をしている。

(三) 後水尾院の対応

十一月二十七日、「四人衆」（のちの議奏、後水尾院の意向を受けて動いた）の一人である葉室頼業は、宮中で摂政と武家伝奏から『本朝通鑑』編修のために必要な書籍の筆写作業を行うことが決定したと告げられ、料紙等の用意を命じられた。

十二月一日、房輔と武家伝奏、基熙・一条教輔は参内して、江戸に送る書籍十二部を選んだ。同日、「四人衆」は摂政と武家伝奏に筆耕十余人の手跡を披露した。またこの日、武家伝奏は「四人衆」へ「記録ノ目録」を渡した。その夜、頼業は、これを書写して内々・外様の番頭衆へ渡して、「江戸より申参候此内何ニても御所持候ハヽ、可被上候由也、又此外ニも一カと有先祖之衆之記候ハヽ、書抜可被上候也、是ハ江戸ニ而本朝之通鑑出来候故其御用也」と言い添えた(5)。公家に対して、江戸から送られた書籍目録にある書籍の提出と、書籍目録にはない場合でも「先祖之衆之記」――記録――の抜き書きの提出とについて、対応するようにと、再度、伝えたのである。とはいえ、公家から書籍も抜き書きも出されなかった。

結果、禁裏文庫の書籍類の筆写作業が進められた。書写は計十部六十九冊を二十九人で分担した。寛文六年二月二十八日、校合作業は終了した。三月七日、能筆で知られた中院通茂が外題を記し、八日に経師が外題を貼り、新しい写本は完成した。江戸に下った武家伝奏は、三月十八日に江戸城で将軍家綱に「対面」し、その席、老中から将軍は満足していると伝えられた。しかしながら、これらの書籍を受け取った春斎は、いずれも普通の書籍であり、『愚管抄』ほか『本朝月令』『諸道勘文』だけが良本であると評価し、朝廷と幕府上層部に対して、不信感を募らせた。

五月九日、春斎は編修奉行の永井尚庸の屋敷を訪れて、『吾妻鑑』と『太平記』との間をつなぐ『伏見院御記』――「法皇御庫」蔵――と、足利義満の治世期にあたる『向陽記』（五条家蔵）が必要であると要請した。これに幕府がどのように対応したのかは解らない。翌七年三月に京都から送られてきた『文鳳抄』は辞書で役にたたず、ほか二部は巷間にある板本であった。ここに幕府と朝廷の書籍をめぐる交渉は終った。「本朝通鑑編輯不過求名耳。毎事多滞也」（『日録』四五三頁）と記した。『本朝通鑑』の編修は名を求めるのみであって実質を伴わない。すべてにおいて滞りがあると、春斎は落胆を示したのである。

（四）朝廷内部の事情

当時、朝廷内で力を保持していた後水尾院は幕府と協調的な関係にあった。だが、朝廷内部は一枚岩ではなかった。公家には幕府を見下す風潮が強かった。この風潮は婚姻によって武家と公家の距離が縮まり、幕府・武家からの経済的支援が制度化する元禄期にも確認されるという。

朝廷で書写本の作成作業が進んでいた頃、春斎に宛てた詩仙堂の石川丈山の書状は、その様子を次のように伝える。「唯惜　朝廷之書未出。洛人皆言。自非　武命厳密。則不輒出。可以為遺念」（『日録』一八〇頁）。また寛文八年二月、江戸に届いた京都の風聞に、「且曰。京師風聞。朝議謂。武家修国史。然非勅撰。則官本不可妄出焉。云云」（『日録』五四三頁）がある。二つの風聞をあわせるならば、将軍じきじきの依頼ではないから、また武家が編修する日本通史は勅撰ではないから、「官本」――禁裏文庫の書籍類――を妄りに外に出すべきではないと解釈できる。

次いで、天皇家や公家の書籍類の蓄積の事情がある。禁裏文庫は応仁・文明の乱により大きな被害を受け、後陽成以降とくに後西・後水尾による書写事業が果たした役割は大きい。書写事業では朝廷の儀式――朝儀――に関する記録、歌書・物語書（注釈書を含む）を重視した。一方、『本朝通鑑』の編修に必要な書籍類は、政権の盛衰を明らかにするものであった。この点は、既述した後水尾院の見解においても指摘されている所である。

書籍類の提供をめぐる幕府と朝廷との交渉が終わったころ、春斎は京都の本屋・林（元禄期以降、屋号は出雲寺）時元に書籍の探索を依頼している。時元は人脈を活かして、書籍類の写本を作成して江戸にもたらした。『白水本』（白水は時元の隠居後の号）と記される一群の時元探索書の中で、とくに東坊城秀長の記録『迎陽記』十三冊（写本）は朝廷に提供を求めたが拒否されたものであった。春斎は時元に写本料を支払って、転写本を作成させた（『日録』七六六頁）。しかし、期待された『迎陽記』には朝儀の次第――有職故実――ばかりが書かれており、編修に用いるところは少なかった(6)。

三、幕府の依頼と武家の対応

老中からの依頼に応えて、書籍目録や書籍類の写しを大名・旗本は国史館に寄せた。この様相は、第一に『本朝通鑑引用書目』(7)の「将家」の部に、『長州本平家物語』『薩州本太平記』『武家旧証文』、「武門」の部に『細川家記』『相馬家記』『毛利旧記』『毛利家記』『毛利証文』『松浦証文』『脇坂家記』『島津家記』等の名前が見えることからわかる。また『日録』と『本朝通鑑編輯始末』(8)には、寛文四年十一月八日の榊原忠次本『足利季世記』等の借用を皮きりに、寛文十年八月十一日の畠山休山政信からの『秀頼記』借用まで、五十八回にわたって大名・旗本から書籍類が提供されたことが記されている。提供者は三十人と少なく、徳川将軍家との親疎には関係なく、林家と親交があった人々に限定された。

大名・旗本との交渉では、編修奉行の永井尚庸が最も多く仲介役を務め、御三家、内藤家、水野家、脇坂家、毛利家との間をつないだ。また、酒井忠清が仲介役を務めており、島原松平家と上杉家、水口加藤家との間をとりもった。

（一）御三家

寛文四年十二月二十八日、永井尚庸は、江戸城内で、二つの書籍目録を春斎に示した。その書籍目録とは、紀伊の徳川光貞と尾張の徳川光友が提出した『倭書目録』であった。しかし、春斎が未見のものは、五・六部に過ぎなかった。そのため、春斎は別途、紀伊徳川家から『当代記』九冊を借りることにした。『当代記』は、紀伊徳川家の家蔵本として秘されていたため、書写にあたっては事前に老中阿部正能を介して、他見を禁じ、謄写作業の間、紀伊徳川家の家臣と国史館の「侍史」とが立ち会うという条件が付けられた（『日録』六七・六八頁）。

また春斎は尾張徳川家から『釈日本紀』八冊を借りた。『釈日本紀』は初代藩主の義直が、亀庵から「献上」をうけた古写本であった。[9]光友は、国史館への書籍類の提供を嫌う風があり（『日録』五八頁）、これは異例に属した。

光友が書籍類の提供を嫌ったことは次の事例が参考となる。『東照神君御年譜』は、義直の編著書で、正保三年に書かれた羅山の序文を備えている。だが、義直は同書の他見を抑えたいと考えていたようで、羅山の懇願があってその転写を許している。ところが羅山所持の転写本は振袖大火（前出）で焼失した。

『東照神君御年譜』は、松平輝綱――松平信綱の子――から国史館に提出された。本来であれば、義直の子光友に依頼するところを、春斎は光友の対応を察して、その所持を知っていた松平輝綱に依頼して、密かに借用したのであった（『日録』三八・三九頁）。

水戸家が最初に示したのは、「和書」数部の目録に過ぎず、春斎が『大鏡』――中原師光本を底本とする尾張家本を転写したもの――を借り受けることができたのは、その所蔵を知っていたためであった（『日録』三四・三五頁）。

（二）島原松平家

『家忠日記増補追加』は、松平忠房とその子好房が『三河遠州日記』に増補して二十五巻としたもので、寛文三年に春斎が序文を書いている。だが春斎が同書を初めて実見したのは寛文八年四月七日である。この日、忠房の屋敷で春斎は談話の後に同書を示されて、「且許借之。不許写。憚外論也」（『日録』五七三頁）と忠房から言われた。同書は徳川家の創業を記したものであったため、同席していた大老酒井忠清と老中稲葉正則が興味を示した。

七月九日、正則の屋敷で、忠房と忠房の弟忠冬、春斎、正則の子正倚・正員が来会した。これは、正則が忠房と忠冬に『家忠日記増補追加』の転写を許された礼をするための集まりであった。当初、『家忠日記増補追加』の転写を拒んだ忠房であったが、「前橋少将（酒井忠清）之外。不借之。主人（稲葉正則）、頃日、堅請写之【（　）内筆者補記、以下同様】」することを許可したのであった（『日録』六二九・六三〇頁）。

七月十三日、忠清は、忠房に同書を春斎に示すようにと助言した（『日録』六三二頁）。十月十二日、『家忠日記増補追加』は忠房の領地丹波からもたらされて、春斎に貸し与えられた（『日録』六七七頁）。

（三）萩毛利家

寛文五年二月十八日朝、老中阿部忠秋から萩・熊本・阿波・佐賀藩（大広間席の大名家）の江戸留守居に対して登城の要請があった。これを受けて萩藩では渡部小右衛門が登城した。江戸城内では以下のように伝えられた。現在、幕府の儒者林春斎が『本朝通鑑』を編修中で書籍類を集めている。各家に期待している書籍類には違いがあるので、『本朝通鑑』の編修奉行の永井尚庸の屋敷へ赴き、詳しい内容を聞くように。提出された書籍類は細心の注意を払って扱うので対応してもらいたい。

翌朝、小右衛門は尚庸の屋敷を訪ねた。そこでは、延喜以降の古い書籍類の外題目録を提出してもらい、必要の有無を春斎が判断する。提出された書籍類は関係者以外の利用に供しない。書籍類の写しを提供してもらうといった、今後の手順が示された。また毛利家には①大内家が周防国を治めていた時期の「書物」、②毛利元就の事跡を記した「記録」、③長門国壇浦の寺に伝わる『平家物語』の提出が求められた。

関係する箇所だけを抜き書きして使用し、原本の提出は必要ないと説明されるなど、先記の朝廷・公家への提供依頼と比べて、信頼と協力を得るための配慮がみられる。この違いは朝廷・公家という別の集団に対する遠さ・粗暴さと、武家という同一集団に対する近さ・丁寧さと言うことができよう。

（四）水口加藤家

加藤家の家祖嘉明は、豊臣秀吉に仕えて賤ケ岳の七本槍に数えられた武士であった。関ケ原の戦いでは徳川家康に従い、論功行賞により伊予松山二十万石を与えられた。寛永四年陸奥会津に移されて四十万石を領した。同八年嘉明が没して、領知返上の願いが加藤家から幕府に出されるが、子明成が相続した。同十六年、家老の堀主水が会津を退去し、同二十年にこの不始末から明成は領知返上を願い出て改易となり、子の明友が石見国吉永で一万石を与えられた。のち天和二年（一六八二）に加藤家は近江国水口二万石に移る。

このように家中騒動を潜り抜けた加藤家に残された史料について、寛文六年三月三日、江戸城内で酒井忠清は春斎に次のように語った。「加藤内蔵助（明友）家蔵、豊臣秀吉賜其祖（加藤）左馬助嘉明感状。然秘不示人。某欲一見之。宜遠（達カ）此旨於彼。可同途而来。（中略）以九日之夕可約期。云云」（『日録』二〇一頁）。忠清は、加藤家に嘉明が秀吉から与えられた感状があるとの情報を得た。その閲覧は禁じられていたが約束が整った。同行するようにと春斎に伝えたのである。

日延べがあり、五月十七日、春斎は忠清の屋敷を訪ね、明友と旗本保田余雪と同席の上、感状を閲覧した。秀吉の感状（約二十通）と家康・秀忠の感状（三通）であった。そこに残された鮮やかな朱印の跡を見て、忠清は「太驚太感。憐其家沈淪」んだという（『日録』二四七・二四八頁）。

（五）仙台伊達家

仙台藩主伊達家は寛文七年七月に国元で調査を行った[10]。この調査では伊達政宗の事績を記した軍書が求められた。仙台藩では藩儒の内藤閑斎（以貫）を統括者に任じた。ただし、閑斎は江戸にいるため国元には書状で伝えられた。これを受けて仙台藩の奉行柴田朝意は家中に達書を出した。今回の調査では、特に伊達政宗時代に武功があった家及びその一族を重視した。信頼を欠く伝え聞きの類であっても、書付を作成して提出するようにと要請した。当時、人取橋の戦いと摺上の戦いは不明な点が多かったため、これに関する情報提供を特に促した。

八月二日、金山の中嶋左衛門は遠藤文七郎宛に返答したが、その内容は「拙者事ハ若キ者に候へハ毛頭存不申候」、同名の中嶋伊勢も「其御時代ニハ忰ニ而候間一円覚不申」というもので状況はわからないとしている[11]。これは伊達家の調査がそれほどの成果を生まなかったとの印象を与える。しかし十二月十三日、閑斎は『伊達政宗伝』を国史館に持参している（『日録』四八八頁）。

伊達家では江戸定府の内藤閑斎がその任に当たった。閑斎は真偽不明の証文類を取捨選別して新たに編纂物を作成して国史館に提出した。藩に出仕した儒者の学問的力量は『本朝通鑑』の編修を確かに支えていたとすることができる。

四、流布本軍書と武家家蔵本

（一）流布本『太平記』と島津家本

寛文八年三月二十八日、薩摩藩島津家の家老島津久通は『太平記』の写本を国史館に持参した。この島津家本『太平記』は「此与尋常本有異」る書籍であった（『日録』五六五頁）。

ここで『太平記』について簡単に記しておく。

『太平記』は、暦応元年（一三三八）から観応元年（一三五〇）までに原形態が作られ、その後書き継ぎと改訂があり、応安末から永和年間（一三七二～七九）にかけて、全四十巻が成ったとされる。『太平記』は、足利義満の時代に政治体制と不可分の所で成立し、室町幕府の草創に関与した武家にとっては、自家の功績を主張する拠り所とされた。伝存本は、巻数と巻の分け方から、四系統に分類でき、それぞれに独自の記事を有する。例えば、天正本と呼ばれる系統は佐々木道誉を称揚する記事を多く増補している。近世前期に『太平記』は多くの注釈書が出版され、『太平記』の存在は史書・兵法の指南書として、以前に増して広く受容された。また流布本の『太平記』は、浄瑠璃の台本・読本等に影響を与えたため、多くの人々に知られることになった。

この『太平記』の社会受容を考慮して島津家本は提供されたのではないか。寛文十年八月二十三日付の島津久通の書状(12)に関わる『太平記』十巻の新田義貞が極楽寺を攻めた時の件——元弘三年（一三三三）五月二十一日条(13)——を示しておこう。

> 爰ニ嶋津四郎ト申シハ、大力ノ聞ヘ有テ、誠ニ器量事ガラ人ニ勝レタリケレバ、御大事ニ逢ヌベキ者也トテ、（中略）傍若無人ノ振舞セラレタルモ理リ哉、ト思ハヌ人ハナカリケリ。義貞ノ兵是ヲ見テ、「アハレ敵ヤ」ト詈リケレバ、（中略）懸ル処ニ島津馬ヨリ飛デ下リ、甲ヲ脱デ閑々ト身繕ヲスル程ニ、何トスルゾト見居タレバ、ヲメ〱ト降参シテ、義貞ノ勢ニゾ加リケル。貴賤上下是ヲ見テ、誉ツル言ヲ翻シテ、悪マヌ者モ無リケリ。是ヲ降人ノ始トシテ、或ハ年来重恩ノ郎従、或ハ累代奉公ノ家人共、主ヲ棄テ降人ニナリ、親ヲ捨テ敵ニ付、目モ不被当有様ナリ。
>
> （傍点筆者）

流布本の『太平記』は島津四郎を武勇の誉れは高いが、傍若無人で主人の恩義を顧みずに降伏した。「降人」の濫觴と伝える（史料の傍点部）。

この「嶋津四郎」は島津家の家臣新納家の先祖と島津家では主張する。だが『太平記』の受容者は「嶋津四郎」から薩摩藩主島津家を想起したであろう。不忠の代表とされることは家の名誉に係わる。島津家は申し入れを行った。

どのように春斎は対応したか。『本朝通鑑』の本文を見ると、『続本朝通鑑』一二三巻の元弘三年五月二十一日条には「曽我奥太郎時久多力之士也。（中略）時久下馬脱冑而降。衆皆笑之。由是鎌倉群士降付者不可枚挙。〈時久事見太平記古本及薩州本。唯俗本為島津四郎事。或曰。島津時久在鎌倉。

居曽我。故一人有両号。未知孰是。今従古本及薩州本〉」とある（三五九九頁）。

『本朝通鑑』の本文に「嶋津四郎」の名前はなく、「曽我奥太郎時久」とし、僅かに註記に「俗本」の説として載せる。島津家説を執る記述である。

(二) 流布本『甲陽軍鑑』と上杉家本

米沢の上杉家文書の中に、寛文九年五月八日の奥書をもつ写本『河中嶋上杉家説』[14]（一冊）がある。以下、最後の文言を引用する。

写本ニ私曰　酒井修理太夫（忠直、若狭小浜藩主）殿へ弘文院春斎被参、今度日本通鑑ヲ被　仰付、川中嶋合戦之義、上杉家ヘ相尋候ヘハ、一冊ノ記録被差上候、甲陽軍鑑ノ趣ト上杉家相伝ノ日記ト、年号月日相違、殊ニ合戦ノ躰モ大ニ各別ニ候、通鑑ニハ何ト書載可申哉ト、御老中迄伺申候、土屋但馬守（数直、常陸土浦藩主・幕府老中）殿ヲ初、御旗本ニモ信玄家来ノ衆中被申候ハ、上杉家書出候通ニ任セ、通鑑ニ記候ハヽ、日本流布ノ甲陽軍鑑、皆偽ニ罷成ノミ不成、軍法ノ疵ニモ可成候、（中略）年久ク習弘候軍法モ徒事ニ罷成候間、甲陽軍鑑スタリ不申候ヤウニト内談ニ付、甲陽軍鑑、永禄四年（一五六一）九月十日ノ事蹟ト、上杉家書出ノ旨趣天文廿三年（一五五四）八月十八日ト弘治二年（一五五六）三月廿五日ノ夜合戦ト両度ヲ、日本通鑑ニ並記申候由、春斎物語ニテ候由、修理（酒井忠直）殿近習千賀源右衛門・宮川仁右衛門ニ物語ニテ候旨、酒井殿家中玉置平左衛門申越候（傍点筆者）

右からは、三点において『河中嶋上杉家説』と『甲陽軍鑑』は見解が異なったことがわかる。第一は、上杉謙信と武田信玄の数度にわたる衝突のうち何れを川中島の戦いとするかである。『河中嶋上杉家説』は天文二十三年と弘治二年とし、『甲陽軍鑑』は永禄四年九月九日とする。第二は、謙信と信玄とは川中で太刀を合わせたかどうか。第三は、川中島の戦いの後に謙信は信濃国に侵攻したか否かの点である。

このうち第一点は信玄の卓越した才覚を説く『甲陽軍鑑』を否定するものである。信玄は、通例、出陣日を兵学者に占わせて決めた。だが「二つに一つ」とした川中島の戦いでは、祝日であると同時に往亡日である悪日（九月九日）を自ら選んで挑み、謙信を下したと『甲陽軍鑑』は説く。

『甲陽軍鑑』（二十巻）は甲州流の基本兵書で、武士の心構え、事績、軍法、合戦、裁判等を記す。[15] 編者は信玄の老臣高坂弾正昌信とされてきた。但し現在では、父祖が高坂の家臣であった小幡景憲を著者とし、元和年間に成立したとする説が有力である。もっとも、真の編著者が誰であるのかが問題なのではない。流布本『甲陽軍鑑』の信用を失墜させないために、編者は高坂弾正昌信でなければならなかった。甲州流は、徳川家康・幕府の兵法とされたことから軍学の主流を占めた。兵法甲州流の始祖小幡景憲の門弟は二〇〇〇余人に及んだといわれる。

この状況にあって、川中島の戦いに関する記述について、春斎が老中に相談したのは自然な行いであったろう。春斎は川中島の戦いを天文二十三年八月十八日と永禄四年九月九日の両条に載せた。かつ天文二十三年八月十八日条に『甲陽軍鑑』は「偏行于世」、上杉家説は「希見之」とした上で、「宜与軍鑑参考之」と注記した（四九三八―四九三九頁・五〇一八―五〇二〇頁）。

『本朝通鑑』の憶断を避ける記載方針は、しばしば史料蒐集の不徹底に起因すると理解されてきた。だがそれに一因があったとしても、希有な説と俗説とを列記して、判断を後代に任せたことは、編修時の社会が規制を加えていたと考えねばならない。この場合、甲州流軍学への配慮は明瞭である。

おわりに

寛永二十一年、三代将軍徳川家光より林羅山に対して命があった『本朝編年録』編修は家光・羅山の死による中断を経て、寛文二年に四代将軍徳川家綱・林春斎のもとで再開され、幕府の事業として遂行され、体制の整備、書名『本朝通鑑』への変更を伴い、寛文十年六月に成就した。幕府は書籍購入費（五〇〇両）を支給するとともに、寺社・武家・朝廷・公家に協力を求め、春斎は京都の本屋林時元をも使って史料の蒐集に手を尽くした。編修終了時に、林家の蔵書は九〇〇部に達し、『本朝通鑑引用書目』は五二〇部に及んだ。

但し、史料蒐集の過程をみると後水尾院と公家の間での確執が反映された。公家からの書籍類の提供は一切なく、禁裏文庫から書籍類計十三部が出された。武家所蔵の書籍類の提供は一部に限られた。春斎がその所持を知り懇願してはじめて書写は許された。あるいは、酒井忠清や永井尚庸の助力があって提供された。大名家に抱えられた儒者の下支えがあったものの、編纂事業に対する大名・旗本の協力は控えめであった。

武家の非協力は未だ歴史というには新しい時期の証文類、日記、編纂物は秘匿されたという事情が考えられる。その中で家蔵本を積極的に提供した武家があった。十七世紀前半に出版業は生業として京都で成立し、社会の需要に押されて和製軍書の出版が盛んに行われた。春斎は流布本を参照して

『本朝通鑑』を執筆した。しかしながら、流布本『太平記』は薩州本と異同があり、流布本『甲陽軍鑑』は上杉家の家説と対立的であった。そのため、島津家・上杉家はそれぞれに家蔵本を春斎に提示した。これに対して春斎は、必要に応じて老中に相談して、家の名誉・軍学への配慮のもとで本文の記し方を決めた。『本朝通鑑』での両論併記は武家社会への配慮であった。

『本朝通鑑』は江戸幕府による正史であり、完成した後は将軍の手元に置かれ、紅葉山文庫・日光東照宮等に納められた。正史の記述は重く、それゆえに春斎は後代に判断を任せた。史学史研究の中で高い評価を受けることが少ない『本朝通鑑』であるが、独自の思想性の有無などを基準とした評価ではなく、本論では十七世紀中ごろの社会状況から選び取られた『本朝通鑑』の記事として考えた。次の世代すなわち約二十年後に行われる「貞享書上」事業への武家の対応、約六十年後の八代将軍徳川吉宗による逸書探索への朝廷・公家の対応との比較という視点はここから導きだされるであろう。

注

(1) 本章では国書刊行会『本朝通鑑』(一九一九年)から引用する場合は(□頁)と示し、編修日誌である『国史館日録』から引用する場合には(『日録』□頁)と記す。

(2) ピーター・ノスコ著、M・W・スティール・小島康敬ほか訳『江戸社会と国学――原郷への回帰』(ぺりかん社、一九九九年)五九―六二頁。

(3) 『国史実録』序(天理大学図書館所蔵)。

(4) 『基熙公記』(東京大学史料編纂所収蔵写真帳)。

(5) 『葉室頼業記』(東京大学史料編纂所収蔵写真帳)。

(6) 高橋章則「宮城県図書館伊達文庫蔵　林春斎撰『本朝通鑑編輯始末』」(『日本思想史研究』一八、一九八六年)。

(7) 国書刊行会『本朝通鑑』首巻。

(8) 前掲注6に同じ。

(9) 『御文庫御書物便覧』一巻(名古屋市蓬左文庫所蔵)。

(10) 陸奥国仙台藩陪臣島崎家文書「本朝通鑑仕立ニ付先祖武功書付指出可申並指上書」(明治大学博物館所蔵)。

(11) 同右。

(12) 鹿児島県『鹿児島県史料　旧記雑録追録一』(鹿児島県、一九七一年)五三七頁・五六七・五六八頁。

(13) 『日本古典文学大系三四　太平記　一』(岩波書店、一九六〇年)三三七・三三八頁。

(14) 『上杉家文書』(秋田県立図書館所蔵)。

(15) 『甲斐叢書』四巻(第一書房、一九七四年)。

琉球の編年体史書

高津　孝

たかつ・たかし——鹿児島大学教授。専門は中国古典文学。編著書に、高津孝・陳捷編『琉球王国漢文文献集成』（復旦大学出版社、二〇一三年）、『東アジア海域に漕ぎだす3 くらしがつなぐ寧波と日本』（東京大学出版会、二〇一三年）、『中国学のパースペクティヴ』勉誠出版、二〇一〇年、編訳）などがある。

一六五〇年、琉球は初めて自国の歴史書を編纂する。和文で執筆された『中山世鑑』五巻である。これは王の年代記であり、編年体史書である。五十一年後、それを漢文化した『中山世譜』が編纂され、別に薩摩関連記事のみの巻が添付された。次の漢文編年体史書『球陽』は前者の形式を踏襲したが、外巻として説話集が付属する。

一、古琉球から近世琉球へ

日本の九州から、台湾にかけて道のように連なった島々を南西諸島という。現在、その北部である薩南諸島は鹿児島県に所属し、南部の琉球諸島は沖縄県に所属する。南西諸島では、十二世紀頃に按司《あじ》と呼ばれる地方豪族が各地に出現し、その後、琉球諸島の中心である沖縄本島に三山（山南、中山、山北）と呼ばれる大きな権力が鼎立する時代となった。中国で明王朝が成立すると、洪武帝は一三七二年、中山に招諭使の楊載を派遣し朝貢を促した。これを受けて、中山王察度《さつと》は、明に使節を使わし、中山は明の朝貢国となる。一三八〇年には山南王承察度《しょうさつと》が明に入貢し、一三八三年には山北王怕尼芝《はにし》が明に入貢し、三山は明の朝貢体制の一部となる。やがて、一四二九年に中山王尚巴志《しょうはし》によって、三山は統一され、琉球本島に統一政権が成立する。その後、琉球は明との朝貢体制と明の海禁政策を背景に、東アジアの中継貿易国として、中国、日本、東南アジア諸国と盛んな貿易を行った。同時に、この時期、琉球は、南の宮古《みやこ》列島、八重山《やえやま》列島、北の奄美《あまみ》群島を支配下に加え、南西諸島のほとんどを支配する島嶼国家となる。十六世紀に入り、東アジアは日本と新大陸から流入する銀によって空前の民間貿易ブームを迎える。こうした中、朝貢と海禁を一体化させた明の海域支配体制が崩壊し始め、倭寇と呼ばれる国際的武装貿易集団の出現もあり、琉球の中継貿易はその優位性を失っていく。一方、日本では十七世紀初、徳川幕府によって統一政権が生まれる。徳川幕府は、豊臣政権による朝鮮出兵の戦後処理、日明貿易の実現を求め、琉球に明との仲介を求めた。ところが、琉球の対応は不十分なものであったため、一六〇九年、幕府の許可を得た薩摩の島津氏が琉球に侵攻する。幕府から琉球統治を委任された薩摩藩は、奄美群島を割譲し薩摩藩領とし、琉球に毎年の貢納を義務づけた。また、幕府は幕藩体制の諸規則を琉球に課し、江戸への使節派遣も行わせ、主従関係を実体化した。しかし、幕府、薩摩藩の琉球支配は、琉球が中国との冊封、朝貢関係を有することを前提としており、薩摩から琉球に派遣された武士団等も極めて少数で、琉球の政治、外交は琉球王府が自主的に行うものであった。薩摩の琉球侵攻以降を近世琉球と呼び、古琉球と区別するのが一般的である。一六四四年、中国では明が滅亡し、清朝に王朝が交替する。明朝滅亡直後、琉球は南京の福王政権、福州の唐王政権に使節を派遣する。しかし、一六四九年清朝が琉球に使者を送り帰順を求めたのに対し、琉球は、一六五三年薩摩藩の許可のもと清朝に慶賀使を送り、清朝に帰順する。これ以降、清朝との衝突を回避する幕府の意向を受けて、琉球は薩摩藩による支配の実態を隠蔽することになる。琉球はこの後、日本、中国との安定した外交関係を背景に、王府の中央集権化、身分制の確立、農業の振興、儒教の導入を図り、独自の琉球社会、文化を形成していく。十九世紀にはいると、アジア諸国は欧米列強の植民地化の対象となり、琉球にも欧米の船舶がやって来るようになる。一方、日本では幕府体制が崩壊し、一八六八年に明治政府が成立する。明治政府は伝統的国際秩序において日本と清朝との両属関係にあった琉球を、日本に帰属させる決定を行う。琉球は伝統的秩序維持を主張するが、明治政府はそれを押し切り、一八七九年琉球は沖縄県として日本に所属することになる。近世琉球の終焉である。

二、和文史書『中山世鑑』

琉球で、最初に歴史書の著述が行われたのは、近世琉球に入り、薩摩による間接支配下の尚質王（在位一六四八～六八）の時代である。中国では、東北部に清朝が勃興し、明王朝は一六四四年に滅亡、同年、清朝の順治帝は北京に入城し、中国内地の支配を開始する。順治帝は一六四九年、琉球に使者を派遣し、尚質王に帰順を求める。五〇年、清朝に慶賀使を派遣するが難破し、五一年、明印返却を求める清朝使節が到来する。薩摩藩の許可を受け、五三年、慶賀使を清朝に派遣し、明印を返却、清朝に帰順する。こうした中国の王朝交代に伴う外交交渉が慌ただしい中で、琉球初めての史書が編纂された。『中山世鑑《ちゅうざんせいかん》』五巻である。中山は琉球の別称で、羽《は》地朝秀《じちょうしゅう》（向象賢）の序によれば、「世鑑」は、『詩経』大雅・蕩「殷鑑不遠」（殷王朝が鑑《かがみ》とすべき手本は、遠い時代に求めずとも、悪政で滅びた前代の夏王朝にある）に基づく。本書は、尚質王の命を受けて、羽地朝秀が編纂したものである。首巻はすべて漢文で、「琉球国中山世鑑序」（慶安三年、一六五〇）」「琉球国中山王舜天以来世纘図」「先国王尚円以来世系図」「琉球国中山王世継総論」を配する。本文五巻は引用部分を除き和文で書かれている。巻一は、「琉球開闢之事」「南宋淳熙十四年丁未舜天御即位」「南宋嘉熙二年戊戌舜馬順熙御即位」「淳祐九年己酉義本王御即位」で構成され、巻二以降も同様に王の年代記となっている。巻五は、「嘉靖六年丁亥尚清御即位」のみで構成され、嘉靖三十四年（一五五五）尚清王の崩御までが記述されている。本書は、開闢神話の記述に始まり、南宋淳熙十四年（一一八七）に即位した舜天《しゅんてん》を王朝の祖とし、以下、尚清王の崩御までが記述の対象である。歴史書のスタイルとしては王の年代記であり、結果として編年体となる。(1) 本書の編纂は、おそらく、徳川幕府が諸大名に命じ、家系図を提出させて編纂した『寛永諸家系図伝』一八六冊（一六四三年完成）の影響を受けたものと推定されている。(2) また、尚真王の記述を欠くこと、尚元王から尚質王までの記述を欠くこと、尚清王部分の記述が資料の羅列で未整理であることが指摘されてい

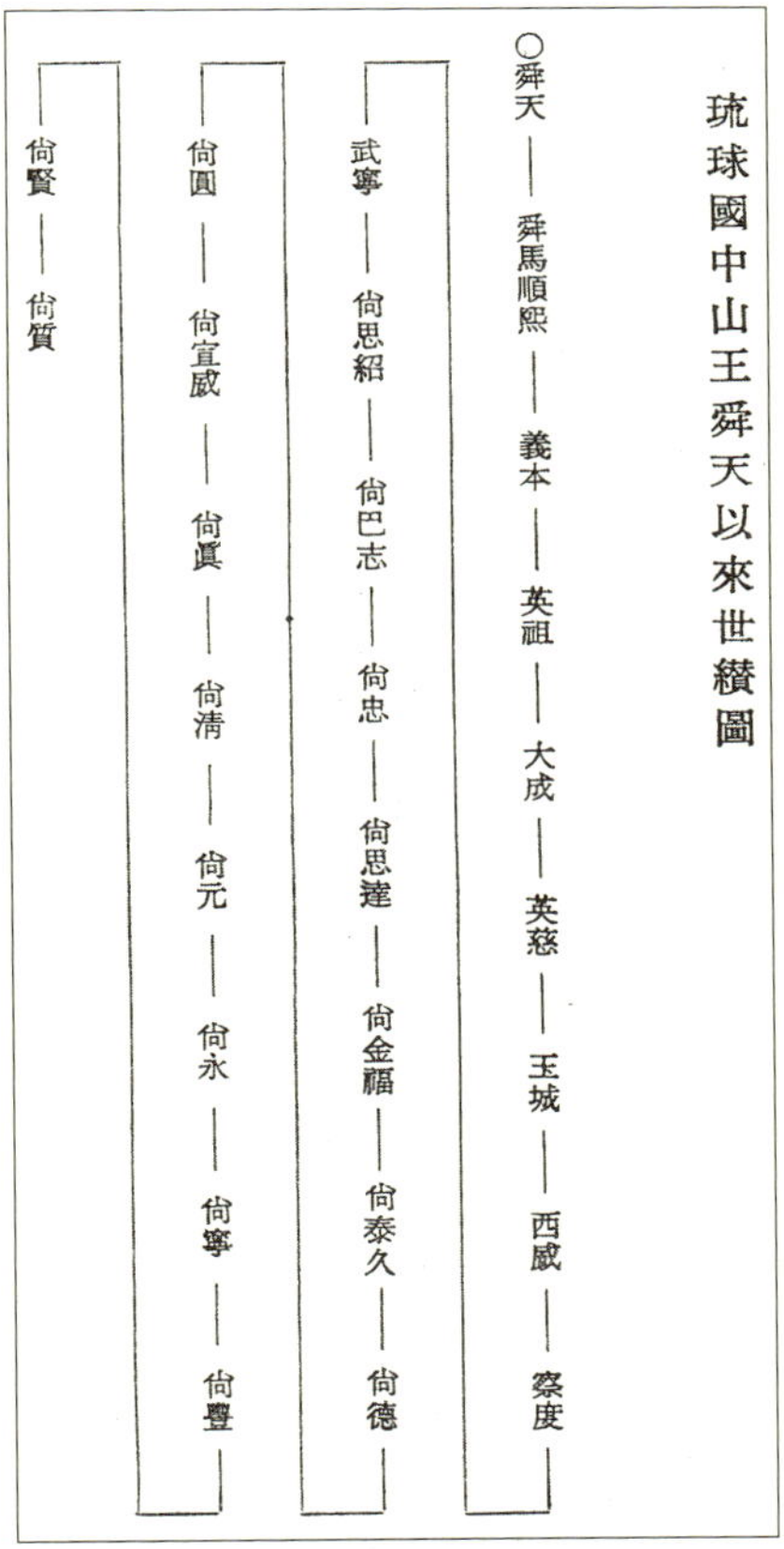

図1 「琉球国中山王舜天以来世纘図」（『琉球史料叢書』中山世鑑）

るが、理由は不明である（図1参照）。未完成原稿が残された、あるいは、完成原稿の後半が失われたとの推定も行われている。

『中山世鑑』編纂に当たって使用した資料は、明の冊封使である陳侃《ちんかん》の『使琉球録』、日本の軍記物語である『保元物語』、『平治物語』、薩摩の禅僧南浦文之《なんぽぶんし》の文集『南浦文集』、琉球最古の歌謡集『おもろそうし』、金石文、琉球に渡った浄土宗の僧侶・袋中《たいちゅう》の『琉球神道記』が指摘されている(3)。

『中山世鑑』の編者である羽地朝秀（一六一七～七五）は、唐名を向象賢と言い、琉球を代表する政治家の一人であるが、伝記資料に乏しい。名家に生まれたと伝えられ、一六四〇年頃家督を相続して羽地間切の総地頭となっている。一六五八年以降、三度鹿児島へ派遣され、薩摩の政治家、文人と交友があったが、中国へ派遣された形跡はない。一六六六年以降七年間、摂政の地位にあり、政治に辣腕を振るった。当時、琉球は薩摩藩の間接支配を受けること五十年、当初、薩摩藩は、琉球の全権を掌握し、王府の人事もすべて薩摩の同意なしには進まない状況であったが、一六二四年以降は次第に多くの権限を王府に委譲して行き、琉球はその自立性を高めていった。また、この時、琉球は中国の王朝交代期に遭遇し、今後、薩摩及び中国とどのような関係を結ぶべきか、大きな転換点にあった。羽地朝秀はこのような状況の中で古琉球以来の制度を改革し、近世琉球の基本的性格を決定した人物として知られる。

『中山世鑑』編纂という、自国の歴史を明らかにする作業は、現実の薩琉関係をひとまず是認し、薩摩侵攻を招いた琉球政治のあり方を自戒とする意図があったためである。琉球王府の中で制度として自動化する以前の生々しい歴史への問いかけが本書には込められている。

三、薩摩侵攻

一六〇九年、薩摩の島津氏が三〇〇〇人の軍勢を率いて琉球に侵攻する。これ以降、琉球支配下の奄美群島を薩摩の直轄地とし、琉球は薩摩藩の間接支配下に入った。『中山世鑑』は、この事件を漢文で書かれた「琉球国中山王世継総論」において、次のように述べる(4)。

是れより先、大日本、永享年中（一四二九―四一）、琉球国始めて、薩州太守島津氏附庸の国と為り、日本に朝貢すること百有余年なり。尚寧（尚寧公とせず、呼び捨て）終りを慎まず始まりに悖り、恐懼の心日に弛み、邪僻の情転《やうや》く恣にして、聚斂の臣の一邪名（謝名《じゃな》親方・鄭《てい》迵《どう》を指す）を用ゐて、事大の誠を失せり。故に、慶長己酉（一六〇九）、薩州太守家久公、樺山権左衛門尉、平田太郎左衛門尉を遣はして、兵を率ゐ琉球を征伐し国王を擒《とりこ》にし返る。

尚寧王以前の第二尚氏の琉球王はすべて「尚清公」のように「公」号をつけているが、薩摩侵攻の当事者である尚寧王のみはつけていない。薩摩との朝貢関係を蔑ろにした責任を尚寧王と当時の三司官（琉球の宰相）であった鄭迵（謝名親方利山《りざん》）に帰しているのである。これは、琉球を薩摩の附庸の国とすること、薩摩侵攻の責任を琉球側に帰することなど、基本的に戦後処理体制を是認する薩摩側の立場に立った記述となっている。

四、為朝伝説

『中山世鑑』巻一「南宋淳熙十四年丁未舜天御即位」では、琉球王統の開祖である舜天について、次のように述べている。

舜天尊敦と申奉るは、大日本人皇五十六代、清和天皇の孫、六孫王より七世の後胤、六条判官為義の八男、鎮西八郎為朝公の男子也。

以下、舜天についての記述の七割以上は、為朝伝説となっている。源為朝《ためとも》（一一三九〜七〇）は、実在の人物で、平安時代後期の武将である。源為義の八男で、父によって九州へ追放されるが、勢力を築き鎮西八郎と称した。保元の乱で崇徳上皇方につき奮戦するが、敗れて伊豆大島にながされ、嘉応二年（一一七〇、一説に安元三年、一一七七）追討をうけ自殺した。彼の死後、『保元物語』（鎌倉前期までに成立）において超人的な英雄として描かれ、各地に為朝伝説が伝わることになった。こうした琉球に為朝が落ち延びた伝説は、室町幕府に外交官として仕えた臨済宗の僧侶たちの創作になるようで、室町幕府側によって琉球との交易が有利になるようにとの意図に出るものと推定されている。[5] この伝説は、一六〇五年成立の袋中『琉球神道記』にすでに見えており、当時、琉球では広く知られていたものであろう。『中山世鑑』の為朝伝説は、琉球入り以前を『保元物語』の記述を利用し、琉球入り以後を南浦文之「討琉球詩序」を利用して構成している。田名真一によれば、為朝の遺児伝説と舜天伝説を結びつけたのは羽地朝秀であるとする。[6]

五、漢文史書『中山世譜』（蔡鐸本）

次に編纂された歴史書が『中山世譜《せいふ》』（蔡鐸本）で、漢文による王の年代記であり、編年体となっている。尚貞王（在位一六六九〜一七〇九）の代、一七〇一年に完成した。全体は五巻で、薩摩関係だけを記載した一巻と附巻一巻が附属する。

『中山世譜』巻頭には、編纂者として「当官姓氏。摂政、尚弘才。法司、向世俊、馬廷器、毛天相。総理司譜官、尚弘徳、向和礼、傳崇道。校正官、蔡鐸」の八人の名前を記すが、実際の編纂に当たったのは、校正官の蔡鐸《さいたく》である。康熙四十年(一七〇一)九月二十七日の蔡鐸「中山世譜序」によれば、先代の尚質王の代、羽地朝秀(向象賢)に命じ和文で『中山世鑑』を編纂させたが、今回、漢文を以て『中山世鑑』を重修させ、『中山世譜』と名付けたという。「譜」は王家の家譜を意味する。これは、一六八九年より始まった、王府による琉球士族の家譜収集に対応するものである。一般士族の家譜に対して、王家の家譜が『中山世譜』となるのである。『中山世譜』は、一六五〇年に完成した『中山世鑑』五巻の翻訳に相当するが、系図座に収集された士族の家譜も参考とし、内容を増補している。また、序文には「史記、通鑑の例に遵依し、全部を編成す」とあり、中国の代表的な歴史書である前漢・司馬遷『史記』と北宋・司馬光『資治通鑑』を参照して作成したと明言している。それは、蔡鐸が、久米村の知識人であったことと密接に関連する。琉球の久米村は唐栄とも呼ばれ、伝説では明初に渡来した「閩人三十六姓」の末裔と言われる人々の居住地である。実際には、貿易などの理由でやってきた中国人が自然発生的に那覇の港に集落を形成したのが始まりと考えられている。久米村の士族は、中国との外交業務に専門的に従事する人々で、外交文書の作成、中国への使者、通訳となり、琉球の対外貿易の中心で活躍した。彼らは中国人の子孫として、中国の古典的教養を身につけていた。

『中山世譜』の特異な点は、全体を中国向けの正巻五巻附巻一巻と、薩摩関連記事のみの一巻に分けたことである。これは、実質上、薩摩の支配下にありながら、それを隠蔽して、清朝の朝貢国として振る舞う琉球の現実を反映したものである。中国側には正巻五巻附巻一巻のみが公開されたと考えられる。この区分は、これ以降、編纂された『中山世譜』(蔡温本)、『球陽』にも受け継がれている。

『中山世譜』巻一は、天地生成に始まり、神話時代から尚敬王の時代までを略述する。巻二は、舜天王から武寧王の時代までを記述する。「附紀」として即位以前の事柄を記し、「紀」として即位後の事柄を記す。以下、同じ。巻三は、尚思紹王から尚徳王の時代まで、第一尚氏王統を記述する。巻四は、第二尚氏王統の記述となり、尚稷王から尚永王の時代までを記述する。巻五は、尚寧王から尚益王の時代までを記述する。『中山世鑑』は、尚清王(在位一五二七~五五)までが記述の対象となっているので、それ以降は、蔡鐸の増補になる。また、序文の書かれた一七〇一年以降、一七一二年（尚貞王、尚益王の末年）まで書き継がれているので、序文執筆後も引き続き編纂が継続していたと考えられる。(7)

薩摩関係だけを記載した一巻は、正巻と同じく『中山世譜』と題され、正巻と同じく康熙四十年（一七〇一）九月二十七日の蔡鐸「中山世譜序」を有するが内容は異なる。琉球と日本、琉球と薩摩の関係を述べ、「博く旧案を考へ、其の最要の事を集め、別して一巻と為し、譜末に附すと云ふ」という。本文は、尚清王から尚益王（在位一七一〇～一二）までの薩摩琉球関係を記述する。この一巻は、薩摩向けの漢文史書である。

附巻は、康熙四十六年（一七〇七）蔡鐸「中山世譜附巻序」を有し、尚貞王の命により、尚質王の兄弟で後継者のいなかった尚恭公、尚文公の二王子の伝記を綴ったものである。

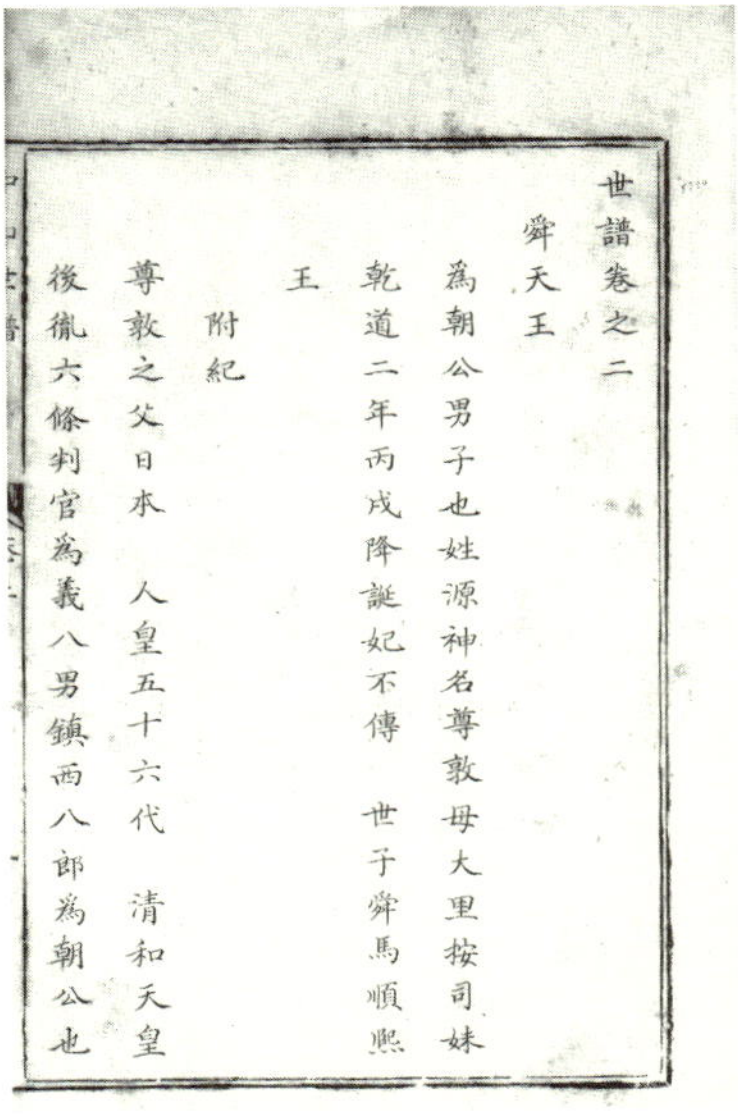
世譜巻之二
舜天王
為朝公男子也姓源神名尊敦母大里按司妹
乾道二年丙戌降誕妃不傳　世子舜馬順熙
王
附紀
尊敦之父日本　人皇五十六代　清和天皇
後胤六條判官為義八男鎮西八郎為朝公也

図2　蔡鐸本『中山世譜』巻二巻頭（沖縄県立博物館・美術館所蔵）

『中山世譜』の編者である蔡鐸（一六四四～一七二四）は、首里の出身であるが、那覇久米村の蔡家の養子となった。久米村の最高官職である総理唐栄司に至り、二十二年間勤めた。東風平間切志多伯《したはく》地頭となり志多伯親方と呼ばれる。清朝には一六八二年に存留通事として、一六八八～九〇年に正議大夫として渡っている。琉球の外交文書集『歴代宝案』を編纂し、漢詩集に『観光堂遊草』（『中山詩文集』に収録）がある。

六、漢文史書『中山世譜』（蔡温本）

蔡温本『中山世譜』は、蔡鐸本『中山世譜』の重修本で、尚敬王（在位一七一三～五一）の代に編纂された。編纂者として「当官姓氏。国相、尚徹。法司、馬献図、向和声、毛承詔。総宗正、尚盛、向文明、毛光弼。纂修官、蔡温」の八人の名前を記すが、実際の編纂に当たったのは、纂修官の蔡温である。一七二五年蔡温の序には、蔡温が、一七一九年冊封副使として琉球を訪問した徐葆光（一六七一～一七四〇）のもとで、『中山沿革志』(8)や冊封使録を手に入れ、それを読んで、『中山世鑑』の記述の錯誤、資料の不備を認識し、これが蔡鐸本『中山世譜』の修訂へと繋がったことが述べられている。

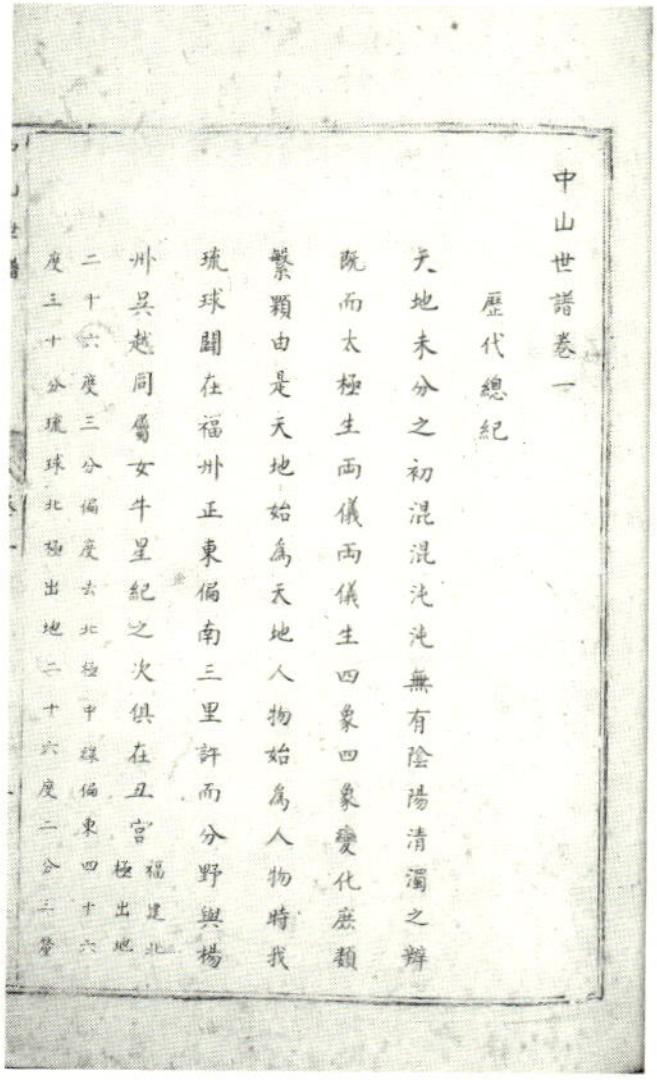
中山世譜巻一
歴代總紀
天地未分之初混混沌沌無有陰陽清濁之辯
既而太極生両儀両儀生四象四象變化庶類
繁穎由是天地始爲天地人物始爲人物時我
琉球闢在福州正東偏南三里許而分野與楊
州呉越同屬女牛星紀之次倶在丑宮福建北極出地
二十六度三分偏度去北極中線偏東四十六
度三十分琉球北極出地二十六度二分三釐

図3　蔡温本『中山世譜』巻一巻頭（沖縄県立博物館・美術館所蔵）

現存する蔡温本『中山世譜』は、一七二五年以降も継続して増補され、最後の琉球王尚泰および世子の尚典に及んでいる。最後の記事は、同治十三年（一八七四）八月十二日である。正巻は十三巻で、巻首に、「中山世譜序（蔡温）」「凡例十条」「中山世鑑原序（向象賢）」「中山世譜原序（蔡鐸）」「琉球輿地名号会紀」「歴代国王世統総図」「大琉球国中山万世王統之図」が配され、巻一は、「歴代総紀」「歴代総論」、巻二は「中山万世総紀」、巻三は「天孫紀」と舜天王から武寧王まで、巻四は尚思紹王から尚巴志王まで、巻五は尚忠王から尚徳王まで、巻六は尚稷王から尚真王まで、巻七は尚清王から尚寧王まで、巻八は尚豊王から尚純王まで、巻九は、尚益王から尚敬王まで、巻十は、尚穆王から尚成王まで、巻十一は尚灝王、巻十二は尚育王、王世子尚濬、巻十三は尚泰王、王世子尚典となっている。

尚家に伝わる尚家本『中山世譜』の附巻は、鄭秉哲の編纂したものである。第一冊に蔡鐸編『中山世譜』の附巻（尚恭公、尚文公の二王子の事績）を配し、最後に乾隆十八年（一七五三）の鄭秉哲識語を加えている。第二冊は、雍正三年（一七二五）の蔡温序を有する附巻で、「当官姓氏」は正巻と同一で、尚懿王、尚久王の事績を記す。第三冊から第五冊が薩摩関係の記事を収録した附巻七巻で、雍正九年（一七三一）の鄭秉哲序を巻首に置く。一七三一年以降も継続して記事が増補され、尚泰王の光緒二年（一八七六）に終わっている。

蔡温（一六八二～一七六二）は、那覇久米村の蔡氏で、蔡鐸の子。字は文若で、具志頭親方と呼ばれる。一七〇八年から存留通事として二年間福州に留学後、十三歳で即位した尚敬王の国師となる。一七一六年には、進貢副使として北京を訪れている。一七二八年には三司官となり、二十五年間勤めた。政治家として河川改修、農政、外交などに大きな力を発揮した。著作に『簑翁片言』『醒夢要論』『独物語』等がある。(9)

鄭秉哲（一六九五～一七六〇）は、二十六歳で通事となり、清朝に渡り、三年間修学、一七二二年に帰国するも、同年、官生（琉球王府派遣留学生）に選ばれ再度清朝に渡り、北京国子監で五年間学び、一七二九年帰国した。都通事として二回清朝に渡り、正議大夫、紫金大夫、久米村総役を経て、一七五八年には三司官座敷（三司官に次ぐ位階）になっている。『球陽』編纂の中心的な役割を担い、琉球の地誌である『琉球国旧記』の編纂も行った。

七、資料編集の時代

蔡鐸本『中山世譜』、蔡温本『中山世譜』が編集された時期は、琉球王国で様々な歴史資料、地域資料が陸続と編集される時期に当たっている。一六九七年には蔡鐸らに命じて久米村に残された琉球と中国、朝鮮、東南アジア諸国との外交資料文書の整理、集成が行われ、『歴代宝案』第一集四九巻が完成している。『歴代宝案』第一集は、一四二四年から一六九六年までの外交文書が収録されている。『久米仲里旧記』（一七〇三ごろ）『八重山御嶽由来記』（一七〇五）『宮古島旧記（御嶽由来記）』（一七〇五）『那覇由来記』（一七〇九）などの地方旧記、王府の女官制度を記述した『女官御双紙《にょかんおそうし》』（一七〇六～一三ごろ）、王府の官制を記述した『琉球国中山王府官制』（一七〇六）、琉球各地の碑文を収集した『琉球国碑文記』（一七一一年以前）が編纂された。一七一三年に完成した『琉球国由来記』二十一巻は、琉球国の総合的地誌であり、琉球古来の祭祀が詳細に記述されている。また、一七三一年に完成した『琉球国旧記』九巻附巻十一巻は、『琉球国由来記』を簡略化し漢訳し、一部増補したものである。次に述べる『球陽』は、こうした王府に蓄積された種々の資料を参考にして編纂されたものである。

八、漢文史書『球陽』

『球陽《きゅうよう》』は、琉球王朝によって編纂された琉球の編年体史書である。「球陽」は琉球の雅名である。尚敬王（在位一七一三—五二）の代、一七四三年に編纂が命ぜられた。『球陽』巻頭には、編纂者として「球陽当官。法司、蔡温、向倹徳、向得功。総宗正、尚文思、尚依仁、尚秉乾。纂修司、鄭秉哲、蔡宏謨、梁煌、毛如苞」の十人の名前を記すが、実際の編纂に当たったのは、四人の纂修司である。一七四三年に編纂が始まり、一七四五年に十四巻が完成した。一七四五年完成したものには、国初から、尚敬王の三三年（一七四五）頃までが含まれていたと推定される。その後、書き継がれて尚泰王（在位一八四八～七九）の代に至り、正巻二十二巻、附巻四巻となった。正巻二十二巻は、国初から尚泰王の二九年（一八七六）までが記載され、附巻四巻は、日本関係の記事のみを含み、尚寧王の一二年（一六〇〇）から尚泰王の二九年（一八七六）までが記載されている。『球陽』は写本で伝わり、現

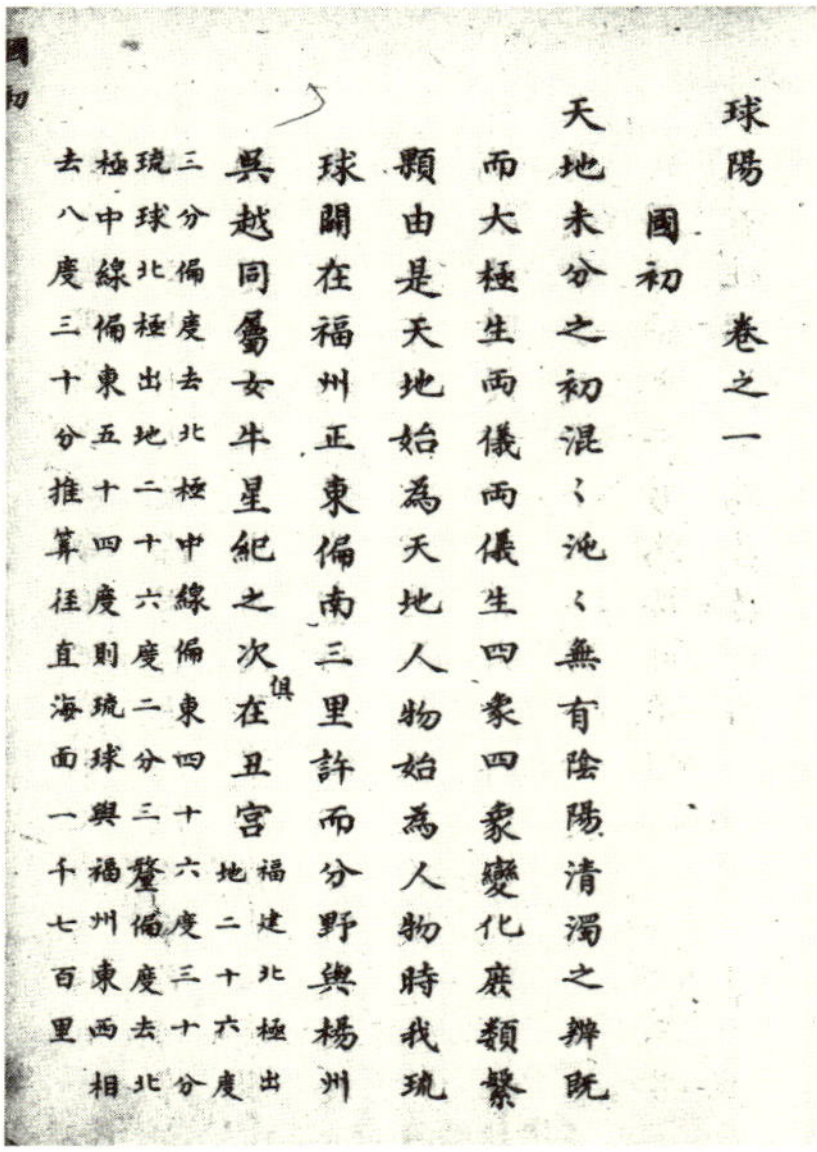

球陽　巻之一

國初

天地未分之初混ゝ沌ゝ無有陰陽清濁之辨既而大極生兩儀兩儀生四象四象變化庶類繁顆由是天地始爲天地人物始爲人物時我琉球闢在福州正東偏南三里許而分野與楊州呉越同屬女牛星紀之次倶在丑宮福建北極出地二十六度三分偏度去北極中線偏東四十六度三十分琉球北極出地二十六度二分三釐偏度去北極中線偏東五十四度則琉球與福州東西相去八度三十分推算徑直海面一千七百里

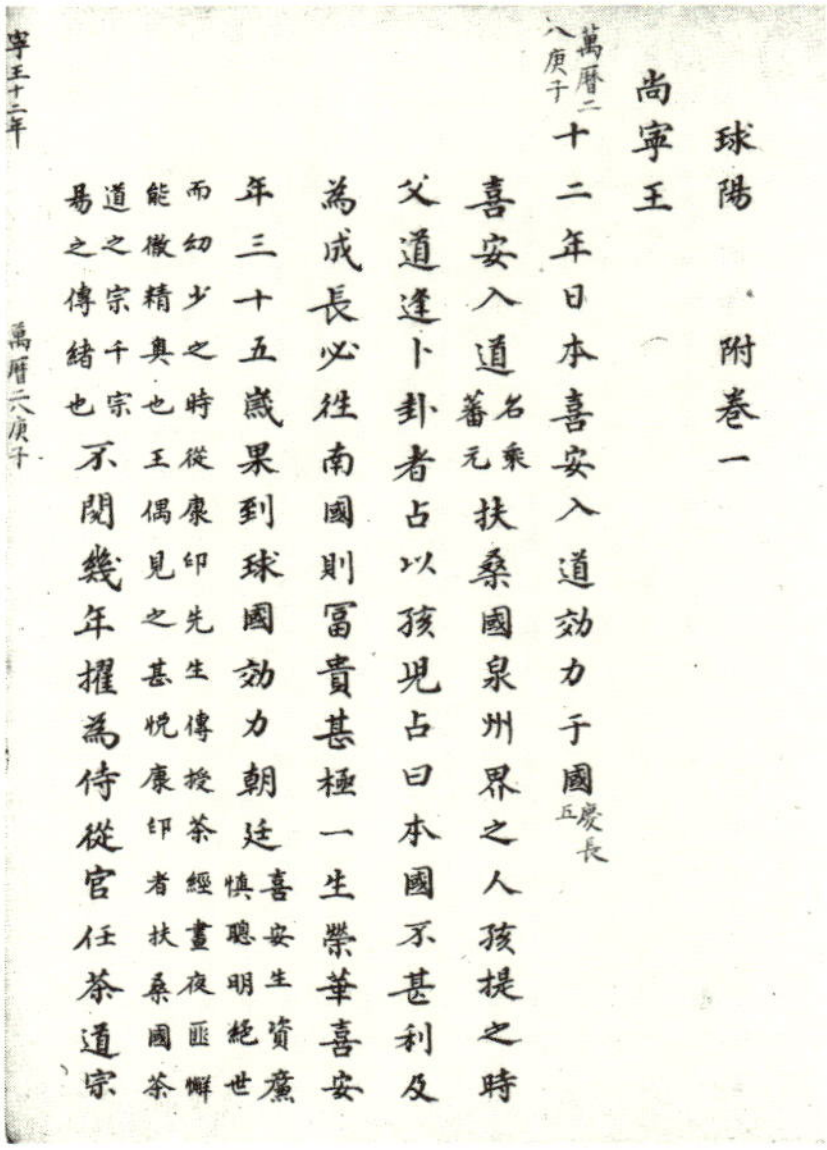

球陽　附巻一

尚寧王

萬暦二十八庚子二十二年日本喜安入道効力于國慶長五喜安入道名乗蕃元扶桑國泉州界之人孩提之時父道達卜卦者占以孩兒占曰本國不甚利及爲成長必往南國則富貴甚極一生榮華喜安年三十五歳果到球國効力朝廷喜安生資稟慎聰明絶世而幼少之時從康印先生傳授茶經晝夜匪懈能徹精奥也王偶見之甚悦康印者扶桑國茶道之宗千宗易之傳緒也不閲幾年擢爲侍從官任茶道宗

寧王十二年

萬暦二八庚子

図4（右）　『球陽』巻一巻頭（那覇市歴史博物館所蔵尚家文書）
図5（左）　『球陽』附巻巻一巻頭（那覇市歴史博物館所蔵尚家文書）

在複数の写本が存在する。最も優れた校訂本は球陽研究会編『球陽　原文編』（角川書店、一九七四年）で、琉球王尚家に伝わる写本を横山重が書写した横山本を底本とし、数種の写本を校合したものである。

『球陽』の各巻に付された目録には、項目の頭に「鄭」「蔡」「梁」「毛」と記され、四人の纂修司を指すと推定されている。校訂本の解説によれば、全巻一〇三四条中、「鄭」七四〇条、「蔡」九三条、「梁」六七条、「毛」一三四条で、鄭秉哲が編纂の中心であったことが分かる。鄭秉哲は、前述。蔡宏謨（一七〇〇～六六）は、一七六〇年久米村総役に任ぜられている。梁煌（一七〇二～七二）は、一七三一年から三年間清朝に留学、一七四一年存留通事として一七四三年まで清朝に滞在、帰国後、『球陽』の編纂に従事の後、都通事、久米村総横目、紫金大夫、地頭職を歴任している。毛如苞（一七〇八～六二）は、一七四一年漏刻番役となり、漏刻の制度を整備、一七四七年都通事の後、漢文組立役、長史司を経て、一七五七年に名護間切宮里地頭職となった。

『中山世譜』が、中国王朝との交渉（冊封、慶賀、謝恩、進貢、漂流）を主として記述するのに対し、『球陽』は、地方関係記事が四割程度も含まれている。これは、『中山世譜』が、中国を意識した琉球の歴史書であったのに対し、『球陽』が琉球王国の内政にとっての必要性から生まれた歴史書であったことを示している。『球陽』における地域資料の増加は、尚穆王の七年（一七五八）に出された「資料蒐集の訓令」によって収集された琉球各地の地域資料に依っている。こうした王府による地域資料の収集は継続的に行われたと推定され、『球陽』はその総合されたものであった。(10)

九、琉球説話集『遺老説伝』

琉球王府時代に編纂された説話集である。題名は、古老の語った話を集めた説話集という意味である。尚家本巻一巻頭に「球陽　外巻一／遺老説伝」とある通り、琉球の編年体歴史書『球陽』の外巻として編纂されたのが「遺老説伝」である。したがって、編者も『球陽』と同じく、鄭秉哲、蔡宏謨、梁煌、毛如苞の四人と考えられる。それに対応して、外巻一、外巻二の巻末には「此巻倶鄭」、外巻三には、「以上蔡記」「以上梁記」「以上毛記」、外附巻には、「以上七章鄭」「以上三章蔡」「以上二章鄭」「此一章鄭」と記す。序文等がなく、明白ではないが、『球陽』と同じく尚敬王の代、一七四三年に編纂が始まり、一七四五年に完成したと推定される。全体で一四一項目、一四二話の説話を収録し、関連する地域は本島国頭から与那国まで琉球全土に渡っている。内容は、地名、集落、習俗、祭事に関する由来など極めて多様である。『球陽』と「遺老説伝」の共通項目（城殿、公事、事始、部落発祥、御岳、祭祀、旧跡など）について比較分析を行った嘉手納宗徳によれば、編年体に配列可能か、王家に関係するか、国家的か地方的かで、両者の記事は異なるという。(11)

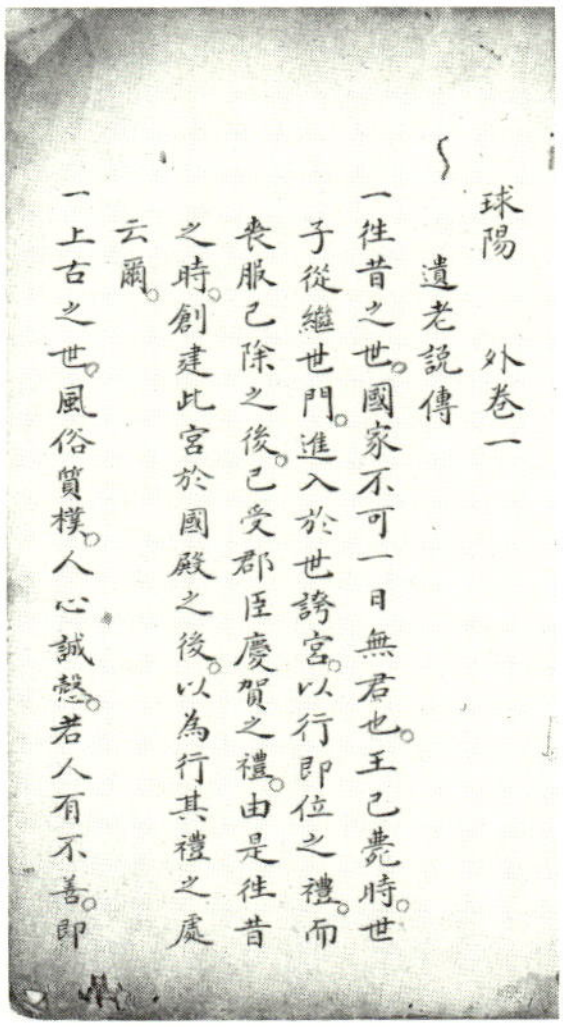

図6　『遺老説伝』巻一巻頭（那覇市歴史博物館所蔵尚家文書）

遺老説伝は、蔡温本『中山世譜』の凡例に、「遺老説伝なる者は、伝ふるに空言を以てし、説くに巧言を以てし、其の間変異常無く、虚実弁じ難し」とあり、王府の歴史からは排除されるべきものとして位置付けられていた。王府の収集した資料には、現実には王府の歴史に回収されない多様な声、語りが存在した。それは、編年体史書から漏れたものであり、すなわち歴史の残余なのである。

琉球の歴史書、特に羽地朝秀『中山世鑑』、蔡鐸『中山世

譜』、蔡温『中山世譜』は、その著者たちがいずれも政治的に重要な地位についていた。羽地朝秀は摂政となり、蔡鐸は久米村の最高官職である総理唐栄司となり、蔡温は三司官（琉球の宰相）となり、これらの歴史書は現実政治に深く関係した人物による創作であった。したがって、彼らの政治体験がその著述に深く影響を与えていることは否定できない。すなわち、それは客観的な歴史という、現実から一歩退いた位置にいる歴史家の創造物ではない。それゆえ、それぞれの歴史書には、著述された時代の政治課題が読み込まれており、読者は事実としての歴史叙述とともに、ある明確な政治的意図を持った叙述と対面することになるのである。

注

（1）東恩納寛惇「中山世鑑・中山世譜及び球陽」（『琉球史料叢書』第五巻、鳳文書館、一九四〇年）。
（2）田名真之「王府の歴史記述――『中山世鑑』と『中山世譜』」（島村幸一編『琉球 交叉する歴史と文化』勉誠出版、二〇一四年）。
（3）前掲注1東恩納論文参照。
（4）『琉球史料叢書』第五巻（鳳文書館、一九四〇年）。
（5）月舟寿桂（一四七〇―一五三三）「鶴翁字銘并序」（『幻雲文集』（『続群書類従』十三上））、村井章介『アジア往還』（朝日新聞社、一九九五年）、浦野聡、深津行徳『人文資料学の現在I』（春風社、二〇〇六年）「琉球の文字資料」。
（6）前掲注2田名論文参照。
（7）『那覇市史　資料編第一巻六　家譜資料二（下）』（那覇市企画部市史編集室、一九八〇年）。
（8）『中山沿革志』は、康熙二十二年（一六八三）に尚貞王の冊封のために来琉した冊封使・汪楫の冊封使録で、康熙二十三年（一六八四）序刊本がある。
（9）『那覇市史　資料編第一巻六　家譜資料二（上）』（那覇市企画部市史編集室、一九八〇年）。『那覇市史　資料編第一巻六　家譜資料二（下）』（那覇市企画部市史編集室、一九八〇年）。
（10）球陽研究会編『球陽　原文編』（角川書店、一九七四年）。
（11）嘉手納宗徳『球陽外巻　遺老説傳：原文・読み下し』（角川書店、一九七八年）。

読みかえられる史書――歴史の「正統」と「正当化」

水戸学と「正統」

大川　真

おおかわ・まこと――吉野作造記念館館長・国際日本文化研究センター共同研究員など。専門は日本政治思想史、文化史。著書・論文に『近世王権論と「正名」の転回史』（御茶の水書房、二〇一二年）、「後期水戸学における思想的転回――会沢正志斎の思想を中心に」（『日本思想史学』三九、二〇〇七年）、「安積澹泊『大日本史賛藪』について」（『季刊日本思想史』八一、二〇一四年）などがある。

「『本朝通鑑』は名分を疎かにしたが、南北朝正閏問題をふくめ『大日本史』は大義名分を明らかにした」という語り方で水戸学ではそのレーゾンデートルを示してきた。しかし実際に『大日本史』の正統論を検討すると、道学的議論を排除して嫡長男継承制を基調にしていることが分かる。

はじめに――『本朝通鑑』へのクレーム

（一）『本朝通鑑』をめぐって

寛文十年（一六七〇）、林羅山・鵞峰父子二代の宿願であった歴史書『本朝通鑑』が完成した。すでに羅山は、明暦の大火（一六五七）直後の一月二十三日に白玉楼中の人となっている。寛永二十一年（一六四四）より幕命をうけ、『本朝通鑑』の前身である『本朝編年録』の編纂を開始するが、心血を注いで作成した同書の献上本も明暦の大火で焼失した。羅山の落胆如何ばかりだったろうか。羅山の死去により中断していた編纂事業は寛文二年（一六六六）に羅山の三男・鵞峰を総裁として再開される。しかしその後も苦難が続いた。林家のいわばエースであった鵞峰の長男・梅洞が寛文六年（一六六六）に二十四歳で病死したのである。度重なる災禍を乗り越えて完成された『本朝通鑑』を目の前にして鵞峰の感激もひとしおであったことだろう。(1)

（二）太伯皇祖説をめぐって

しかし『本朝通鑑』の上梓に冷や水を浴びせるような出来事があったことが水戸藩の学者・安藤為章『年山打聞』（元

禄三年・一六九〇）に記されている。

『本朝通鑑』の完成直後の頃と思われるが、水戸公・光圀が尾州公・光友、紀州公・光貞と江戸城で対面する機会があった。その際に老中が『本朝通鑑』全巻を持ってきて上意により梓行される旨を告げた。光圀がその中の一、二巻を見たところ、太伯皇祖説、すなわち皇祖が呉の太伯の後胤であるという古伝が書かれていることに気付き、日本固有の神話や史書ではなく「外策妄伝」を迷信しているとして版行に待ったをかけたというのである。

呉の太伯の裔といわし、神州の大宝永く、外国の附庸を免れがたからん。されば此書は吾国の醜を万代に残すと云べし。されば此魔説を削りて、正史のまゝに改正せらるべし。さは侍らぬかと宣へば、尾紀の両君もうなづきせ給ひ、執政の人々も西山公の御確論に伏せられて、梓行をとゞめられ侍りぬ。（『年山打聞』下之末「神州恐レ委レ呉」[2]）

『大日本史』の『修史始末』に収録され膾炙した事件であるが、明治以降ではこの史実は存在しないという説も提示された。[3] 版行された『本朝通鑑』には太伯皇祖説は無く、「夫の少康・泰伯の事のごときは、則ち異域の伝称する所、今は取らず」（巻三、神代紀下、原漢文）と記載されているからである。また鵞峰による『本朝通鑑』の編集日記『国史館日録』（寛文二年より寛文六年六月まで）にもこの事件に関する記述はない。しかしながら林家が太伯皇祖説をある程度支持していたことは周知の事実である。禅僧・中巌円月が太伯皇祖説を唱えたことに対して羅山は次のように述べる。

余窃かに圓月の意を惟ふ、諸書を按ずるに、日本を以て呉の太伯の後と為す。夫れ太伯は荊蛮に逃れ、髪を断ち身に文して交龍と共に居る。其の子孫筑紫に来る。想ふに必ず時の人以て神と為せん。是れ天孫日向の高千穂の峰に降るの謂ひか。当時の国人疑ひて之れを拒ぐ者、或いは之れ有るか。是れ大己貴神、順ろひ服せざるの謂ひか。其の交龍と雑はり居るを以ての故に、海神交会の説有るか。其の齎《つつ》み持て来る者、或いは墳典索丘蝌斗文字有るか。故に天書神農龍書の説有るか。其の三たび以て天下を譲るを以ての故に、遂に三譲の両字を以て伊勢皇太神宮に掲げるか。其の牽合付会、此くのごとしと雖も其の理有るに似たり。夫れ天孫誠に若し所謂る天神の子為らば、何ぞ畿邦に降らずして西鄙蕞爾の僻地に来るか。（中略）嗚呼、姫氏の孫子、本支百世、万世に至りて君たるべし。亦た盛ならずや。彼の強大の呉、越に滅ぼさるると雖も、我が邦の宝祚天地と窮まり無し。余是に於いて愈々太伯の至徳たるを信ず。設使ひ圓月復た生ずるも

余が言に何を謂はんや。（「神武天皇論」。原漢文）(4)

羅山はこのように、記紀神話に見られる出来事を、周代の中国の文物・風習にあてはめて理解することは牽強付会であるとしながらも、天孫降臨の舞台が畿内ではなく、西南の僻地である日向の高千穂であったことを併せ考えると呉からの渡来者を皇祖とすることには理があるとしている。

一、『本朝通鑑』と『大日本史』の差異

(一)『大日本史』の語られ方

太伯皇祖説への対応でも顕著にあらわれているように、水戸の学者たちは、『大日本史』と同時期に編纂が進められた林家『本朝通鑑』を相当に意識していたのは事実であろう。そして三大特筆をふくめ、『大日本史』は名分論、尊王（皇）論において『本朝通鑑』を凌駕しているという語り方が戦前から戦後までも持続して見られた。水戸史学会の会長を長らく務めた名越時正氏は次のように述べる。

『年山紀聞』の記すところによれば、義公はこの三大特筆（神功皇后を御歴代より除き、大友皇子の即位を認め吉野朝廷を正統とする）について如何なる権力を以て自分を処罰することがあっても自分はそれを甘受すると語って居たという。そして自撰の梅里先生碑にも「皇統を正閏し、人臣を是非す」を以て修史の目標であると記して居る。義公は権力や時勢によって自己の学問を曲げるごとき卑屈な二元的態度は絶対に許さないのである。義公と鵞峰、『本朝通鑑』と『大日本史』との間に存する絶大な差異は先ず根本的にこの点にあった。(5)

林家からは『大日本史』への直接的な批判は見受けられないが、水戸学からは『本朝通鑑』が事実を優先して名分を蔑ろにしているという批判が近世前期から一貫して行われてきた。『大日本史』は『本朝通鑑』との差異化によってレーゾンデートルを示してきたと言えよう。

(二)『通鑑』対『綱目』の図式

「『本朝通鑑』＝事実（優先）主義対『大日本史』＝名分（優先）主義」という対立図式は、司馬光『資治通鑑』と朱熹『資治通鑑綱目』との関係図式を援用していよう。

朱熹は、平坦に事実を書き連ね名分を正そうとしない『資治通鑑』に飽き足らず、『春秋左氏伝』などに見られる綱目の書法に倣い、後人の訓戒の書とすべく『資治通鑑綱目』を著したと述べている。(6)特に朱熹が蜀漢を正統としたことは、司馬光が魏を正統としたことと大きく決別し、日本の学者においても両書の正統論が議論の焦点となっていく。水戸学では、南北朝問題と蜀魏問題とを重ね合わせ、「功業の実」の

あった魏を正統とみなす『通鑑』ではなく、漢室の血縁にある蜀を正統とする『綱目』に軍配を上げ、南朝正統論の根拠たらしめんとした。

（三）光圀と鵞峰の質疑応答

皇統論において血統が重要であるのは言うまでもないが、皇統に武家が関与、干渉したことも大いに問題となる。『国史館日録』の寛文四年（一六六四）十一月二十八日の記述に、「水戸参議」、すなわち光圀に招かれて、鵞峰が邸を訪問し、『本朝通鑑』の編集について質問をうけたことがふれられている。その際に、安徳天皇が西国に逃れ後鳥羽天皇が即位したが、どちらの天皇を正統とすべきか。また後醍醐天皇が譲位することなく、北条高時が光厳天皇を、足利尊氏が光明天皇をそれぞれ即位させたが、南朝、北朝のどちらを正統とすべきかという正閏に関わる二つの問いがあった。それに対して鵞峰は、西国に逃れても崩御するまでは安徳天皇を正統とするが、年号は寿永のみならず元暦も分註して記述するべきであると述べ、続いて南北朝正閏問題については以下のように回答している。

夫の吉野に於けるがごときの事は、則ち未だ考えを決せず。帝統二流の本は、則ち光厳・光明、嫡為り、後醍醐は庶為り。然るに光厳・光明の即位は賊臣の意に出づれば、則ち熟つら思ひ以て之れを定めん。馬公、曹魏を以て正統と為す。其の論、世儒以て不正と為す。然るに今修する所、妄りに以て当時帝王の祖を僭と為し、南朝を以て正と為さば則ち書出の後、未だ朝議以て奈何と為すを知らず。（原漢文[7]）

血統から考えれば、持明院統の光厳・光明が嫡流、大覚寺統の後醍醐が庶流となる。しかし光厳・光明はどちらも武家の都合により即位した。皇統へ介入した北条・足利の暴戻さは、献帝を操り、その後は献帝に禅譲を強いた曹操・曹丕父子のそれと変わらないのではないか。南北朝の正閏は林家史学でも大きな問題であった。

二、南北朝正閏問題をめぐって

（一）北朝は偽朝か

足利尊氏による北朝の擁立は為にする奸計であったと断じたのは、近世史学の大成者・新井白石も同じである。白石は『読史余論』（正徳二・一七一二年成立）のなかで「北朝は、全く足利殿みづからのためにたておきまゐらせし所にて、正しき皇統とも申しがたければ、或は偽主・偽朝などもその代にはいひしとぞみへたる。」と述べる。しかし当今の皇室も北朝を出自としている。北朝を偽朝としてその正統性を無効と宣言するのは、朝幕関係に大きな亀裂を生じさせる危険もある。尊氏以降は、政治実権は武家が完全に掌握し朝廷はただ「虚器」を戴くだけの存在へと衰退したが、依然として王位は天皇家が保持している。したがって天皇家は武家の「共主」というべき存在であろう。白石は、このように結論づけた。(8)

白石は、本心では南朝に肩入れしていたようである。

…北畠源大納言入道親房父子の忠功、いにしへの大臣にもおとり給ふべからず。此の世には、朝廷の人々も多くは義をおもひ節を守り給ひしにや。公卿以上南山へ参られし人々も、廿余人におよべり。それより已下は猶多かり。ことに戦場にして命を絶せし人々もすくなからず。さればある人のいひしは、その代に義をも節をも守りし人々は皆南朝にさりて、偽朝の臣たらむ事をふかく恥き。その余北朝にのこりとゞまりし人々は、皆恥なき人々なりとありけり。さもこそありけめとおもはるゝ也。

(『読史余論』下)(9)

北朝に全き正統性を認められない理由は、そこに集った公卿、武家たちの不忠の言動にあった。しかし前述の理由から、白石は南北朝の正閏に対して明確な判断を下すのは回避したのであった。

(二) 林家の南北朝論

再び林家に話を戻そう。血筋とともに皇位継承における皇室の自律性などを総合的に勘案すると、南北朝正閏問題はアポリアとならざるを得ない。そこで林家が採った方法は、天皇の居所が都であるか地方であるかによって、その正閏を決定するという「都鄙の弁」であった。

按ずるに、後醍醐帝、延元元年、吉野に遷幸す。是より南朝南帝の称有り。然して後醍醐譲位の儀無く、光明帝、尊氏の為めに立てらる。則ち後醍醐の世を終えるまで、乃ち帝統の正、吉野に在るべし。後村上に至りては、則ち都鄙の弁無かるべからず。況んや北朝の帝運伝わり今日に伝わるをや。故に此に至り、北朝を以て正と為し、南朝を其の間に附す。

(『続本朝通鑑』巻一三二、光明天皇三、南朝後村上天皇一。原漢文)(10)

安川実氏の研究によれば、林家史学は、羅山が五十代後半を迎えた寛永十四、五年(一六三七、八)頃に、『綱目』的史学から『通鑑』的史学へシフトチェンジし、道学主義から転回して史実の考証を第一とする歴史主義の色彩を強めていくという。(11) 司馬光は、道徳的観点に基づく前代までの正閏論争とは一線を画し、「正閏の際は敢て知る所に非ず。但だ其の功業の実に拠りて之を言ふのみ。」（『資治通鑑』魏紀一、黄初二年）と天下統一の政治実績から正閏論を考えた。[12] 林家史学でも、そもそも皇統の正閏を論じること自体が僭上であると留保しつつ、あえて正閏を明らかにする際には「都鄙の弁」を導入したが、そこに『通鑑』の影響を見るのはあながち的を外れてはいないだろう。

(三) 水戸学と『資治通鑑』

前述した通り、水戸学は『通鑑』の正統論、すなわち漢王朝の血筋を引くといわれる蜀ではなく、帝位へ干渉した魏を正統とみなした史論には反発し、蜀を正統とみなす『綱目』に賛意を示した。しかし史論全体の評価に関しては、必ずしも『綱目』に軍配を挙げているのではなかったようである。前期水戸学を代表する学者であり、彰考館総裁として草創期の『大日本史』編纂事業を牽引した安積澹泊の随筆には次のようにある。

資治通鑑の文義、平易、注解を仮りずして自づから明かなり。胡三省、音注を作り、史炤の誤りを正し、司馬康の誣を弁ず。繊悉備われり。成敗利鈍の機、賢愚邪正の分に至りては、或いは冷語を下し、或いは数十言を著す。議論精覈、復た余蘊無し。綱目の書法発明なり。議論剴切と雖も、頗る苛酷に傷なふ者有り。設し其の人をして面し之れを聞かしめば、必ず辞すること有らん。豈に心服せんや。（『湖亭渉筆』序文、一七二七年刊。原漢文）[13]

『通鑑』、『綱目』ともに「拠事直書」を重視した点では共通しつつ、名分、華夷内外の弁を強調する『綱目』はややもすれば苛酷に過ぎると澹泊には映じたのであった。

(四) 水戸学における政治的リアリズム

かかる『通鑑』・『綱目』に対する評価は、歴史や人物を多面的に評価する水戸学の姿勢に繋がっていった。たとえば『日本書紀』で「孕める婦の腹を刳《さ》きて其の胎を観す」「人の指甲《なまつめ》を解《ぬ》きて、暑預《いも》を掘らしむ」など数々の残虐非道な行いをしたとされる武烈天皇について、安積澹泊『大日本史賛藪』[14]では、その政治的能力、とりわけ厳格かつ公正な裁判を行い得たことを高く評価している。

武烈専ら刑名を好み、肆に残暴を行ふ。智は以て諫を拒ぐに足り、言は以て非を飾るに足る。故に大臣に大伴金村・大伴室屋の如き有りと難も、師保の訓、入ること能はざるなり。孰か仁賢の子にして、暴虐此の如きの君有りと謂はんや。其の、百姓怨望し畔《そむ》く者四起するに至らざりしは、祖宗の余烈に由ると雖も、亦其の天資英爽なればなり。善く獄訟を断じ、幽を鉤し枉を伸ばすは、決して庸劣の主に非ず。此れ其の克く天禄を保てる所以の者か。

（武烈天皇紀賛、巻六。原漢文）[15]

三、正統と神器

（一）皇統における「正統」

ところで水戸学において、皇統における「正統」とはどのように決められていたのであろうか。同じく安積澹泊『大日本史賛藪』を見てみよう。

> 適を立つるに、長を以てし賢を以てせず。子を立つるに、貴を以てして長を以てせず。古の道なり。蓋し諸母皆同埒なれば、則ち母、子を以て貴し。嫡母の生む所は、則ち子、母を以て貴し。義並び行はれて相悖らず。故に正嫡に子有れば、則ち庶子長たりと雖も、立つことを得ざるは、亦た甚だ明らかなり。
>
> （文徳の皇子惟喬親王伝賛、巻九十一）[16]

『公羊伝』隠元元年「立適以長不以賢、立子以貴不以長」という記事を根拠に、嫡子は適夫人（正妻）の子から賢不肖を問わず年長者を選び、それ以外の側室の子や姪娣の子の間の序列は年長少ではなく賢不肖で決まり、正妻に子があれば、どんなに優秀でも庶子は儲嗣たり得ないとする。[17]一般的に日本の名分論、尊王（皇）論に大きな影響を与えたとされるのが朱熹の正統論であるが、土田健次郎氏によれば、『資治通鑑綱目』凡例に表れた朱熹の正統論は、天下を統一しかつ二代経てば正統とみなされるという政治的要件を基準にした案外乾いたものである。[18]澹泊の正統論も道徳的要件を排除しながらも、「正妻の長子による皇統継承こそが正統である」という、いわゆる嫡長男継承制を基調としている。

（二）南北朝正閏と三種の神器

ただし持明院統と大覚寺統の対立など皇室の内部で問題が起こった際には、先帝の「遺詔」のみが正統性を持つとした。[19]もちろん澹泊も「皇統、豈宜しく二有るべけんや。之を二にするは、乱を階するなり。」と、後嵯峨以降の皇統において両統迭立が続いたことを批判的に述べている。後嵯峨が私情によって嫡長子である後深草ではなく亀山に皇位継承を託した詔を遺したのは「大公至正の道に非ず」と言わざるを得ない。しかも両統迭立が北条家の仲裁のもとで行われていたことは皇統の自律性を失いかねない過失である。ただし武家の策略によって北朝が建てられ、二帝が同時に皇位に在し、皇室の自律性が失われた南北朝期とは同日の談ではないという。こうした危機的状況にあって「正統」を決定する唯一の判断材料は、三種の神器の所在であるとした。

> 皇統の判《わか》れて南北と為るは、猶ほ元魏の分れて東西と為るがごときか。曰く、非なり。孝武・孝静は、皆孝文

より出で、固より軽重する所無く、唯だ名分の在る所を視て正と為すのみ。孝武は高歓の逐ふ所と為りて、孝静、其の立つる所と為る。則ち正統の西に在ること、従りて知るべきなり。皇統の後嵯峨に出づるも、亦軽重する所無く、唯だ神器の在る所を視て、正と為すのみ。光厳・光明は皆叛臣の立つる所たり。神器無きに非ざれども、伝ふる所、真に非ざれば、則ち之を有りと謂ふは得ず。然れども神器の軽重は、人心の向背に係る。人心帰すれば則ち神器重く、人心離るれば則ち神器軽し。

（後小松天皇紀賛、巻七十二・三）[20]

嫡長男継承、先帝の遺詔、神器の所在のみを要件とする正統論は、突き詰めれば道徳論の色彩を完全に脱色させた事実論に成りかねない。人心の帰趨を神器の「軽重」に関連させることにより、皇統における正統論は皇室内部の単なる相続論から脱して「天下の公論」へと昇華していくと澹泊は考えた。

おわりに――「国民に開かれた皇室」像の起点

北畠親房の『神皇正統記』以来、日本では三種の神器の所在が皇統における正統性を決定する重要な要素となった。そして神器に対しては、物質的な宝器としてではなく、王者に相応しい知仁勇の三徳を具象化したものと親房が措定したように、道徳的価値に重きが置かれるようになった。水戸学ではさらに神器と民心を結びつけ、皇位継承と仁政とを連動して捉える視点を提供した。

こうした水戸学の皇統論が、実は現在にいたる「国民に開かれた皇室」像の一つの起点となっているのではないかというのが筆者の推測である。大正、昭和にかけて水戸学の再興運動で中心的な役割を果たした雨谷毅は、大正デモクラシーが世間を風靡するなかで、水戸学の真髄は「尊王民本主義」にあると縷説した。

前述の如く尊王民本両面の思想を備えたるものが、水戸学の真主義である、而かも其れが渾然一致したるもので、決して離れ〳〵の者ではない、之を哲理的にいへば、一にして二、二にして一なる者が、即ち其であつて、尊王は民本を俟つて始めて精神がある、二者実に不可分的関係の者である。之を貫くものは実に道義的至情的理想に従ふ国民的感激である、由来我国の他国と異なる国情国体を有する所以のものは誰も知る通り、皇室も国民も元来同一本（本支の分は儼なれど）のもので、君民一体と云ふ事実に根底して居る事がそれである[21]

天皇の尊貴性・不可侵性は担保されつつ、国民とは君民一体の情で密に結ばれているという言説は、近代の日本において一般化され、象徴天皇制の現在でもそうした言説はよく見られる。しかし皇位と民心とを関連づけながら、臣子の分を越えて皇統を私議することを厳しく戒め、道学的要素を排除し「拠事直書」に努めた水戸学の真髄は顧みられなくなっている。

注

(1) 草創期の林家については揖斐高『江戸幕府と儒学者――林羅山・鵞峰・鳳岡三代の闘い』(中公新書、二〇一四年)が丁寧に描いている。なお筆者による同著への書評は『日本経済思想史研究』一五(二〇一五年)に掲載されている。

(2) 『随筆大観』六(国書出版協会、一九一〇～一九一一年)五六―五七頁。

(3) 日下寛「本朝通鑑の為に弁して世の識者に質す」(『史学雑誌』七―三、一八九六年)。

(4) 『林羅山文集』上(ぺりかん社、一九七九年)二八〇―二八一頁。

(5) 名越時正「『本朝通鑑』と『大日本史』――史学に於ける二つの立場」(『水戸史学』八〇、二〇一四年、六頁。初出『水戸一高紀要』一、一九五七年)。

(6) 「臣旧読資治通鑑。窃見其間、周末諸侯僭称王号、而不正其名。漢丞相亮出師討賊、而反書入寇。此類非一殊不可暁。又凡事首尾詳略一用平文書写。雖有日録亦難検尋、因窃妄意就其事実、別為一書。表歳以首年而因年以著統、大書以提要而小註以備言。至其是非得失之際、則又輒用古史書法略示訓戒。名曰資治通鑑綱目。…」(『朱子文集』巻二十二、八十六条)。

(7) 山本武夫校訂『国史館日録』一(続群書類従完成会、一九九七年)四六頁。

(8) 拙著『近世王権論と「正名」の転回史』第二章(御茶の水書房、二〇一二年)。

(9) 『日本思想大系　新井白石』(岩波書店、一九七五年)三七八頁。

(10) 国書刊行会編『本朝通鑑』一二(一九二〇年)三八〇二頁。

(11) 安川実『本朝通鑑の研究』(言叢社、一九八〇年)。

(12) 中国の正統論争については、内藤湖南『支那史学史』(弘文堂、一九四〇年)、神田喜一郎「支那史学に現はれたる倫理思想」(『岩波講座　倫理学』一〇、一九四一年)、西順蔵「北宋その他の正統論」(『中国思想論集』筑摩書房、一九六九年)など。

(13) 関儀一郎編『続々日本儒林叢書』二(東洋図書刊行会、一九三七年)。

(14) 享保元年(一七一六)から同五年(一七二〇)にかけて、澹泊は、改訂に三宅観瀾の意見を採り入れつつ、『大日本史』の論賛部分を執筆した。仙台藩儒・高橋以敬の後叙によれば、水戸藩が享保五年(一七二〇)に幕府に献上した清書本を、延享三年(一七四六)に仙台藩が借り筆写した際、同藩の田辺希文が論賛を筆写して五巻とし、その際に「賛藪」と名づけたという。なお以下の『大日本史賛藪』への分析は、旧稿(「安積澹泊『大日本史賛藪』について」『季刊日本思想史』八一、二〇一四年)と重複する部分が多い。

(15) 『日本思想大系　近世史論集』(岩波書店、一九七四年)二四頁。

(16) 同前、九五―九六頁。

(17) 特に「立子以貴不以長」の「子」の解釈については、何休『春秋公羊経伝解詁』に依った。なお『春秋公羊経伝解詁』の現代語訳は岩本賢司『春秋公羊伝何休解詁』(汲古書院、一九九三年）を参照。

(18)『神皇正統記』と宋学」（『大倉山論集』四二、一九九八年）、「朱子学の正統論・道統論と日本の展開」（吾妻重二・黄俊傑編『国際シンポジウム　東アジア世界と儒教』東方書店、二〇〇五年）、「「治統」覚書――正統論・道統論との関係から」（『東洋の思想と宗教』二三、二〇〇六年）。

(19)「皇統、豈宜しく二有るべけんや。之を二にするは、乱を階するなり。後嵯峨上皇、専ら亀山に属意し、其をして世々図籙に膺《あた》らしめ、後深草の胤をして、復び立つを得ざらしめんと欲す。大公至正の道に非ずと雖も、大宮院面《まのあた》りに天語を聞けり。関東に在りては、則ち北条時頼敬みて遺詔を奉ぜり。此れ、宜しく一定して移動すべからざるべき者なり。北条時宗、後深草上皇の憂欝を見るに忍びず、帝を抜《ひ》きて儲弐に居らしむ。其の情を原《たず》ぬれば、深く罪すべからざる者に似たれども、遺詔に違ふの責は、則ち辞するを得ず。帝、苞桑の計を為し、祚を無窮に伝へんと欲するも、関東に倚りて重きを為さざるを得ず、故に百方暁譬す。而して北条貞時、詔旨に逼られて、後伏見帝を立つ。此れ、関東再び遺詔に違へるなり。元弘の誅、焉んぞ其の子に加はらざることを得んや。」（伏見天皇紀賛、巻六十四、『日本思想大系　近世史論集』六四―六五頁）。

(20)同前六九―七〇頁。

(21)雨谷毅『水戸学の新研究』（水戸学研究会、一九二八年）一一一頁。

＊本稿の脱稿後に斎藤公太「前期水戸学における神器論争」（『年報日本思想史』一五、二〇一六年）が刊行された。前期水戸学において、神器と正統とがどのように理解されたのかを、闇斎学派との影響関係をふまえ考究した労作である。あわせて読まれたい。

崎門における歴史と政治

清水則夫

しみず・のりお――明治大学理工学部専任講師。専門は近世儒学、近世日本思想史。著書に苅部直・片岡龍編『日本思想史ハンドブック』（ミネルヴァ書房、二〇〇八年、共著）、論文に「鈴木貞斎の闇斎学派・仁斎批判と「心」の主張について」（『日本思想史学』四六、二〇一四年）、「大東文化大学図書館蔵『絅斎先生全集』について」（『明治大学教養論集』四九二、二〇一三年）などがある。

崎門の正統論を、中国正統論を軸に検討する。山崎闇斎の場合、中国正統論の受容には成功していない。浅見絅斎は『資治通鑑綱目』により日本の正統を論じ、正統認定において君主の道義性を無視する一方で、正統の護持を君主の規範とした。味池修居はそれを受け継ぎ史書として具体化した。崎門の歴史と政治は、正統論を鍵として、再び結び付いたのである。

はじめに

崎門における歴史と政治といえば、一般的には南北朝正閏論が連想されるのではないだろうか。明治末の南北朝正閏問題に際し、内田周平は『大日本史』の編纂とほぼ同時期に山崎闇斎が『倭鑑』の編纂を試み、かつそこで展開された南朝正統論が、その後の崎門学者に脈々と受け継がれた様を力説した[1]。これ以降、崎門の南朝正統論は様々に論じられてきた。

それら先行研究では、崎門の南朝正統論は『神皇正統記』と朱熹『資治通鑑綱目』（以下『綱目』）に見られるような、中国史を対象に儒者によって蓄積された正統論（以下、中国正統論）にもとづくとされるが、闇斎については『神皇正統記』に関心が集中し、中国正統論の影響はあまり重視されない。しかしその門流となると事態は錯綜してくる。跡部良顕のように、明白に中国正統論の参照を拒否した学者もいたが[2]、浅見絅斎の正統論が『綱目』に由来することも従来指摘のある通り[3]で、このあたりになお検討の余地がある。

そこで本稿では、崎門の正統論における中国正統論の影響と役割とを検討したい。山崎闇斎、浅見絅斎、味池修居の三名には、中国正統論の影響が見られるが、その受容のありかたは一様ではない。これを詳細に検討することで、中国正統論が彼らの正統論においてどんな意味を持ったのかを考察したい。

一、中国正統論における論点

(一)「正」と「統」

中国正統論において、「正統」を「正」と「統」の二点から定義したのは欧陽脩であった。これ以後、論者たちはこの議論を踏まえて自説を展開することになる(4)。

欧陽脩は『春秋公羊伝』の「大居正」と「大一統」にもとづき「正は天下の不正を正す所以なり、統は天下の不一を合する所以なり。不正と不一とに由り、然る後正統の論作《おこ》る」と述べた(「正統論」(5))。「正」は道義性を、「統」は中国統一を指す。従来、「統」は時間的連続と解され、五徳終始説にもとづく王朝継承の解釈が重要な論点だったが、欧陽脩はこれを空間的統一と見た。そしてこの意味での「統」を「正」よりも優位に置いた点が欧陽脩の特徴とされる。これ以後、章望之は道義性を強調して欧陽脩を批判し、蘇軾は欧陽脩を弁護するなど、活発な議論が交わされた(6)。

朱子学の正統論は、「正」に深入りしない点が特徴であった。朱熹は当然、統一王朝も「正」とは言えない場合があるとする見解をよく知っていたが、彼自身は「只だ天下を一と為し、諸侯朝覲、獄訟皆な帰せば、便ち是れ正統を得」(『朱子語類』巻一〇五、五十四條(7))として、統一を重視した。だから秦は周の平王により諸侯の一員とされたが、正統と認められるのは始皇帝による統一以後に限られる。

ただし『綱目』ではこれに加え、統一後に一度でも帝位を継承することを条件に加えた。たとえば漢を一時断絶させた王莽は、帝位継承を行っていないとして「簒賊」に分類される(8)。逆に、一度正統の地位を得た王朝が、衰退して実質的には地方政権になり下がったとしても、世襲が続く限り正統の地位を失わない。『綱目』の特徴として知られる、三国の蜀を正統としたことも同様で、『三国志演義』などが描いた劉備の道義性を評価したわけではなかった。

(二)「正」の重要性

しかし「正」の問題は、この後も多くの儒者に論じられる。特に崎門との関連で言えば、方孝孺の議論に触れねばならない。彼は「釈統」で朱熹の説を批判し、統一王朝も必ずしも「正」とは言えないとして、正統に対比して三種類の変統を示した。①「之を取るに正を以てせず（晋・宋・斉・梁）」、②「之を守るに仁義を以てせず、生民を戕虐す（秦・隋）」、③「夷狄にして中国を僭し、女后にして天位に據る（符堅・武氏）」以上である。①は政権奪取の過程、②は政権運営の理念と実際の政策、③は民族と性別の問題といってよい。さらに「後正統論」では「天下を有《たも》つも正統に比ぶべからざる者三、簒臣なり、賊后なり、夷狄なり」とも言う。[9] これは「釈統」の説に比較すると②の説明が抜けているが、①と③を要約したものと言えよう。

方孝孺は、朱熹の「統」優先に対し「正」を主張したといえる。統一は畢竟武力さえあれば可能だが、それが道義的にも正当化される保証はなく、そもそも力の論理が全てなら、正統を論じる必要がない。その意味では方孝孺の批判も正しいが、しかし何を「正」とするかが難しい問題であることは言うまでもない。ここに後述する浅見絅斎の批判が生まれる余地がある。

また正統認定には、忠誠対象の確定という意義もあった。[10] 力が全てなら、その時々で最も強い勢力に従えば良いが、「正」と「統」を分割することは、力はなくとも道義的に正しい者が存在するという考えを前提とし、忠誠の対象としては「正」がより重要だった。そしてこの点は、崎門でも大いに議論されることになる。

二、山崎闇斎『倭鑑』と中国正統論

（一）闇斎の『倭鑑』

まず崎門の祖、山崎闇斎の場合である。闇斎が『東国通鑑』を読んでいたことは確かだが、[11] そこから直接の影響を受けたという証拠はない。中国正統論に関しても、細部を見ると相違点が目立つ。以下、正統論における女帝と夷狄の問題を通して考察したい。

闇斎の正統論をうかがえる資料は『倭鑑』[12] である。現存するのは目録のみだが、闇斎の神器正統説にもとづく南朝正統論が見えることで知られる。神器正統説の由来は『神皇正統記』だが、しかし中国史書の影響を受けていることも明白で、[13] また『倭鑑』原稿の廃棄には『本朝通鑑』が関係していると言われる。[14]

その南朝正統論は「第八十六巻後醍醐紀（光厳紀、光明紀附）、第八十七巻後村上紀（光明紀、崇光紀、後光厳紀、後円融紀、後小松紀附）、凡八十七巻。絶筆大書曰、後小松帝明徳三年壬申冬十月朔己酉二日庚戌、三種神器入洛」という箇所に見え、これは普通、三種の神器の所在により正統を決めるもので、『神皇正統記』の影響と解されている。

(二)『倭鑑』における女性天皇

しかし本稿にとって注目されるのは女性天皇である。『倭鑑』は神功皇后を仲哀天皇紀の附録にしただけでなく、推古天皇を崇峻天皇紀の附録というように、すべての女性天皇を北朝と同様に附録としている。女性天皇の問題は江戸の儒者たちにしばしば論じられたが[15]、闇斎もその一例と言える。南北朝は「不二」の問題だが、女性天皇治下とて分裂期ではない以上、これは「不正」の問題と解釈するほかない。これは日本の史書に由来するものではないが、しかし中国正統論の受容としては、少し複雑な問題がある。

中国で女帝が問題となる理由は、性別だけではない。『書経』が牝鶏之晨を戒めたことは周知の通りだし、程頤は『易伝』坤卦で女媧と武后を「非常之変」[16]と言い、『綱目』の武后論に載せる胡安国の言は上の『易伝』を引用しているが、胡安国は同時に「呂氏は為すも未だ成らず、武氏は遂に唐の命を革む」とも言っており、その批判の主意は革命にあると見るべきだろう[17]。『綱目』凡例も、漢の呂后と唐の武后を「簒賊」とするが、男性の王莽も「簒賊」である[18]。ただし尹起莘『通鑑綱目発明』は「君正系にあらず、或いは女主は、亦た之を分注す」[19]とし、方孝孺が「女后」を変統に分類したことは上述の通りで、性別を重視する例もある。いずれにせよ、中国正統論における女帝の問題は、簒奪と性別という二つの論点を含むことは確実である。

日本の場合、女性天皇の即位も易姓革命とはされない。となれば、女性天皇を正統から外すことは、平地に乱を起こすようなもので、無理に中国正統論を適用する必要は認めがたい。実際、垂加神道の後継者となった正親町公通は、闇斎の南朝正統論のみを受け継ぎ、神功皇后こそ除外したものの、他の女性天皇は歴代に数えている[20]。他方で、女性天皇を除外するとしても、中国正統論の女帝批判が持っていた論点のうち、日本に適用できるのは性別だけであり、しかも『綱目』は性別を強調していなかった。つまり闇斎の構想は『綱目』からは逸脱したもので、むしろ方孝孺らに近いように見える。

(三)闇斎の正統論における夷狄

ところがその方孝孺とも、華夷観念において食い違う。無論、闇斎は日本を夷狄とすることに反対したが[21]、正統論に限れば夷狄に対し寛容だった。たとえば「湯武革命論」は、中国史上の政権樹立に対する道義的批評を述べているが、武力によって天下を得た者のうち、道義的に瑕疵がないのは光武帝だけだと述べ、明の太祖さえ「元の臣民」と批判される。

周は旧邦と雖も、其の命維れ新たにして殷に服事す。此れ文王の至徳、天地の大経なり。湯武命を革め、天に順ひ人に応ず、是れ古今の大権なり。三代の後、漢唐宋明、之を盛世と称す。然れども溥天王土、率土王臣なれば、則ち漢高は秦の民にあらずや、唐高は隋の臣にあらずや、宋祖明祖、周元の臣民にあらずや。孔子、武は未だ善を尽くさずと謂へるは、亦た殷の臣なればなり。夫れ天吏すら猶ほ斯の議を免れず、矧や漢唐宋明権謀の主をや。……予故に曰く、征伐を以て天下を得、天地に愧ぢざる者は、独り光武のみ、と。[22]

闇斎は洪武帝が元を打倒したことに対し、夷狄を中華から駆逐したとして評価するよりも、君臣関係の転倒と見て批判的だったことになる。闇斎と方孝孺の相違もまた、大きいと言わねばならない。

許衡の出処進退に関しても、闇斎は浅見絅斎のように一概に否定することはなかった。許衡は優れた朱子学者であったが、元に出仕したことが後世議論の対象となった。闇斎『魯斎考』は、この問題に関する丘濬の批判を上巻に、薛瑄の擁護を下巻として編集されたものだが、その編集の意図を自ら「丘の論ずる所は則ち経なり、薛の説く所は則ち権なり」[23]として、批判を本筋としながらも、擁護論を併記して含みを残した。この曖昧さが、後に絅斎の不満を招くことになる。また方孝孺『遜志斎集』や丘濬『世史正稿』を読んでいるにもかかわらず、彼らの強烈な華夷観念を背景とした正統論に特別な注意を払った形跡はない。夷狄に対する寛容さは、この点からも傍証されよう。

(四) 闇斎と中国正統論の相違

『倭鑑』は、神器正統論と中国正統論の複合を目指し、かつその書法には『春秋』以来の道義的批評が採用されていた。しかし女帝批判の導入には不徹底が見られた。他の資料を見れば、夷狄の問題にも中国ほどの厳格さはなかった。資料的に裏付けられる範囲では、闇斎の正統論は、中国正統論と多くの点で相違がある。

『倭鑑』執筆断念の原因は、こうした中国正統論受容の問題にあったと見るべきではないか。彼が儒教由来の道義性を放棄するはずはない。しかし儒教由来の道義と日本におけるそれとの間には大きな隔たりがあり、中国正統論を導入しつつ日本史を描くには、このすり合わせが必須となる。晩年の闇斎が神道の研究を深め、継続して『神皇正統記』に強い関心を示し続ける一方で、『倭鑑』の原稿は廃棄されたことは、この問題を解決できなかったことを意味するのではないか。

三、浅見絅斎の南朝正統論と『通鑑綱目』

(一) 絅斎と『綱目』

浅見絅斎は『綱目』を四十二回通読したと言われる。[24] その真偽は定かでないが、彼の正統論が『綱目』に全面的に依拠していることは事実である。

彼の正統論の特徴は、『綱目』に即して「正統ノ論ニハ、義ノ字ヲイワズ、只天下ヲ一統ニ丸メタ人ヲ正統トスル」[25]として、正統認定から道義性を完全に排除した点である。絅斎は「明ノ太祖、後漢ノ光武、コレラガ正シク天下ヲトル人ニテ、山崎氏筆録ニモカカレタルハ、明ハ匹夫ヨリシテ天下ヲトレドモ、元ノ夷狄ヲツブシテ中国ヲ取皈スユヘ正ヒナリ」[26]として、一見方孝孺に近い意見を残してもいる。[27] しかし絅斎は方孝孺に批判的だった。たとえば隋は『綱目』では正統とされたが、方孝孺は変統とした。これに対し絅斎は言う。

朱子「綱目」ハ何デ有フト、隋煬帝ノ如君父ヲ弑シタル者モ、其時煬帝ト諡スレバ、其ナリニ書テ、其善悪是非ハ書法論説デ是ヲ正シ置ルレバ、直ニ万世ノ鑑トナル。大書シテ天子ノ名ニ昔書タル通リヲ書タルトテ、其ガ根カラ正キ天子ナルトテ許スト云コトニ非ズ。方孝孺ナドト正統論ヲ書レタレ共、此旨ヲ知ズシテ、ヒタト昔ノ定リタル跡ヲ色々ト正統ニスルノセヌノ仕変ルノト云説アリ。皆理斗リ学ンデ史伝名分ノ学ノ全体ヲ不知故也。[28]

方孝孺は正統と変統を対置したが、絅斎によればこれは「正統ニスルノセヌノ仕変ルノ」という泥沼に陥る。『綱目』が優れているのは、正統認定と道義性を一度切り離して正統を決定し、然る後にその道義性を批評した点にある、絅斎はそう考えた。道義性は正統認定ではなく、史書の「書法論説」で追及すべき問題とされたのである。事実、絅斎は史書を残していないが、若干の史論は書いており、そこでは明白に道義的判断が下されているし、『春秋』や『綱目』の趣旨もそこにあると考えていた。[29]

(二) 絅斎の南朝正統論

このような正統論が日本にも適用される。南朝正統の理由は「吉野ノ正統即後醍醐ノ御子孫ノ続キナレバ、即手ヲ付ズノ正統」[30]として、南北分裂以前の正統たる後醍醐天皇を継承する点にあるとされた。南北合一後に統を継いだのが北朝の系統であったことは、南朝正統論でしばしば議論されたが、絅斎は「南方之アル間ハ、南方ヲ正統ニシテ、持妙院殿ヲ正統ニセザル也。……南方タユレバ無是非、北方ハ賊臣ノ取立テナレドモ、全体ヨリ云ヘバ正統ユヘ、正統トスル也」[31]としてこれを全く問題としない。

このため、闇斎の神器正統論も、絅斎からは否定される。

> 山崎先生倭鑑ノ序ニ、後小松院ノ時、三種神器入洛ヲ絶筆トスルト云コトハ、天下ノ重器ユヘデハアルガ、南朝ガツヅイテゴザアレバ、ヨシ三種神器ハナウテモ正統ゾ。三種神器ガ入洛ヂヤホドニト云テ、正統トハイハレヌゾ。[32]

血統上の有資格者がひとたび即位すれば、後からその道義性を問われることはない。こうして絅斎においては、儒教に本来存する徳治主義――有徳者が天命を得て天下を統治する――が著しく希薄になる。これが彼の没我的忠誠の主張と呼応することは明らかである。

(三) 絅斎の正統論と忠誠論の関係

絅斎の忠誠論は没我的と評される。「若シ一念君父ヲ怨ム心ガキザサバ、ヤレコレガスグニ君父ヲ弑スル心ヂヤハト、イタクコラシ、イマシメテ、此意念ノ根ヲ抜キ、源ヲ塞ヒデ、君父ガ大切デ止レズ、真実愛シウテナラズ、イカ様ナコトニモウツシカヘラレヌ迄ノ本心ヲ得ル迄ガ、此「拘幽操」ノ吟味ゾ」[33]といった言がよく知られるように、絅斎は主君を「怨ム心」が存在しない状態を「本心」と呼び、それに復帰するように求めた。

そうなれば主君はあらゆる道義的規範から解放され、どれだけ暴政を行ってもよいように見える。しかし上述の正統論の帰結として、主君には社稷の存続が要請される。この点に関する限り、彼の忠誠論はまったく没我的ではない。

> 献帝たる者、若し兵尽き力竭き、宗廟社稷を守るを得べからざれば、則ち自殺して可なり、戦死して可なり。此れ亡国の君、正統を守り先帝に報ずる所以、不易の常体なり。……是を以て献帝と雖も、天下を以て人に与ふれば、則ち均しく之に名づけて賊と曰ふ。[34]

> 天照太神以来ノ正統ヲ失ヒテ降参スル君ナラバ、ソレニカマワズ餘ノ宮ヲトリ立テ、天子ノ位ニツケテ戦フハヅ。義貞ヲ朝敵トイハセル綸旨ハニセト云テ、震筆デモ引サイテ咎ニナラヌ。[35]

第一の引用は後漢の献帝による曹丕への禅譲の批判、第二は『太平記』巻十七「瓜生判官心替事」に見える、足利尊氏が綸旨を偽造し、騙された瓜生判官が戦線を離脱したことへの批判である。絅斎は「社稷」や「正統」の存続を自ら脅かす主君に対し、叛逆や廃立さえ容認する。忠誠の対象は主君個人ではなく「社稷」・「正統」にあること、またこれが彼の正統論を主君に投影したものであることは、すぐに理解されよう。

これを踏まえれば「保元平治以来ノ王道ノ衰ヘルモ、此三種神器アルユヘトハ云ハレマイガ、三種ノ器バカリデ其道ヲ用ラレヌユヘデハナイカ」[36]という批判も、君道の主張と見るほうがよい。垂加神道には三種の神器を徳そのものとする見解もあった[37]が、絅斎はそうではない。神器は象徴に過ぎず、より重要なことは「其道ヲ用」いることで、さもなくば「王道ノ衰」を招くと考えられていた。

（四）絅斎の歴史と政治

以上のように、絅斎は方孝孺を批判する一方で『綱目』の正統論を全面的に採用し、それを日本史にも適用した。その結果、正統はほとんど機械的に決定され、代わりに史書の「書法論説」で道義性が論じられることになる。一度成立した正統を継承することで次代の正統が再生産され、道義性は不問に付されたが、しかし君主自身が正統の存続を脅かす場合は、叛逆や廃立さえ肯定される。

上述のように、正統論は忠誠対象を確定する議論でもあった。その意味では正統論は臣道に関わるものだったが、絅斎はそれを主君にも投影し、君主の規範にまで拡大したのである。ここにおいて正統論は史論の域を超え、政治論となった。もし絅斎が史書を書いたなら、恐らくそうした道義的批評が全篇を貫いただろう。事実、絅斎の弟子の味池修居はそうした史書を書いた。

四、味池修居の南朝正統論と道義性

（一）「三種神器不墜賊手論」と儒教

絅斎の弟子である味池修居[38]は、絅斎の構想を引き継ぎ、道義的判断を駆使して史書を書いた。しかし彼の南朝正統論は神器正統説にもとづき、そこは師と異なる。彼の神器観は「三種神器不墜賊手論[39]」に見える。この論は短編ながら、彼の思想の複雑さがよく表れており、興味深い。その内容はおおよそ以下のようである。

この論は天地の始まりから説き起こし「本邦唐土朝鮮」は「気ノ全ク凝ル」ために「四時順ニシテ風気正ク人倫之道明」らかで、日本の特徴は五行の金気が盛んで「義烈ノ風」がある点とされ、そのため皇統が保たれたという。次いで神器は「皇祖ノ霊ナレバ、皇孫ニアラズシテ孰カ奉持スルコトヲ得ンヤ」としてその不可侵を説き、「以奉此器為正統者、極言不墜賊手之意者也」として神器正統論を支持する。また「君臣分定而不易」が朱子学の説く「理」に合致することを論じ、その「理」の普遍性に触れつつ、それ十全に発現しうる「気」を持つ日本・中国・朝鮮を「万邦ニマサリタル」と持ち上げる。さらに「放伐ハ聖人ノ大権、学者固ヨリ相当ルコトニアラズ、又後世ノ常法ニアラズ」として、湯武を擁護しつつも放伐の再現を否定し、絅斎も重視した『拘幽操』を称賛し、「君ハ天命ノ保カタキコトヲ忘レズ、臣子ハ君ノ不是ヲミズシテ只忠敬ノ足ラザランコトヲ恐レ」るべきことを強調する。最後に、日本の武士には義気の負の面があらわれているとして、その克服の必要性を述べて終る。

これが絅斎の「壬午初会記」(40)を踏まえて書かれたことは明白で、冒頭で日本の特徴を金気とする点と、その負の面の克服を説く末尾とは、ほぼ絅斎の踏襲である。しかし絅斎は理気論的な地域説明を中国朝鮮に拡大しなかったし、神器正統論を否定しており、ここに修居の独自性が見える。

特に日中朝三国を「万邦ニマサリタル」とした点は注目される。皇統綿々を人倫の具現化とし、またそれを儒教と関係させることは珍しくないが、そうした論は概して日本賛美を結論とする傾向が強い。しかし修居は日中朝を儒教圏としたうえで、三国を一括して賞賛し、放伐論でも湯武を擁護した。これは彼が神器正統論に立つ一方で、同時に儒教の信奉者であったことを示す。

(二)『南狩録』に見える南朝批判と道義性

そうなれば、彼の神器正統論の背景はなおさら興味を引くが、これについてはよくわからない(41)。いずれにせよ修居が儒教を信奉していたことは疑いない。その儒教由来の道義と神器正統論で書かれたのが『南狩録』である。『南狩録』は南朝正統論に立つが、しかし他方で修居は「大義」によって、南朝の天皇を繰り返し批判する。後醍醐天皇の失政批判なら『神皇正統記』や『中興鑑言』にも見えるが、修居の批判の重点は道義性にあった。

たとえば正平五年、足利直義の投降が後村上天皇に許された件について、以下のように批判する。

帝自り之を視れば、其の父に仇し其の兄を弑し、切歯憤悶、其の憾《いきどほ》るべく悪むべき、天下以て加ふる蔑し。則ち斬りて万段と為すも猶ほ未だ慊《あきた》れりと為さず。……而るに惟に之を誅せざるのみならず、反りて之を禁軍の上に置く。帝の大義を喪ふ、此の如し。朝綱の振はざるも亦た宜なるかな(42)。

同様の批判は足利直冬の場合にも述べられる。

吁、直冬は父を無みするの賊子なり。而るに　帝之を許し、且つ之に将印を授け、以て父を無みするの賊子をして其の君を無みするの父を討せしむ。人倫亡びたり、天理熄みたり。王室の振はざるも亦た宜なるかな(43)。

道義性は依然として正統認定と関係しないが、しかし正統たる南朝も、道義に外れた行為を断罪される。天皇もまた父や兄の仇に復讐するという「大義」を遵守する必要があり、さもなくば「朝綱」「王室」が不振に陥るとされたのである。

さらに『南狩録』は南北朝合一で終らず、続けて明徳四年春正月、新田義宗と脇屋義治が伊予国に隠棲した記事を末尾とする。南朝に忠誠を尽くし、多くの犠牲を払った新田氏は、南朝が北朝と講和したことにより「忠ニモ義ニモ捨ラレ」、伊予へと去った。修居は彼らを「忠孝義烈之士」と称賛する。(44)

つまり、修居は神器正統説を導入して南朝正統論に立脚しつつ、「大義」によってあらゆる登場人物を批評し、その筆は南朝の天皇に対してもまったく容赦しなかったのである。足利氏重鎮の投降を容れた後村上天皇への断罪と、南北合一の後も出仕しなかった新田一族への同情と称揚とに通底するのは、無論「大義」であった。修居もまた、師の絅斎同様に自身の奉じる「大義」によって理想の君主像を描き、それを基準に正統にも批判を向けたのである。

(三) 史書における道義の復権

だが南朝の天皇を断罪することと、『拘幽操』への賞賛は矛盾しないのだろうか。修居が臣道と君道を区別していたことは「君ハ天命ノ保カタキコトヲ忘レズ、臣子ハ君ノ不是ヲミズシテ只忠敬ノ足ラザランコトヲ恐レ」云々と言われたことから分かる。しかし「臣子ハ君ノ不是ヲミズ」と言いながら南朝を批判する時、修居はどんな立場にいるのだろうか。

それは恐らく、史家の立場とでも呼ぶしかないだろう。そもそも絅斎も、道義性は「書法論説」で追及するとした。だからこそ、正統であっても史書においては道義的批評を免れない。そして正統が、絅斎のように血で決まるにせよ、修居のように神器の所在で決まるにせよ、道義性は保証されていなかった。神器正統論に立つとしても、神器を徳そのものとするか、徳の象徴とするかで道義性の判定は異なるものになる。有名な栗山潜峰の神器正統論と三宅観瀾の道義正統論の対立は、観瀾が神器と徳はもはや一致しないと考えたからこそ起きた。そうであれば、神器正統論と正統に対する道義的批判とは両立可能となるし、事実修居はそのような歴史を描いた。正統論から排除された道義性は、史書において復権したのである。

おわりに

闇斎は中国正統論をも踏まえて『倭鑑』を構想したが、正統論における道義性の問題は結局未解決のままで、彼の関心は神器正統論へと移っていった。絅斎は、正統認定から道義性を排除する一方で、それを「書法論説」の場で追及した点に『綱目』正統論の本質を見出し、かつ日本にも適用したが、自身で歴史書を書くことなく世を去った。味池修居はこれらを総合し、神器正統論を採用しつつ、道義的な「書法論説」で南朝の天皇すら批判する史書を書いた。

崎門の正統論において、中国正統論の受容のありかたは一様ではなかった。特に闇斎の場合、それはあまり成功していない。しかし浅見絅斎は『綱目』を範に日本の正統を論じ、その過程で君主の道義性は度外視された。だがここで、正統論が持つもう一つの機能である、忠誠対象の一元化が作用する。正統は臣下の忠誠の指標となり、かつ君主個人にも正統の護持が要求される。正統はこうして君主をも拘束する規範となった。正統論から一度は排除された道義性は、忠誠論を媒介とする変容を経たうえで正統論に再導入され、味池修居はそれを史書で具体化したのである。

こうして崎門において、儒教由来の道義は、没我的忠誠と、天皇批判を同時に基礎づけることになる。崎門の歴史と政治は、正統論を鍵として、再び結び付いたのである。

注

(1) 崎門の南朝正統論については、以下を参照。内田周平「崎門学者と南朝正統論」（平泉澄編『闇斎先生と日本精神』至文堂、一九三二年。初出一九一一年）、鳥巣通明「北畠親房と崎門学派」（平泉澄『北畠親房公の研究』日本学研究所、一九七五年。初版一九五四年）、久保田収「倭鑑について」（同『近世史学史論考』皇學館大学出版部、一九六八年。初出一九五一年）、同「浅見絅斎の史学思想」（同前書、初出一九五三年）、小沢栄一『近世史学思想史研究』（吉川弘文館、一九七四年）、近藤啓吾『靖献遺言講義』（国書刊行会、一九八七年）、同「北畠親房と山崎闇斎」（同『紹宇存稿——垂加者の思ひ』国書刊行会、二〇〇〇年）、齋藤公太「神器と正統——闇斎学派の南朝正統論」（『日本思想史研究会会報』三一、二〇一五年）。

(2) 前掲注1鳥巣論文、三九七頁。

(3) 前掲注1久保田「浅見絅斎の史学思想」、土田健次郎「朱子学の正統論・道統論と日本への展開」（吾妻重二主編『国際シンポジウム　東アジア世界と儒教』東方書店、二〇〇五年）、拙稿「浅見絅斎の神道観と道について」（『日本思想史学』三九、二〇〇七年）を参照。

(4) 本節は以下の文献を参考にしている。饒宗頤『中国史学上之正統論』（龍門書店、一九七七年）、林文孝「欧陽脩の正統論と歴史叙述」（『中国——社会と文化』一八、二〇〇三年）、前掲注3土田論文、同「「治統」覚書——正統論・道統論との関係から」（『東洋の思想と宗教』二三、二〇〇六年）。

(5) 『居士集』巻十六。引用は四部叢刊本による。

(6) 欧陽脩を含めた北宋期の正統論については、前掲注4饒書、林論文のほかに、西順蔵「北宋その他の正統論」（『西順蔵著作集第一巻』内山書店、一九九五年、初出一九五三年）を参照。

(7) 『朱子語類』（中華書局、一九八六年）二六三六頁。

(8) 「簒賊」の定義は「位を簒ひ統を干して世を伝ふるに及ばざる者」である（『朱子全書』十一、上海古籍出版社、二〇〇二年、三四七七頁）。

(9) 「釈統」「後正統論」ともに『遜志斎集』巻二、引用は四部叢刊本による。

(10) 前掲注3土田論文、三〇三頁。

(11)『新編山崎闇斎全集』一（ぺりかん社、一九七八年、以下『全集』と略）三六二頁、同前書二、二二一頁。
(12) 同右書二、二六二頁。
(13)『遠遊紀行』によれば、『倭鑑』の書法は以下のようであった。「梶原が如きは実に罪有りて命に順はず、乃ち天地の罪人なり。吾倭鑑を修めんと欲して未だ成らず。今試みに之を筆して曰く、正治二年春正月、鎌倉の梶原、出奔して狐崎に誅せらる、と」（『全集』一、二六頁）。
(14) ただし『本朝通鑑』との関係を否定する見解もあり、原稿を焼き捨てた理由は不明である。南朝正統論にも問題が指摘されており、特に闇斎の「本朝改元考」が北朝の年号を載せていることとの整合性が論じられてきた。鳥巣通明と久保田収は、闇斎最晩年に南朝正統論が確立したとするが、小沢栄一や近藤啓吾はこれに批判的である。ただし両者の批判の方向性は全く異なる。これらについては注1に挙げた諸論考を参照。
(15) 前掲注1小沢書、二八六頁。
(16)『二程集』（中華書局、二〇〇四年）七一〇頁。
(17)『朱子全書』十（上海古籍出版社、二〇〇二年）三三六二頁。
(18) 前掲注8も参照。
(19)『御批資治通鑑綱目』所引。引用は四庫全書本による。
(20) 正親町公通『無窮記』首巻（土佐山内家宝物資料館蔵『無窮記附吉野正統記』請求記号：ヤ二一〇―一七一―二）を参照。
(21)「中国の名、各国自ら言へば則ち我は是れ中にして四外は夷なり。是の故に我が豊葦原中国と曰ふは、亦た我の得て私する有るに非ざるなり」（『全集』一、三七三頁）。
(22)『全集』一、一九四頁、同前書二、二八三頁。
(23) 同右書二、一七三頁。
(24) 稲葉黙斎『墨水一滴』（『日本儒林叢書』三巻、鳳書店、一九七一年）八頁。
(25)「正統論」（近藤啓吾編『浅見絅斎集』国書刊行会、一九八九年）三六八頁。
(26) 同右論、三六七頁。
(27) この記述は上引の闇斎「湯武革命論」を踏まえているが、闇斎は明の太祖を肯定しておらず、相違の原因は分からない。しかしこれは、絅斎の華夷観念が闇斎よりも強いことを示す。許衡の出処に対する薛瑄の見解にも、繰り返し不満を述べている。「許魯斎論」（前掲注25近藤編書）四一八頁などを参照。
(28)『箚録』（『日本思想大系31　山崎闇斎学派』岩波書店、一九八〇年）三五四頁。
(29)『浅見先生学談』（前掲注25書）六五四頁以下、「弁綱目以魏徴為諫議大夫書法発明」（同前書）四五四頁、「足利尊氏弑二品親王論」（同前書）四五〇頁などを参照。
(30) 前掲注28書、三五三頁。
(31)「宝永二年七月九日付谷秦山宛浅見絅斎書簡」（立教大学蔵）。
(32)『常話箚記』（前掲注25近藤編書）五三七頁。
(33)『拘幽操師説』（前掲注28書）二三〇頁。
(34)『靖献遺言講義』（前掲注25近藤編書）三二一頁。
(35)『靖献遺言』巻六、「初臨安」云々についての絅斎による講説。浅見絅斎『靖献遺言』（家蔵版本）十六丁裏に書入れ。
(36)『常話箚記』（前掲注25近藤編書）五三五頁。
(37)『口授持従合編』に「嘉謂、上有道、三種霊徳在於玉体、無道、則三種霊徳在於神器焉、雖為無道之君、伝賜神器、則是有徳之君也、此神器与玉体、一而無分別故也」（『全集』四、三〇六頁）とある。ただしこれは玉木正英が垂加神道に持ち込んだもので、もとは橘家の秘伝と言われ、闇斎自身の見解であったかは疑問視されている。前田勉『近世神道と国学』（ぺりかん社、二〇〇二年）四章を参照。ちなみに神器を徳そのものとする考えは、女性天皇を擁護する論拠にもなった。跡部良顕は『三種神器極秘伝』で「有道の君に非といへども、此神器を備をけば、此神徳を以日本国を治め玉ふ事也、是によりて有道の君も同じことになる也、日本に女帝の多もこの故也、三種神器を備へ置けば、男女のかまひは無之」と伝える（『神道叢説』国書刊行会、一九一一年、三〇八頁）。

（38）味池修居の伝については、岡次郎編『南狩録』（文成社、一九三一年）附録、川島右次「味池修居先生」（『増補山崎闇斎とその門流』明治書房、一九四三年）を参照。

（39）『神儒弁考』（土佐山内家宝物資料館蔵、請求記号：ヤ一七〇―一二二―一）による。

（40）「壬午初会記」（前掲注25近藤編書）四七六頁。

（41）修居ははじめ絅斎に、後に三宅尚斎に従学したという。「三種神器不墜賊手論」は享保十一年（一七二六）九月朔日の作で、この時期も尚斎のもとで学んでいたらしいから、垂加神道の影響の可能性は考えにくいが、いずれにせよ詳細は不明である。

（42）前掲注38岡編書、巻下、十丁裏。

（43）同右書、巻下、十六丁裏。

（44）同右書、巻下、二十四丁表以下。

伊藤東涯と朝鮮——その著作にみる関心の所在

阿部光麿

あべ・みつまろ——早稲田大学非常勤講師。専門は近世儒学史・日本思想史。論文に「伊藤仁斎の「天道」論」（『日本中国学会報』六〇、二〇〇八年）、「江戸時代前期における「聖人可学」の一展開——伊藤仁斎による「古義」の標榜について」（『日本思想史学』四四、二〇一二年）などがある。

本稿では、江戸時代中期の儒学者・伊藤東涯の著作から、朝鮮歴代諸国の制度等を整理する『三韓紀略』、訓民正音について紹介する『朝鮮国諺文字母』、文禄慶長の役の顛末を朝鮮王朝側の資料を用いて描く『鶏林軍紀』を取り上げる。それぞれ現存する自筆本を通して、彼の参照した文献を確認しつつ、朝鮮に対する関心の所在を探るものである。

はじめに

『東国通鑑』巻九新羅文武王十年八月ノ下ニ云「倭国更号㆓日本㆒。自言近㆓日所㆒出、以為㆑名」ト。コノ年ハ唐ニテハ高宗ノ咸亨元年、本朝ニテハ天智天皇ノ九年ニアタル。本朝ニテシラザルコトナレバ従ガタシ。然ドモ唐以上ノ書ニ日本ト云コトミエザレバ、此ノ時分ヨリコノ字ヲ用ヒラレタルニヤ。ナヲ又可㆑考ナリ。

（東涯『秉燭譚』巻二、日本国号ノコト）

江戸時代中期、京都において父・仁斎の学問を継いだ伊藤東涯（一六七〇〜一七三六）も、朝鮮の編年体通史『東国通鑑』を手にした一人であった。十七歳にして描き写した朝鮮半島全図、丁寧な筆遣いで筆写した諺文（訓民正音、所謂ハングル。本稿は当時の呼称に拠る）の反切表、そして朝鮮に関する複数の著作や編纂物を今日に遺す東涯は、弟の梅宇や門人を通じて朝鮮通信使とも接触し、その中で父の代表作『童子問』も朝鮮へと渡った。こうした活動が日朝学問交流の一コマとして取り上げられる一方、朝鮮の儒学に対して東涯は積極的な関心を示さず、これに冷ややかな視線を向けているのも事実である。彼は朝鮮の何に関心を懐き、懐かなかったのか。この点については、資料に即して冷静に捉えておく必要があろう。一家を成した儒学者である伊藤東涯について、朝鮮に関する総合的著作『三韓紀略』、諺文を特に取り上げる『朝鮮国諺文字母』、そして未完に終わった『鶏林軍紀』から、彼の関心の所在を探りたい。

一、『三韓紀略』にみる考証の粗密（一）

本書は、三韓以来の朝鮮歴代諸国の王と元号を整理、略述する君長略と紀号略、同じく歴代の郡県等の名称と地図を収める土地略、官職についてまとめる職品略、名族を列挙する族望略と、かの地の文献を列記する文籍彙（巻頭の目次は「文籍略」に作る）、諺文について紹介する方諺略との七篇から成る。宝永元年（一七〇四、東涯三十五歳）の自序を有する東涯自筆本（全二冊）が天理大学附属天理図書館古義堂文庫に現存し、公刊はされず、写本が今日も国立国会図書館のほか全国各地に存在する（国外では清末民初の羅振玉の旧蔵書にも見える）。『古義堂文庫目録』（天理図書館叢書二一、天理大学出版部、一九五六年）に「朝鮮の簡にして要を得たる地誌」、「宛も小百科事彙の感あり」と評されて以来、しばしば朝鮮関係の著作として紹介され、時に東涯における朝鮮研究の集大成とも言われるが[1]、踏み込んで言えば七篇間の考証の粗密、力の入れようには相当の幅があり、そこには彼の読書範囲と興味の深浅、その方向性が窺えるのである。

まず注目すべきは職品略の扱いであろう。『三韓紀略』職品略では新羅、百済、高句麗の三国と渤海の官職名を列記し、続く東涯独自の「朝鮮国官階頒禄図」以降に朝鮮王朝の官職制度をまとめる。その記載内容は朝鮮王朝の基本法典たる『経国大典』に拠っており、同書を参照すれば、その吏典、戸典、兵典から官職に関わる規定を抜き出し、咀嚼した上で把握し易く再編成したものであることが分かる。そして、この朝鮮王朝に関する記事だけを職品略から抽出した上で『経国大典』に拠る一層の増補、改訂を施したものが、正徳元年（一七一一、東涯四十二歳）に単行本として刊行された『朝鮮官職考』である。これは同年の朝鮮通信使来日を契機としての刊行であったが（伊藤東所『古義堂遺書総目叙釈』）、その後、この『朝鮮官職考』に見える記述の充実が職品略に反映されることは無かった。この点は、制度に対する東涯の継続的な関心とともに、後述する『三韓紀略』の位置づけを示している。

次に各篇における考証方法に着目すると、複数の資料を用いた比較考証を経て成る君長略、紀号略、土地略と、後の族望略、文籍彙、方諺略との間には若干の隔たりが見受けられる。すなわち、君長略では朝鮮の史書『三国史記』と『東国通鑑』とを軸に『日本書紀』、『続日本紀』等、或いは中国は正史のみならず、時に曾鞏『元豊類稿』等の文献も交えて考証を重ねている。記述の齟齬についての調停は「当に其の国人の記録に従うべし」（高句麗宝蔵王の項）、或いは「其の信なるを信じ、其の疑なるを疑いて可なり」（百済腆支王の項。いずれも原文は漢文）と穏当であり、こうした中での考証は後の随筆集『秉燭譚』にも活用されている（巻一、阿直岐ノコト）。続く紀号略では新羅、弓裔、金憲昌、高麗、渤海（掲載順。弓裔と金憲昌は叛徒としての言及）の定めた計二十二種の元号を列記するが、ここでも『三国史記』と『東国通鑑』との齟齬を指摘し、両書から抽出した過程が窺われる。土地略では漢朝による楽浪等四郡の設置から朝鮮王朝に至るまでの郡県等の名称を列挙し、続いて半島全体を描く「朝鮮国八道全図」と各道の地図とを収録した後に次の記述が見える。

> 右本図八鋪、毎鋪各方一尺許りにして各道の四至疆域を誌す。今紙幅窘窄にして自由なること能わず、州県の所在、恐らくは相準ぜず。今但だ其の遠近を記し、方位の大較を挙ぐるのみ。『武備志』及び羅念菴『広輿図記』の載する所、粗謬尤も多し。（『三韓紀略』土地略。原文は漢文）

本稿冒頭に言及した東涯十七歳の手に成る半島全図「朝鮮壊墜之図」には「貞享三年（一六八六…引用者注）丙寅十一月、伊藤長胤 羅念菴『広輿図記』に拠りて製す」（原文は漢文）とあるのであるから、その後の資料環境の進展、そして羅洪先（念庵は号）『広輿図』（巻二「朝鮮図」）や茅元儀『武備志』（巻二二三「朝鮮図」）といった明人の手に成る地図の精度を乗り越えたことが察せられる。朝鮮王朝についての記事では『経国大典』、『攷事撮要』間の相違も指摘するほか、県名には配置される県令、県監の別も注記しており、職品略に見える官職制度の把握が土地略にも反映されていることが分かる。

以上、歴史と地理、制度を主題とする右の四篇には、朝鮮の基本文献と向き合い、更に日中の文献も交えて比較考証を重ねた執筆過程が窺われるのである。

二、『三韓紀略』にみる考証の粗密（二）

これらに対して後の三篇、すなわち族望略、文籍彙、方諺略は、紹介すべき記述の掲出という水準にとどまる。族望略では名族を列記する記述を『東国通鑑』巻一、『新唐書』百済伝、成俔『慵斎叢話』巻十より抽出し、それぞれ「新羅六部姓」、「百済国八姓」、「朝鮮四十五氏」として示すが、踏み込んだ考証は見られない。続く文籍彙では冒頭に自ら「『慵斎叢話』、『攷事撮要』の挙ぐる所を輯め、加うるに覩聞の及ぶ所を以てし、其の巻帙撰人の大略を著して文籍彙と為す」（原文は漢文）と断る通り、約二〇〇点の文献を列挙するうち七十三点は寸評も含めて『慵斎叢話』巻八からの引き写しと言えるものであり、その書名中には二箇所、同書を判読しかねたと思われる空白も見える（同書は古義堂文庫に現存せず、東涯が手にしたテキストは不明である）。このほか著者、巻数とも不明、書名のみを掲げた文献も六十を越える。一方、父・仁斎が言及する（「儒医弁」、『古学先生文集』巻三）李滉『宋季元明理学通録』の名は見えず、東涯が既に目にしていたと思われる『論語諺解』も含まれない。(2) そして諺文を紹介することで注目される方諺略も、実際には世宗による諺文制作の経緯等を略述する『慵斎叢話』巻七の一節と、崔世珍『訓蒙字会』所載の「諺文字母」全文との転写から成るに過ぎない。勿論、この二つの記述を選択した点に見識が示されているのだが、これらに学んだ上での理解、具体的な関心は次節に取り上げる『朝鮮国諺文字母』に窺えるものの、本書には示されないのである。

以上、『三韓紀略』七篇それぞれにおける考証手法と主たる参照文献を概観してきた。この七篇による構成自体が東涯の構想である以上、その全てが意味を有するのだが、各篇の考証には粗密の幅が認められ、それを通じて東涯の志向もまた窺われる。制度と歴史、地理、そうした事実に対する関心、入念な比較考証を重ねる執筆過程は、後に『制度通』等を著す姿とも通じる（実際に本書での考証は『制度通』にも活用される）。その一方、文献と諺文に対する関心は強いとは言い難い。また、朝鮮における儒学理解や儒学者の系譜等を取り上げる箇所を特に設けず、七篇の中にも積極的な言及が見えない点も、彼の認識を示すと言えよう。

なお、東涯自筆本には黒朱二色の加筆訂正が見え、脱稿後に得た知見が反映されている箇所もある一方、既述の通り『朝鮮官職考』に見える増補は本書職品略には反映されず、子の東所も「版本を以て正と為すべし」（原文は漢文）と記した紙を当該箇所に付している。総合的内容を有する本書が全面的な改訂を施されなかったことについては、その位置づけとして確認しておきたい。

三、諺文に対する理解と関心

前節に述べた通り、東涯は『三韓紀略』の執筆において『訓蒙字会』所収の「諺文字母」を全文転載して方諺略の本編としたが、『三韓紀略』序の脱稿と同じ宝永元年（一七〇四）に装釘された『朝鮮国諺文字母』自筆本（天理図書館所蔵、全一冊）では、その「諺文字母」の一部を和訳している。具体的には冒頭に記載された初声、中声、終声の漢文による解説を簡潔な和文に改

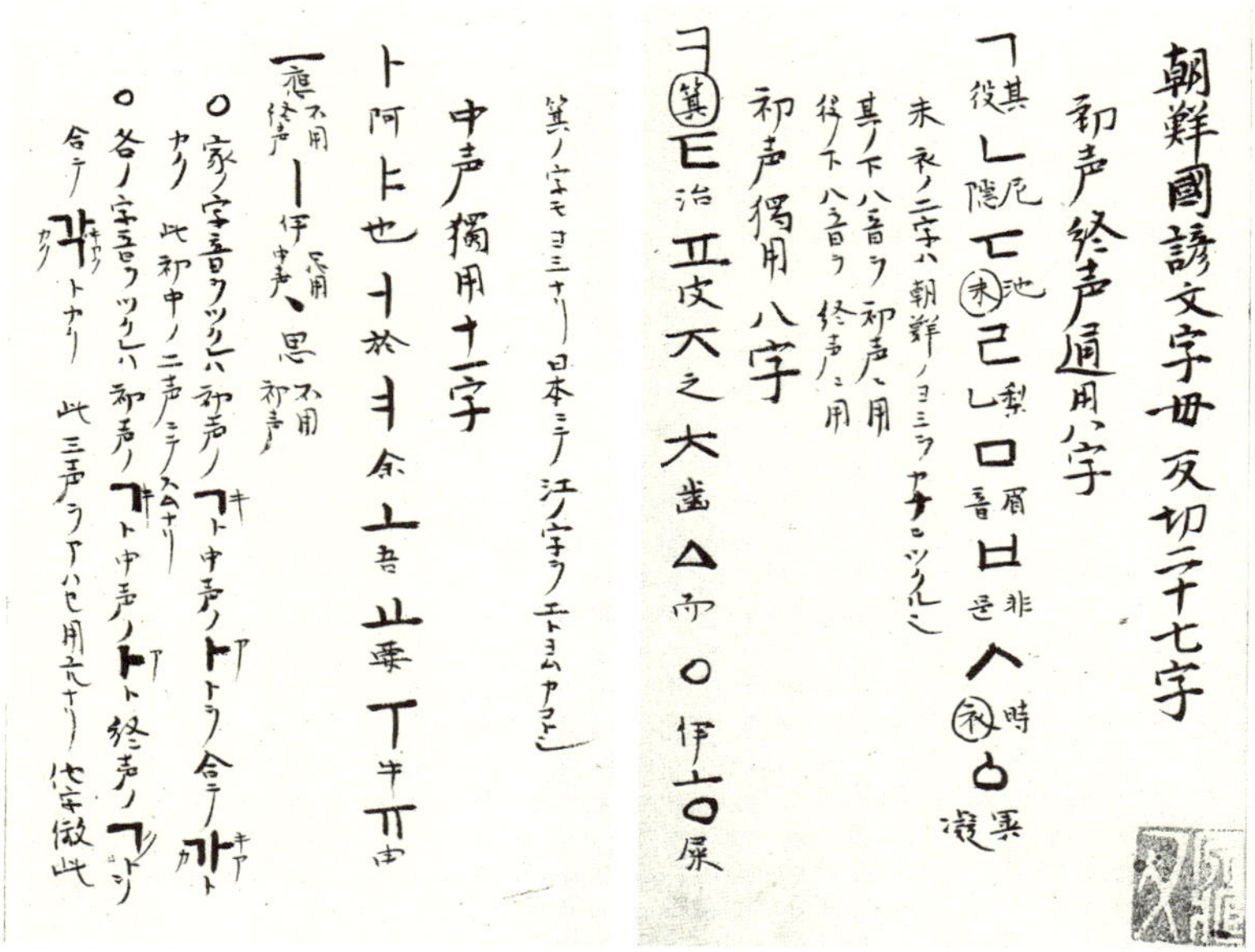

図1　伊藤東涯『朝鮮国諺文字母』自筆本（天理大学附属天理図書館所蔵）

めたもので、**図1**がその全体であり、体裁も踏襲している。(3) 続いて字母二五三字を終声（或いは中声）ごとに列記し、字母の下に該当する音の漢字を連ねた字音一覧を載せたところで装釘する。そこでは二八二字の朝鮮漢字音を示しているのだが、向き合った書物が『訓蒙字会』であることを勘案すれば、朝鮮漢字音や固有語に対する東涯の関心は限定的であったように思われる。

崔世珍『訓蒙字会』は引に著者が明言する通り、朝鮮における漢字教育の基礎教材として『千字文』に取って代わるべく編纂されたものであり、既述の「諺文字母」は諺文識字率をまず高める為に凡例末尾に収録されたものであった。そして三巻から成る本編は、三三六〇字の漢字に対して「天、하늘、텬。―道尚左、日月右旋」のように「親字となる漢字、固有語による訓読み、音読み（朝鮮漢字音）。必要に応じて漢文による補足」の体裁で解説を施していく。つまり編纂者の意図とは別に、漢文を操る者にとって『訓蒙字会』は朝鮮の固有語と漢字音を示す字典として機能するのだが、東涯が二八二字の漢字音を示した『朝鮮国諺文字母』は、彼の歿後に子の東所が大幅な補訂を施すまで加筆されなかった。また、東涯は『訓蒙字会』の本編も時に引用するのだが、「検は『訓蒙字解』に簽押防範なり」（東涯『刊謬正俗』簽押類。原文は漢文）と、「検」字に付された漢文による補足説明の箇所（巻下）を引き、漢語の

字典の一つとして活用しているのである。**図1**から、東涯が諺文の発音を把握していたことは察せられ、正徳四年（一七一四、東涯四十五歳）に筆写した反切表（天理図書館所蔵「朝鮮国諺文」）でも一字ずつに発音が仮名で書き添えられている。しかし東涯は、日本語と朝鮮語との共通項として漢字に対する音読みと訓読みの存在や語順の類似性には言及しても（『刊謬正俗』訓詁類、附「作文真訣」）、個別の漢字音や固有語について、日本語との関係を検討する方向には踏み込まない。

朝鮮漢字音については『秉燭譚』に見える次の一節の存在も指摘しておきたい。関ヶ原における撤退戦で今日も知られる島津義弘は、壬辰の役（文禄慶長の役、朝鮮王朝の文脈に所謂壬辰丁酉倭乱。本稿は「壬辰」で一括する東涯の用語に拠る）では明と朝鮮の連合水軍と最後の激戦を展開したが、彼が中国の資料では「石曼子」、朝鮮では「沈安頓吾」と表記される件について、中国語音に精通した老僧との問答を載せている。

> 老衲ヨク華音ヲ操リ、多ク奇書ヲヨメリ。因テコノ事ヲ問フ。「沈安頓吾ハ島津氏ノコトナリ」トイヘリ。又「『武備志』ニ島津ノコトヲ石曼子ト書ケリ。コレハイカガ」ト問フ。「唐音ハスメル故ニ倭音ノシマヅトイフコトヲシマンスト覚テ石曼子ノ字ヲ以テ訳ス。三韓ノ人ハ音ニゴル故ニシイマアズウトオボエテ沈安頓吾ノ国音ヲ以テ訳スルナリ」ト。左モアルベキコトナリ。
>
> （『秉燭譚』巻一、沈安頓吾ノコト。傍点は引用者）

右の通り、東涯は特に違和感を表明しないのだが、「沈安頓吾」の発音は「심안돈오《シムマンドンノ》」であり、恐らくは「しまづどの（島津殿）」の転音であって[4]、「しいまあずう」とは考え難い。そして、この「頓」と「吾」の朝鮮漢字音は『訓蒙字解』巻下、先の「検」字の直後に記載されている。要するに東涯は確認をしていないのだが、彼が主著で見せる考証手法と資料の博捜を勘案すれば、これは関心の薄さに因るとしか言い得ないのではなかろうか。『三韓紀略』の一角に方諺略を組み入れ『朝鮮国諺文字母』も作成した東涯だが、諺文に対する関心は、概ね表音文字としての構造に止まったように見受けられる。語順や漢字に対する音訓の存在をめぐる日本語との類似性への目配りは、あくまで中国に対する周辺国の固有語同士としての比較であって、両国の固有語の間に何か関係を見出そうという方向性ではないようである。本稿では立ち入らないが、この点は『東雅』を著した新井白石（一六五七～一七二五）との相違としても留意するに足ると言えよう。

四、未完の『鶏林軍紀』に窺う問題意識

十七歳の時点で既に朝鮮に対する関心を懐いていた東涯

だが、既述の通り、自ら構成した『三韓紀略』の執筆においても、朝鮮儒学に対する積極的な論及は見られなかった。実は父・仁斎も朝鮮儒学に対する言及をほとんどしなかったが、数少ない例においては、学問における党派性、学問の私物化の非を説く際に朝鮮の代表的儒学者である李滉（退渓）を挙げたことが知られている（『童子問』巻中第四十八章）。この仁斎の批判が個々人が取り組む場における学問（修己治人の学である儒学）の機能不全(5)を問題視するものであるのに対して言えば、東涯は朝鮮における儒学が、国家統治の場において機能していなかった点に冷ややかな視線を向けていたのである。先に取り上げた『三韓紀略』の序に言う。

権近、中叔舟の如き者は、其の国の学士の傑なる者なるも、其の文詞の間を視るに、我（日本を指す…引用者注）を称すること諸夏の外国に待するが如きは亦た独り何ぞや。然れども金元氏より明氏嘉隆の世に至るまで、吾が邦王綱紐せず、民生を聊くもせず、辺氓の不逞の者其の縁海郡県に寇し、焚蕩俘略殆ど虚月無し。府尹牧使に之に敢えて抗うもの莫く、劻勷已まざること殆ど三百余年なり。驕肆の習い復た用うる所無し。嗚呼、敵を鋒鏑鉦鍜の間に却くること能わずして、口舌文字の中に文飾す。宜なり、其の及べるや。（『三韓紀略』序。原文は漢文）

次に『鶏林軍紀』第一段の一節も引いておきたい。

壬辰ノ変ヲ考レバ、ソノ国妄ニ自尊大ニシテ、日本ヲアナドリ軽ジテ、ソノ政刑ヲ修メザルヨリ興リテ、ツイニ三都失守、八道瓦解、国王逃竄、王子被虜、数万生霊肝脳塗地ノ禍ヲイタセリ。

（『鶏林軍紀』第一段「朝鮮中叔舟遺言ノ事」）

儒学の国としての自負心が、本来もたらすべき国家の平安につながらず、慢心と軽侮心とを生み出した。東涯は、この点に朝鮮における儒学の機能不全を捉えている。このように日本の学者が倭寇に対する無策、壬辰の役における統治機構の崩壊を指弾することは、朝鮮王朝の文脈からすれば承服し難いかもしれないが、どうあれ東涯はかかる認識を表明した上で既述の『三韓紀略』、そして『鶏林軍紀』の執筆に取り組んだのであり、注目すべきは、右の認識を示した上で執筆した両書が、いずれも朝鮮に対する批評を眼目とするものではない点である。特に壬辰の役の顛末を描く『鶏林軍紀』は従来ほとんど取り上げられることが無かったが、書名に朝鮮の雅称を冠する本書は、朝鮮側の回顧録である柳成竜『懲毖録』を軸に日中両国の資料も交えた和文の軍記物であり、東涯の著作群の中でも異色の存在と言える。本書も天理図書館古義堂文庫に自筆本（全五冊）が現存し、序跋の類は無く執筆時期も定かではないが、本編は全六十一段の本文が概ね書き上がっており、全体像は見渡せる。東涯において、本書執筆の原動力となったものは何なのか。未完に終えている以上、過大評価は慎まねばならないが、最後にこの問題を取り上げたい。

東涯が本書の軸に据えた『懲毖録』は、壬辰の役の最中に朝鮮王朝の要職を歴任した著者による回顧録であり、「予《われ》其れ懲りて後の患いを毖《つつし》む」（『詩経』周頌、小毖。原文は漢文）に拠って命名した通り、一連の惨禍から教訓を得るべく自省的に執筆されている。前線における指揮官の相次ぐ逃亡、後方における兵役の忌避、国王の首都退去直後の人民による焼き討ち等々の描写は赤裸々と言うほか無いが、この『懲毖録』を手にした東涯は、自ら後叙を付して言う。

曰く、「兵は玩ぶべからず、玩ぶときは則ち威無し。兵は廃すべからず、廃するときは則ち寇を召す」と。……蓋し是の時に方《あ》たりてや、彼昇平の余を承け、治安の規に狃れ、専ら文事を尚び、武備地に委《す》つ。我が国三百余年戦争の後に属して、兵強く卒武にして、猛臣謀将、雲集林会す。……然り而して吾が師の西するや、使《も》し彼予め備うる有らば、豈に此くの如きに至らんや。此れ廃すべからざる者を廃するに由るなり。

（「懲毖録後叙」、『紹述先生文集』巻三。原文は漢文）

古語（『説苑』巻十五、指武）を引いた上で、東涯は日朝双方の失当を指摘する。この点は、古義堂文庫に現存する和刻本『懲毖録』所載の貝原益軒（一六三〇～一七一四）「懲毖録序」とも類似するのだが、益軒が秀吉の出兵を指して「貪兵驕と忿とを兼ねたりと謂うべし」、「是れ天道の悪む所、其の終に亡ぶるは固より其の所なり」（原文は漢文）と批判を強めるのに比して言えば、東涯は朝鮮側の要因に注目する。そして実際に執筆した『鶏林軍紀』は、申叔舟の遺言「タダ願クハ国家日本ト和ヲ失コトナカレ」の紹介から始め、続いて柚谷康広の派遣を描き、最終第六十一段「明将劉綎攻行長順天営、朝鮮統制使李舜臣打死之事」において朝鮮水軍の将・李舜臣の戦死で締め括るに至るまで、その構成は『懲毖録』に沿ったものであり、ここに『攷事撮要』に拠る地理情報の補足や『武備志』（巻二三九、朝鮮考）、諸葛元声『両朝平攘録』など明朝の資料に拠った記述が挿入、或いは併記される。日本での遣り取りについては日本側の資料、時には対馬の儒官・雨森芳洲（一六六八～一七五五）より伝え聞いた説も補うが（第四段「朝鮮通信使黄允吉等来事」）、朝鮮での経過については『懲毖録』に拠ることが多く、日本の武将の華々しい活躍の描写は少ない。そして、先に引いた第一段での総論的所見以外には、東涯自身の評語もほとんど見えず、朝鮮側の弛緩、失態についても、本文中でその都度言い立てることはしない。

異説も併記しつつ書き進める筆運びは、あくまで経過を整理する姿勢であり、『三韓紀略』君長略での考証手法とも通じるが、朝鮮王朝の宰相経験者が教訓を得んと執筆した『懲毖録』に拠って東涯が何を発信したかと言えば、それは再び「兵を玩ぶ」ことではなく、泰平の中で「兵を廃す」ことの危険性なのではなかろうか。広く知られる通り、実戦を知る武士がいなくなった江戸時代中期、泰平に因る弛緩についての危機感は相次いで表明された。江戸の荻生徂徠（一六六六～一七二八）は壬辰の役について、実戦経験十分の武士でさえ泰平の最中にあった明軍に敗北したと強調することで、「日本ニハ治世ノ軍法ト申モノ無レ之候」との問題提起を際立たせた（『鈐録外書』巻六）。こうした危機感とは無縁かのように扱われがちな京都の仁斎や東涯だが、『懲毖録』に対する強い関心を懐いた東涯は、『鶏林軍紀』によって弛緩の行く末を冷静に描き、発信せんとしたのではないか。これまで閑却されてきた、彼らの問題意識が窺われるように思われるのである。

むすび

以上、朝鮮を主題とした東涯の著作を通じて、彼の参照した文献を確認しつつ、朝鮮に対する関心の所在を探ることを試みた。読書範囲について言えば、彼が度々言及する『東国通鑑』や『三国史記』、『慵斎叢話』はいずれも現在の古義堂文庫に見えず、同文庫における有無のみでは範囲を確定し難いことが改めて確認される。また、考証手法の点から『三韓紀略』を構成する七篇を整理し、朝鮮における儒学理解や歴代の儒学者について特筆する場を設けていないことについても指摘した。この距離感については、第四節において取り上げた『三韓紀略』序と『鶏林軍紀』に示される東涯の認識が、読み解く鍵となるように思われる。その視線は冷ややかではあるが、彼は朝鮮の歴史や地理を考察対象とし、同じ中国に対する周辺国として言語の共通性や文字の違いにも意を払う。考証を重ねてこそ対象を把握でき、把握できてこそ教訓を得ることができる。その確信が、常に東涯の原動力となっているのであろう。

注

使用する東涯の著述資料の選定は『古義堂文庫目録』（前掲）に拠り、『三韓紀略』、『朝鮮国諺文字母』、『鶏林軍紀』、『授幼文規』には天理大学附属天理図書館所蔵の東涯自筆本を用いた。引用に際して漢文の資料は今日通行の手法で書き下し、和文資料には句読点と濁点を補った。

（1）古義堂文庫に現存する朝鮮関係の資料に考察を加えて『古

義堂文庫目録』（前掲）より一歩を進めた研究として、中村完「古義堂学派における朝鮮研究――ひとつの素描」（『朝鮮学報』四九、一九六八年）がある。『三国遺事』など、本稿では言及しない『制度通』に見える朝鮮関係の参照文献についても列記している。天理大学附属天理図書館編『朝鮮通信使と江戸時代の人々――開館五十八周年記念展』（天理大学出版部、一九八八年。翌年天理ギャラリーからも出版）は、同図書館が所蔵する東涯自筆の「朝鮮壌墜之図」や諺文反切表「朝鮮国諺文」、『三韓紀略』方諺略等の写真を掲載する。近年、東涯と朝鮮通信使との関係を特に取り上げた論攷には、崔博光「前近代に於ける東アジア三国の文化交流と表象――朝鮮通信使と燕行使を中心に」（劉建輝編『前近代における東アジア三国の文化交流と表象――朝鮮通信使と燕行使を中心に』国際日本文化研究センター、二〇一一年）がある。

（2）「朝鮮本の四書を見るに、別に経文を上に書し、各おの諺文を加う。稼を学ぶを請う章の如き、先ず稼の字を書し、次に学の字、次に請の字、下に各おの諺文を加う」（東涯『刊謬正俗』附「作文真訣」。原文は漢文）との記述から東涯が『論語諺解』を目にしたことが推定され、且つこの発言は元禄三年（一六九〇、東涯二十一歳）の自叙を有する『授幼文規』（『刊謬正俗』の原形）に遡れる。金文京『漢文と東アジア――訓読の文化圏』（岩波新書、岩波書店、二〇一〇年）九六頁に詳しい。なお文籍彙には、経書の諺解として『中庸諺解』の名は見える。

（3）『朝鮮国諺文字母』では、『三韓紀略』方諺略に全文転載した「諺文字母」のうち、和訳を試みなかった箇所（その前半は漢文、後半は諺文による解説）は全て削除している。中村氏は、諺文による解説を方諺略に転載した箇所の誤字に朝鮮語に対する知識の欠如を指摘しており（注1所掲の中村論文）、『三韓紀略』においては、ひとまず全てを書き写したというのが実情とも考えられる。

（4）朴鐘鳴訳注『懲毖録』（東洋文庫、平凡社、一九七九年）二六三頁の説に拠る。

（5）修己の学に取り組んだ筈の人間が、却って党派性を帯び、他者への批判を強める。この傾向は仁斎の一貫して警戒するところであった。儒学の実効性を軸とする仁斎の問題意識については、拙稿「江戸時代前期における「聖人可学」の一展開――伊藤仁斎による「古義」の標榜について」（『日本思想史学』四四、二〇一二年）を参照されたい。朱子学批判者として知られる仁斎だが、実際には（漢唐の儒学者ではなく）切実な自己向上を宗とする宋儒の姿勢に賛同しており、朱熹その人に対する評価も高い。李滉が朱子学者であることを批判しているのではない点には留意を要する。

徳川時代に於ける漢学者達の朝鮮観

――朝鮮出兵を軸に

濱野靖一郎

はまの・せいいちろう――日本学術振興会特別研究員PD。専門は日本政治思想史・日本漢文学・中国思想史。著書に『頼山陽の思想　日本における政治学の誕生』（東京大学出版会、二〇一四年・日本思想史学会奨励賞受賞）がある。

徳川日本の漢学者たちは『東国通鑑』等を検討し、各自の朝鮮認識を持っていた。それは、秀吉の朝鮮出兵をどう見るか、が密接に関わっている。新井白石から頼山陽までの、朝鮮認識の変遷を検討した。結論として、彼らは朝鮮出兵を強く批判しながら、外交の必要性をも否定し、政治状況に於いて朝鮮を軽視する見解を持っていた。

徳川日本に於いて、朝鮮史を読むことにどのような意味があるだろうか。歴史書は、ただ「事実」とされる出来事を知るためだけに存在するわけではない（少なくとも、前近代ではそれが最大の目的ではなかった）。『資治通鑑』はその書名が示す様に、統治に資する歴史的訓戒を読み取るためのものであった（歴史的事実それ自体では無く、現今の政治に活用）。また、本書高橋論文が論じたその王朝の対外的な威信を示す役割も挙げられる。

歴史書を書き、読む動機は、純粋なる知的好奇心などではない。知ること自体は目的で無く、何らかの活用が目的であった。では、徳川日本の知識人といえる儒者・漢学者達は、どのような動機から朝鮮史を学んだのか（そして朝鮮をどう認識したのか）。本論は、新井白石から頼山陽までを検討していく。

漢学者達の朝鮮認識の推移は、小島康敬氏の「江戸時代における朝鮮像の推移――日本の場合」でまとめられている(1)。

そこでは、「憧憬と侮蔑、そして侮蔑から侵略へと、江戸期を通じての朝鮮へのイメージの推移を見てきた。明治初めの征韓論は突如として出てきたのでは無く、実にこのような前史を有していた」と結論づけられる。

小島論文は冒頭に、福沢諭吉の『通俗国権論』を挙げ、「事の是非は別として、福沢の烱眼は、朝鮮は嘗て神功皇后と秀吉によって征伐された国であるという過去の歴史的記憶が国民の心に根ざしており、その歴史的イメージが国民感情を奮い立たせるのに大いに力を発揮することを見てとった」と指摘する。ここで浮かび上がる問題は、徳川時代の人々が、秀吉の朝鮮出兵をどうみていたか、である。小島氏は弘前藩士乳井貢の秀吉批判を取り上げ、最も苛烈で筋が通ったものと指摘している。それが時代を下ると、本居宣長や吉田松陰による強い肯定が出てくるようになり、朝鮮に対する扱いも、橋本左内や山田方谷などの欧米列強に対抗するための兼併論が出てきた、とする。明治初期の征韓論を待つまでもなく、福沢が秀吉の朝鮮出兵を、恰も国民が肯定的に受け止めているように把握したのも、時代状況によるものといえよう(2)。

では、幕末になるまでは、秀吉の朝鮮出兵はどのように受け止められていたのだろうか？　乳井は例外なのだろうか。本論は政治思想史上で重要な位置を占める四人をとりあげ、その朝鮮認識と秀吉の朝鮮出兵に対する評価を検討し、整理していく。

一、隣好の断絶——新井白石

徳川日本の政治思想史及び政治史上、朝鮮認識に於いて最重要人物といえるのは白石である。白石は『古史通』で、『東国通鑑』に言及している。『古史通或問』中で、新羅の東海の浜に住んでいた夫婦が、日本の小島にたどり着いてそこの王となった、という朝鮮の逸話をひき、こうまとめる(3)。

此事、東国通鑑には漢・永寿三年、新羅阿達羅王四年の事としるせり。さらば、本朝成務天皇の御代のころほひにはあたるべき。されど輿地勝覧には高麗の代の初臨汀といふを改めて迎日となしたれば、新羅阿達羅王の時の事にはあらずと見へたり。日本紀にみへし所も、垂仁天皇三年春、新羅の王子・天日槍来れりとしるされたれど、古事記にはむかし、新羅国主の子、名は天之日矛といふ。

白石は『旧事本紀』や記紀を中心に、他の書物を交えて考証している。新羅から日本に漂流した人がいる、という神話を、『日本書紀』及び『輿地勝覧』（これは朝鮮の『東国輿地勝覧(4)』）と比較し、『東国通鑑』の説を却けた。「高麗朝鮮等の史」との記述もあり、『東国通鑑』以外の朝鮮の史書も検討していると思われる。他に『五事略』「殊号事略上」[5]で、「朝鮮の書には、日本天皇代序・日本国王代序など詳にしるして本朝の伝記にも見えざる事ども詳に記せし物どもあり」と述べる。日本史のためとしても、朝鮮の資料をかなり検討していた。[6]白石が手がけた事柄に、朝鮮通信使への対応がある。白石はこの件にかなりの文章を書き、中でも後日談として書いた「朝鮮聘使後議」は『五事略』に附録した形で後に刊行された。[7]引用はその後半部で、通信使の接待には膨大な予算がかかることから、今後も現状のまま継続すべきとは思われないと懸念を示した上で、こう書く。

朝鮮の事、永く隣好を結ばるべき国に非ず。子細ある事に候。其ゆゑは朝鮮歴代の書共を見るに、大かた我国を以て彼国に臣属せし事の如くに記し置き、甚しきは倭酋・倭奴・倭賊などしるし候事、筆を絶候はず。酋とは蛮夷魁帥の称と注し候て、夷の長をいやしみ称し候言葉にて、奴といひ賊と申事は、きはめて人をいやしめ称し候言葉にて候。

其の国の書共かくの如くに記し候事は、昔三韓の国々、我国に臣属せし事ども本朝歴代の国史に見え候のみにあらず。異朝においても魏晋宋斉梁陳隋の代々の史に相見え候事共にて、其後我国の兵禍に苦しみ候ひし事、世として是なき事もなく、新羅文武王と申せしは、我国の兵を患られて自ら誓て、死せし後は龍と成て国を護り寇を防ぐべし、とて東海の水中に葬られしを、其子神文王、父を慕ひて高く台を築て東を望まれしに、大龍海中にあらはれ見えし、とて今も我国の方の慶尚道の海辺に大王岩別見台などと申所、現在し候程の事にて候へば、彼国の君臣の、我国の事を憤り恨み慍り候事、誠に万世の讎と思ひなし候故にて候。然るを又、秀吉の御時、彼国の両京を陥られ、先王の墳墓をも押破り、其禍七年に相つらなり、百年の今におよび候へども、我国の方の地、凡七百万石ばかりの地は、荒野の如くに成りはて、壬辰の年に我国の軍、打入候日を以て、海上に戦艦をうかべて、我国の兵調伏の法を行ひ候事、年々に絶へず。

もとより其兵、弱くして我国に敵すべからざる事をば覚悟して、いかにもして文事を以て其恥を雪ぐべしと思ひめぐらし候ひしかば、此年頃おもはざる外の事共に外国の侮をもとり候事も候ひき。しかるに此度においては、彼国のものども其志を失ひ候事ども多く候へば、此後必しも一国の力を尽しても又、其志を得候はん所を相謀るべき事に候。いやしき言葉にも勝ては兜の緒をしむると申しならはせる事も候へば、此時に及てよろしく其御沙汰有べき御事にて候か。たとひ彼国のものどもの、我国において宿怨尽く解けやらずとも、東照宮の彼国を再造せられし御恩においては、其国王大臣にありて相わするべからざる事に候へば、我国においてもただ隣国の御交りを全くせらるべき事、当時においても然るべき御事にと存寄たるが故にて候ひき。然るに、前御代他界の後に至り、朝鮮の大学士・崔鳴吉と申せし者の、其大臣と相議し、国王に申て修め正し候、政事撮要と申書を見候に、慶長以来彼国の使来りし事ども、皆々其情形を偵察して明の天子に奏聞せし由を記しき。

我国の案内検見の使と申す事なり。

夫のみならず、東照宮の御事を始め奉りて御代々の御事、みなみな倭酋を以て称し候ひき。彼国の人、常に隣国の交りは礼と信とを以てする由を申し、また吾が朝鮮は古より礼義の邦也、などと申事に候へども、我国にむかひては、隣好を継て聘礼を修め候、と申て、其国にては倭情を偵察するの使とし、我国にむかひては、国王を以て尊び称し、其国にては賎しめ称して倭酋と申事、何の礼とし信とする所候はんや。何の礼義の邦とすべき所候はんや。誠に古へに申伝へ候ひし、獩貊東夷の国俗とは申すべき事に候。

獩貊は東方の夷地、即今の朝鮮の地にあり。前御代御在世の日、某いまだ此書を得ず候ひし事、言上の趣もいまだ其の辞激切ならず候ひし事、見聞の博からざるが故に候へば、自ら羞ち自ら恨みてもなほ余りある事共に候。

正徳乙未春二月廿六日脱稿[8]　源君美

朝鮮とは長く友好関係を結ぶべきではない（＝国交断絶すべき）、という結論を、五つの根拠で説明する。一、日本及び中国の史書では、三韓は日本に臣属していたとなっている。しかし、朝鮮の史書ではそれを逆にし、日本を侮蔑した表記がおびただしく使われている。二、新羅の頃より、日本を万世の敵と恨んでいたのに、秀吉の出兵でそれが激化してしまった。三、武力で日本に対抗できないから、文事で日本を凌ごうと必死である。四、『政事撮要』で、通信使は日本へのスパイ活動だとし、中国に日本の内情を報告している。五、礼儀の国と自称しながら二枚舌が甚だしい、無礼不義の姿勢である。以上の理由となる。

『政事撮要』は、魚叔権が編纂し、初刻は一五五四年[9]の類書である。明との関係年表や貢納品、国王の誕生日、各地方の風物等を簡潔にまとめている。白石は外交のために、朝鮮の書籍を出来る限り読んでいた。そうした結果としての意見は、苦渋に満ち、また、重い。これは刊行され、頼春水や中井竹山も読んでいる。白石以降の知識人に於ける朝鮮観の根底は、この文によるといえる。

本書では阿部光麿氏が、伊藤東涯『三韓紀略』を紹介している。補足しておくと、山陽の父の春水が、同書を校訂し訓点を施しており、『春水日記』では、天明六年（春水四十一歳、山陽七歳）の十月二四日の記事が初出で、最後は寛政七年（春水五十歳、山陽十六歳）に出てくる。山陽や春水の周囲は『三韓紀略』を読んでいた。

二、弁舌の重視——荻生徂徠

政治思想史に於いて徂徠の存在は非常に大きい。しかし、朝鮮認識や秀吉への評価を中心とした著作・文は管見の限り無い（朝鮮出兵については『鈐録』で触れている）。「贈対書記雨伯陽叙」つまり雨森芳洲への書簡で、その朝鮮との折衝の苦労を評価している。(10)

徂徠は儒者達がないがしろにされる世の中を嘆き、能力を発揮出来るのは外交だけだと指摘した上で、四つの外交の拠点を指摘する。松前のアイヌと島津の琉球は、相手が取るに足らない国力しか無く、臣従しているのだから問題は無い。一般的に長崎が諸外国の集まる場所だからもっとも重視されていることを踏まえて、こう続ける。

然るに余を以て之を観れば、宜ど対府の重きに若くは莫きのみ。夫の諸夷は瑣さく、華夏は永楽の後、明は既に我を絶ち、我も又た清を絶つ。廖廖乎として戎好の交の有ること莫し。尚ほ何ぞ礼辞を用ひん。亦た唯だ民と民との交も利を征るのみ。其の難治と称するは、迺ち漢・日南・合浦の類なるのみ。

対府は則ち然らず。蓋し実に我が北門の管籥を司り、韓を相ひ距つこと二百里にして近し。韓北は郷土に接し、西は華夏に連壌す。其の二大国に介すること、猶ほ之れ春秋の鄭のごときか。鄭は辞命を以てし、韓も亦た辞命を以てす。其の人迺ち文に媚ふなり。然るに其の我に于いてや、地を以てすれば則ち醜ひし、勢を以てすれば則ち敵す。

又た豊王威竈の余を承くれば、則ち其の我を慮る所以は、深く且つ備はれり。唯だ我が国家は柔綏の徳なりて、而して彼は猶ほ且つ世王の礼を秉るがごとし。万一釁啓けば、毋迺ろ斉襄九世の志有らざらんや。若し或いは貢聘一たび絶へれば、則ち人参じて海内生霊の命を繋ぐ。是れ其れ重し。寧渠ぞ崎塡の君の華民に望みて、市する所の貨は宝玩機巧の末にして、而も況んや毛人・流求の蒲伏・稽顙し、以て其の楛矢魚服蕉布駃酒を献じ、我に軽重する所亡きの類ならんや。

夫れ対府の重きこと、諸辺に於いて最と為す。而して韓は辞命を以て文に媚ふ。其の重きこと迺ち一に書記の任に萃まる。故に対府の書記、昔は其の材を難しとす。而れども雨君の材を以てすれば、故に易易たるのみ。雨君書記たること数十年、両情の際に置郵す。其の間の夷険・盤錯に、必ず外人の聞くに及ばざる所有り。而して名誉を海内に著す。

この文は正徳五年（おそらく春）に書かれた。[11]「朝鮮聘使後議」とほぼ同時期のものである。白石と徂徠は好対照を成している。白石は、恨んでいるとはいえ、実力的に朝鮮が日本に攻めかかるのは不可能だ、とみている。それに比べ、「九世の志」と表現し、朝鮮が積年の恨みを晴らすべく軍事行動に移す可能性があると指摘する。徂徠は日朝間に戦端が開かれることを危惧していた。もちろんこれは、対馬で朝鮮と交渉している雨森芳洲を讃える目的で書かれた文章なので、朝鮮に対する見解としては割り引く必要はある。とはいえ、国土と国勢に於いて、日朝に差が無いと指摘している。アイヌ・琉球への軽視と比較すれば、国と国との対等の関係は朝鮮との間に成り立つ、と徂徠はみていた。

また、白石は二枚舌外交を批判したが、強大国に挟まれた国の宿命として、朝鮮が「辞命」即ち外交での弁舌が長けているのを、徂徠は当然とみなす。その応対が「操觚の士」が唯一能力を発揮出来る場なのだから、重要である。これは当事者だった白石と傍観者である徂徠の違いであり、白石を現代的価値観から貶めるのは不適切である。ただし、徂徠が国際関係に於ける弱者の生存方法を冷静に判断していた、とはいえるだろう。秀吉に対する直接の批判はないが、肯定的ではない。「与江若水四」[12]では、「吾が猿面王」としている。「豊王」というのも、「王」と言うべき立場になった（「王道」という意味では無く）から記しただけで、「猿面王」では敬意を示しているとはいえまい。

三、濆武の豊公――中井竹山

次に中井竹山の『草茅危言』をとりあげる。[13]二巻に「朝鮮」と題した章がある。[14]四つの項で構成されており、一項ずつ検討する。

一　神功の遠征已来、韓国服従朝貢し、我属国たること、歴代久しく絶ざりしに、今の勢は、是に異なり。その故は、御当家の初め、豊公濆武の局を結び、一時の権を以て隣交を修め給ふ御事なりしかば、渠も已前の如く我皇京に朝貢するに非ず。ただ好みを江都に通ずるのみなれば、属国ともしがたく、聘使を待客礼を以せざること能はず。豊家に由なき兵端を開かれし故、止ことを得ずしてかかる勢となりたるもの也。

朝鮮は神功皇后以来日本の属国だったが、秀吉の朝鮮出兵以後は変わった。天皇に朝貢していないから属国ではない。属国とは京都の禁裏に対して朝貢しているか否か、で決まる。この章で竹山が重視しているのは、通信使の接待にかかる経費である。「かくまで天下の財粟を傾けて応接するには及ばざることとなるべし。」と、海道沿いの大名にかかる経費の負担を考慮して、「韓聘の期を姑く停めさせられたるは、恐ながら寔に有がたき御事」とするが、「最早有来りたる故事なれば、今更関を閉て謝絶するもいかが」であるから、「数年の後にはまた是典を挙させ給ふべきことあらん」とする。結論として、経費を削減して様変わりさせる、となる。朝鮮が秀吉の出兵まで属国であったかなど、歴史的事実として疑問があるが、朝鮮出兵を「瀆武」として全否定したのが特徴である。

一　朝鮮は武力を以て我に加ふることは、所詮ならざる故、文事を以て来り凌んとすること、寔とに新筑州の五事略に論ぜる如くなるべし。因て我邦の学に暗きの虚に乗じ、わが知ざるを欺て、道中の鹵簿に、巡視の旗・清道の旗・令の旗など建ること、無礼の甚しきものなり。

「新筑州」即ち白石であり、「朝鮮聘使後議」を含め竹山が白石からかなり学んでいるのが明らかである。白石同様、武力で日本に叶わないから、文事で日本を凌ごうとしているとし、こちらが知らないと思って無礼な旗をたて、恰も属国に使者が訪れた体にしているのが大問題と指摘する。ただし、彼らの事情も理解している。

外に正徳年中に、新筑州の裁抑せられしこと、品々有て往々事宜を得たれども、その後、又旧に復したることも多きやうに覚ゆ。是みな修挙ありたきものなり。筑州の時には下乗並びに御回書のことなど、さしかかりて、強ての裁抑にて、手荒き勢もありし。それ故聘使は帰国の上にて、使命を辱むるとて、皆罪せられしと聞及びたり。

白石が外交に於いて改めたものは、確かに内容として正しいのだが、その結果通信使達が帰国後罰せられてしまったと聞く。そのため、竹山はその無礼な旗が日本側にとって無礼で無いような解釈を持ち上げる。これはある種の「ごまかし」であり、そうした手段を肯定する姿勢は、朱子学者としては違和感がある。

一　韓使は文事を主張する故、随分文才に秀でたるを撰て差こすと見へたり。故に沿道各館にて、侯国の儒臣と詩文贈答筆談のこと多し。この方の儒臣多き中には、文才の長ぜぬもありて、我国の出色とならぬもまま見へて残念なり。

通信使と儒者が筆談する時、文才の有る儒者だけが対応するわけではないのが問題だが、重要なのはそこでは無い。

それはさておき、又三都にては平人までも手寄さへあれば、館中に入て贈答するに、官禁もなければ、浮華の徒、先を争て出ることになり、館中雑沓して市の如く、辣文悪詩を以て、韓客に冒触し、その甚しきは、一向未熟の輩、百日も前より七律一首やうの詩、荷ひ出し、それを懐中し膝行頓首して差し出し、一篇の和韻を得て、終身の栄として、人に誇るなど、笑ふべし。

一般人の素人詩人がわざわざ下手な漢詩を持って彼らに添削を請い、それを本場の人からもらった名誉、としている様が見苦しい。通信使はこの下手な詩を馬鹿にして粗雑に扱っているのだから、それを宝とする姿勢は噴飯物である。こうした一般人が通信使に接しないようにすべき、と主張する。大名の御儒者達を一度集めて詩の達人に能力を吟味させ、合格した者だけで応対させるのでは、かえって経費はかかると思われる。とはいえ、「これ詞芸の末事といへども、外国に対して我日本の恥を雪むることは大なりとすべければ、官より忽せにさせらるべきにはあらぬ」と重視する。科挙が無く、出世の役に立つわけではないにも関わらず（そもそも武士ではない町人・村人で）、漢詩を作っていた人々が（レベルは低いにしろ）徳川日本に多くいたこと自体、文化的な特徴であるが、朝鮮側がそこを酌んでくれるわけではないので、儒者である竹山が拘るのは妥当である。

一　韓使来聘は隣交の礼にて欠べからざるのことなるべけれども、今日にては大に両国を疾しむることになりたれば、互に省略していか程事を殺ても隣交の礼さへ立たらばすむべき、とならば、先儒も論ぜし如く、彼方より僅の人数にて対州まで渡し、図書聘物ばかりを受取て上達し、この方よりも御返簡並に酬幣を対州まで遣され、相わたし、双方とも対州切にて礼を畢て使者を返させられば、是にて事すみ、彼方にても大に悦ぶべし。官にも大に経費を省き、天下の諸侯・億兆の民まで、永く肩を息ふことなるべし。是は実に最簡極便の方の一つを設けて云ふのみ。何分来聘は御一代に唯一度のことなれば、格別に厭ふべきにも非ず。侯国にても取たがへて馳走の過たるに心付あらば、大分事をそぎ、さして民を労せず財を傷らぬ仕方いか程も有るべし。

隣国と親善を結ぶのは大切だが、その経費で両国とも疲弊するのならば、対馬での交流に限定すべき。こうした意見を竹山は妥当とする。しかし、

古を以て考えれば、千載属国たる小夷なるを、時勢とは云ながら、隣交を以て抗礼せしむること、十分の素望には非ざるものなり。これ対州切の簡便の策の由て起る所也。されども急には行はれがたき勢もあるべきなれば、今日猝かに然るべしと云には非ず。姑く録しおきて来者に告ると云のみ。

と、元は属国だった小国に煩わされること自体を問題視するものの、にわかに対馬での交流のみとするのにも躊躇いが有り、良案が今後出ることを期待して章を終える。基本的には朝鮮を見下した論調で、経費削減を主眼としているが、国交断絶となるとそれも問題として、多くの字数を費やしたあげく、結論は棚上げしている。朝鮮との外交を重要視しながらも、そこの「理」を窮めることは出来なかった。

白石・徂徠に比べ、蔑視と朝鮮出兵の問題視が強い。大坂の町人である竹山は、秀吉に親近感を抱いていると思われる。白石は「秀吉」で、竹山は「豊公」と記述しているのを踏まえれば、いっそう目を引く。『読史余論』で白石は、秀吉を英雄視しない。『読史余論』は朝鮮出兵にほとんど触れず、白石は朝鮮出兵を「瀆武」とは、管見の限り書いていない。秀吉の朝鮮出兵を、「瀆武」とした最初が竹山であるかは断定出来ない。乳井は朝鮮出兵をして「強盗」と表現しているが、秀吉個人への敬意の有無がそこには表れていよう。この語は軍が攻める対象にではなく、自軍の誇りに関して使う語である。朝鮮の人民に対する想いではなく、あくまで、無益な侵略戦争をして傷ついた日本の武士達・軍の誇りを表現している。言い換えれば、その侵略戦争に正当化する理由がついたならば、問題が無くなってしまう(「由なき兵端」だから駄目なのであって、理由があるならば構わない)。竹山はこの章に於いて、普遍的な「理」で語ろうとしない。あくまで、日本の立場から日本の利益のみを語る。当事者として疲労困憊しての嘆きでもなく、冷静に朝鮮の立場を判断しているのでもない。『草茅危言』は当初は写本で、拙修齋叢書によって木活字本として出版されて、読者を更に獲得していった。こうした見解が与えた影響は無視出来ない。

四、統一の欠陥――頼山陽

最後に山陽の朝鮮観である。『春水日記』に、『五事略』『草茅危言』と『三韓紀略』が言及され、『書後』で『徂徠

集』について書いている。山陽はこれらの書物を読んだ上で、自らの論を構築している。『政記』崇峻天皇論賛を検討する。(15)

頼襄曰く、儒学と仏説と、皆な外国より来るは、択ぶこと無きなり。而るに仏説一たび吾が国に入るや、之を好み之を崇め、以て君父を易る者有るは、何ぞや。儒学は人倫を敍して、平易にして喜ぶべきもの無し。其の文は外より来ると雖も、而して其の実は固より我に在り。仏説の新異にして、宏濶・誇大、人聴を聳たすに足るがごとくならざるなり。吾れ嘗て三韓の史を読むに、其の君の仏説に惑ひ、以て乱亡を致すは、皆な是れなり。吾が邦は未だ彼の如くに至らざるなり。

三韓を滅ぼしたのが本当に仏教の説かはともかく、「三韓の史」は『三国史記』『三国遺事』『東国通鑑』のどれかと思われる。しかし、山陽が朝鮮について積極的に調べたかは疑問である。山陽が朝鮮史から抽出した政治理論はこの傍線部のものだけで、『通議』に於いて朝鮮史は一顧だにされない。「朝鮮」の語も、巻下で朝鮮出兵時に関して出るだけである。では、『外史』『政記』でどう述べているのか。『政記』継体天皇論文に、三韓に対する山陽の認識が端的に現れる。

頼襄曰く、国朝の三韓を服するは、洵に不世の功なり。然るに爾後、我が務と為す所以のものは、三韓に在り。貢を闕けば、則ち責めざるを得ず。責めて服せずんば、則と伐たざるを得ず。騎虎の勢の如く、中ごろ下るべからず。是を以て上古の史は、三韓の事半ばに居る。其の時に当たり、蓋し将卒は奔命に疲れ、農民は糧餉に困しみ、国内を敝らして、以て外夷を事とすること、知るべきなり。是れ豈に計の得たるものと為さんや。是の故に、日羅の敏達帝に答ふるや、内外の本末を論じ、戦守の得失を言ふは、此に見ること有るのみ。

然りと雖も、之を時勢に揆るに、概論すべからざるもの有り。神功・応神の際に当たり、吾が国の風気未だ全くは開けず、士女・金帛の豊備、或は三韓に及ばず。而して兵卒の勇悍なること、則ち啻に之に過ぐるのみならず。故に吾れ我が兵卒を用ひて、彼の金帛を収むるは、収むる所多くして、用ふる所寡し。已に其の貢獻を納れ、又た其の人丁を役す。故に百済を称して、内官家と為すは、猶ほ我が外府と曰ふがごときなり。是の時に当たり、失ふ所少くして、得る所は多し。其の後に至るに及び、我が風気已に闢け、凡百の民用、彼に須つこと無し。而して仍ち前代の故を襲ふは、則ち得る所少くして、失ふ所多し。任那を復して、百済を扶くるは、既に富むの家にして、猶ほ旧属の小戸を経紀するが如し。其の事は義と雖も、其の志は殷と雖も、内は自ら罷敝して、而して彼に益無し。故に曰く、概論すべからざるなり、と。

然りと雖も、其の初に当たり、府を任那に置き、三韓を臂使し、百済の主を易置すること、奕碁の如く然り。何ぞ其れ盛んなるや。而して何をか修めて以て之を致す。曰く、上下心を同じくして、国一人の如くして、外国を処置す。其の心を服するに足るものは、是れのみ、と。嗚呼、後の国を有つ者、必ずしも其の盛んなるを冀はざるべく、当に之を致す所以を学ぶべきなり。

これは属国の有無に関して述べたもので、植民地の意義を論じたもの、ともいえる。三韓という属国は負担に過ぎない。上古はその存続で問題が起こる、弊害をもたらすものであった。上古は、武力で勝るも財力で劣っていたため、属国から搾取する意味はまだ存在した。しかし、武力財力とも勝る現状では、支配する意味がない。[16]

この主張は経済的功利性のみで、侵略の倫理的側面を語っていない。それでは、他国を侵略して採算が合うならば、それは肯定されるのか。結論から言えば、拙著[17]で山陽がナポレオンを讃えつつ、領土拡張・侵略の野心に否定的評価を与えていることを書いたように、海外出兵否定論者で間違いはない。では、秀吉の朝鮮出兵をどう評価するか。『政記』の後陽成天皇には三篇の論文があり、まず最後の論文を検討する。

織田政権について、刑罰があまりにも厳しいものだったと問題視する。その結果として民は誰も「安ん」じてはいなかった。しかし、豊臣氏は更に酷い。「豊臣氏に至るや、則ち一挙にして先王の沢を喪ひ、天地の性を絶ち、生民の命を奪ふもの有」るほどのものであった。

豊臣氏の奢侈を極むること、已に前代に比無し。末年に及べば、窮兵黷武、用度益ます給せず。租税を加徴せんと欲するも、復だ加ふるべからざるなり。是に於いて、丈田の法を一変し、三百歩を以て一段と為し、一段に六十歩を加へ、一町に六百歩を加ふ。積みて之を上せば、千町に六十万歩を加へ、万町に六百万歩を加ふ。又た一歩に就き、各おの二尺を縮め、限り有るの土地を鞭撻し、以て故無きの財利を捜索す。民数は旧に依るも、税額は百倍す。

開闢以来の遺民、未だ削らざるの肉を削り、未だ浚へざるの膏血を浚へ、以て豊臣氏の已むを得て已まざるの欲に供す。豊臣氏此を以て絶嗣赤族の禍を取る。其の事は已に逝くも、而して其の法は遂に一たび成りて破るべからず。今に至るも梗を為し、上下相習ひて、恬として怪と為さず。織田氏の法は、累はしと雖も、一時に行はるるのみ。豊臣氏の流毒は、未だ其の底る所を知るべからざるなり。

この論文の特徴は、秀吉政権の否定に他ならない。太閤検地は民から更に税を搾り取る目的で、豊臣政権の奢侈による財政の支出が原因である。朝鮮出兵も「窮兵黷武」として否定する。[18] 後陽成天皇論文の二つ目でも、朝鮮出兵を明確に否定する。

今、両人のここに闘ふあり。その一は傲慢無礼にして、罵詈雑加し、その一は辞を卑くして躬を屈し、謝してこれを止めんと欲す。乃ち益々咆怒して、肯て聴かず、剣を撫して疾視するに至り、然る後に已むを得ずして闘ふ。已むを得ずして闘ふ者は、必ず勝つ。数十万人の闘と、両人の闘と、その勝負の機、奚ぞ異ならんや。諸将知らずして、太閤これを知る。宜なるかな、その全勝するや。而るに何ぞ独り朝鮮を撃つに於いて、ここに察せざるか。

朝鮮と我れと、大海を隔絶し、本相干渉せず。彼れ未だ嘗て釁を我れに啓かずして、我れ故なくしてこれを撃つ。ここを以て、我が将士、彼れを怒るの心なくして、太閤のなす所を直とせず。曰く、何の故に、これを撃ち、何の故に、我れをして瘡痍を裹み、妻孥に離れ、遠く大海を渉りて、骨を未だ嘗て識らざるの地に暴さしむるかと。これその一たび勝つも、その鋒、終に鈍退して振はざる所以なり。彼れ怠惰委靡の余を以て、我が百戦の精兵を被ること、北条・島津の勍きが如きに非ざるなり。而るに能く北条・島津の如くならざる所以は、その国人、皆我れを怒りて、我れを拒げばなり。我レ何を以てこれに勝たんや。特に以てこれに勝つことなきのみならざるなり。又た我が既に定むるの天下を失ふ。兵の勝負、その機ここに在り。天下を得ると、天下を失ふと、その機も亦たここに在り。

「故なく」して戦争を仕掛けたがために、勝機を得ようがなかった。戦意に欠けた日本軍に対し、「已むを得ず」国を守ろうと闘った朝鮮軍、これが勝敗を左右した「機」なのであった。[19] 山陽の朝鮮観は、古代は属国でその後は関わりが無くなった国、である。全体的に山陽の秀吉に対する評価は高くない。『日本楽府』に朝鮮出兵絡みの詩は五首有り、秀吉について詠ったものは「挐鞋奴」と題されている。

挐鞋奴、面は狙の如し。鞋を舍て旄を執り風に従ひ呼び、掌心逆理中指を貫く。六十六州手ずから巻舒し、龍を馴らし虎を玩びて余力有り。却て冥海に向かひて鯤魚を掣く。何ぞ知らん金甌の缺け且つ破るるを。当に言ふべし得失皆な吾れよりす、と。嗟哉乎操持に術無くとも君怪しむこと無かれ。鞋と天下と小大無ければなり。

「猿」顔の草履取り、と秀吉を詠う。偉業ではなく異形の人物であり、本質は成り上がり者であった。秀吉自身に、政権を維持する能力が元々欠けていた。この見方は『外史』でも同様である。最後に『外史』豊臣氏論賛を検討する。『外史』は世家体のため、豊臣側から論じているのが重要である。

外史氏曰く、余東山に遊び、太閤の像に高台の祠に謁す。祠門は蓋し征韓の艦材を以て之を造ると云ふ。嘗て韓人の紀する所を読むに、曰く、「明使者を遣し、太閤の相貌を窺はしむ。矮にして黒く、他と異なること無し。唯だ其の目光烱烱として人を射、仰視すべからざるを見るのみ」と。余其の像を観て、信に然る者の如し。

「韓人」の紀は、柳成竜の『懲毖録』である。続いて秀吉の能力に対する分析になる。

嗚呼、太閤をして女真・靺鞨の間に生じ、之に仮すに年を以てせしむれば、則ち烏んぞ朱明の国を覆すは覚羅氏を待たざるを知らんや。蓋し其の人となり、酷だ秦皇・漢武に肖る。而して雄才大略は遠く其の右に出づ。夫れ漢武は豊富に乗じて区宇を馭す。論ぜずして可なり。秦皇は六世の積威を挟みて、衰残の六国を蹶す。太閤の徒手奮起し、群雄を制服するに孰与ぞや。然るに其の民力を過用し、以て絶嗣の禍を取るは、則ち秦と等し。彼の累葉の烈に藉るすら、猶ほ且つ免れず。況んや匹夫を以て暴かに起る者をや。

秀吉を、始皇帝・漢の武帝に勝る人材だ、と賞めながら、民を酷使した結果、即座に王朝が崩壊したのは秦と同じ、とする。この評価は真に受け難い。貧賤から身を起こして皇帝となった、漢と明の高祖、即ち劉邦と朱元璋を比較対象にしていない。また、始皇帝・漢の武帝は、どちらも暴君の典型であり、彼等と比べられる時点で、褒められてはいない。

然るに匹夫を以て天下を得るは、祖業を承けて之を失ふを重んずる者の如きに非ず。土地は其れ固有に非ず。故に其の利を分かちて惜しまざるなり。人民は其れ固畜に非ず。故に其の力を用ふるを愛しまざるなり。夫れ其の民力を愛しまざれば、固より以て危亡を招くに足る。而して地利を惜しまざれば、又た以て久安を計るべからず。此の二者、其の勢相ひ持し、而して其の禍も相ひ因るなり。然れども其の初の速かに天下を得る所以は、愛惜する所無ければなり。譬へば閭巷の人、博して大勝を獲るが如し。其をして勝たざらしめば、一寠人なるのみ。苟しくも勝たんか、乃ち大に之を揮霍し、其の朋類を招き、醉飽喧呼、務めて快を一時に取る。唯だ然り。故に暴かに富みて人怨みず。

太閤は人奴に起ちて、大国に主たる。固より已に其の望む所を踰ゆ。乃ち変故に遭遇し、機に投じ会に赴き、動けば意の如くなるを得。皆な初念の至らざる所なり。而して当時の将帥を四顧すれば、皆な其の儕輩、或は其の敢て比肩せざる所なり。一旦其の上に立ち、而して常に其の己に服せざるを恐るるなり。以為らく、「吾れ微賤よりして利権を司どるを得たり。苟も自ら封殖して人に分たずんば、人将に吾と争はんとす。而して吾が志速かに成るべからざるなり」と。故に膏腴を割き、金帛を頒ち、動もすれば数州の地を挙げて以て戦功を賞す。之を視ること啻に糞土の如きのみならず。彼其の一世の豪俊を鼓舞奔走せしめ、以て驟に志を天下に獲しは、此の術を用ひたればなり。

博打うちと比較されている所に、成り上がりの悲しさが表れる。濡れ手で粟は、それを即座に使い果たすことで恨みを買わない。秀吉が成り上がりつつ自らの身を守るには、得たものを惜しげもなく与えなければならなかった。いうなれば、自転車操業的な存在と規定する。猜疑心が強く、周囲は元々自分を見下しているから心服などしない、と恐れていた。

然るに吾れ糞土として之を授け、彼れも亦た糞土として之を受く。未だ嘗て我を徳とせず、而して以て当然と為す。彼の求むる所は無窮にして、我の有する所は尽きること有り。尽きること有るを以て無窮に供す。其の勢之を海外に取り、以て之を塞がざるを得ず。是に於いて、七道の民、其の未だ愈えざるの瘡痍を裹み、以て知るべからざるの地に趨き、連年成る所無くして、其の力竭く。而して柩肉未だ冷かならざるに、群雄各おの自立の心有り。蓋し怪しむに足る者無し。故に太閤の民力を愛しまざるは、其の地利を惜しまざるに由る。而して其の禍遂に此に至る。皆な其の自ら取るのみ。

然りと雖も、太閤の雄才大略を以て、八歳にして六十余国を定む。則ち其の余力を以て之を海外に逞しうするは、固より其れ宜べなり。豈に唯だに太閤のみ然りと為さんや。当時の猛将・謀夫・雄傑の士、天下に布満す。天下已に集れども、其の桀驁巧狙、事を喜み功を好むの心、猶ほ未だ已まざるなり。之を鷙鷹俊狗に譬えるに、其の噬齧搏撃の力、用ひて余り有らば、則ち必ず人に逼るに至る。故に朝鮮の役は、是れ天下の群雄をして其の噬齧搏撃を肆にして、以て其の力を殺ぐものなり。

然れども徒に其の力を殺ぎ、其をして獲る所無からしめば、則ち彼将に復た我に馴服せずして、反て其の噬齧搏撃を我に施さんとす。嗚呼、之を養ひて其の術を得ず。安くに往きて可ならんや。能く之を飽かしめて、之を節する能はず。能く之を発縦指示して、収めて之を寧んずる能はず。故に太閤の群雄に於けるは、苟に之を一時に制服するのみ。豈に長久の計ならんや。其の速かに天下を得る所以は、乃ち速かに之を失ふ所以なり。梁の武帝言へる有り。「吾れより之を得、吾より之を失ふ。復た恨む所無し」と。則ち太閤其れ亦た恨む所無きか。

朝鮮出兵は、秀吉政権の性質上必然であった。領土獲得から配分の、絶えざる自転車操業的配下統御術であり、統一から維持に向けて軟着陸していく要素を本質的に欠いていた。当初は明に出兵する予定から、行き掛かり上、朝鮮に攻め入ることとなった。朝鮮からすれば甚だ迷惑な話であるが、戦争する（そして領土を奪う）相手を必要とした政権運営なのだから、攻め込みやすい場所にいた悲劇、ともいえよう。

山陽は海外進出を認めなかった。討幕同様、征韓論的見解も山陽から導き出せるものではない。そして、朝鮮に対して無関心とまではいえないが、強い興味を抱いてはいなかった。山陽の学問に於いて、知識の集積よりも、普遍的な一般法則の抽出が中心だからかもしれない（それが『通議』に結実する）。朝鮮史の知識自体に、そこまで価値を見いだしてはいなかった。また、当時はロシアやイギリスの船が日本を訪れており、彼らに脅威を感じたが故に防衛策を論じていた。朝鮮軍に日本に攻め込む危険性を感じていたら、もう少し分析も加えただろう。朝鮮を高く評価していた、とはいえない。

以上、漢学者たちの朝鮮認識は、程度の差はあれ、皆蔑視を含んだものであった。朝鮮の文化どころか、同時代の政治的内情に対しても、白石以外はさほど関心を持っていない。しかし、朝鮮出兵については全て否定的であり、そもそも海外進出を主張しない。朝鮮出兵への評価は、幕末に大変化を果たしたのか、それとも漢学者たちの意見としてずっと続いていたものなのか[20]。これらは、今後検討すべき課題である。

注

（1）小島康敬・M・Wスティール編『鏡のなかの日本と韓国』（ぺりかん社、二〇〇〇年）。

（2）福沢の朝鮮認識については、月脚達彦『福沢諭吉の朝鮮』（講談社選書メチエ、二〇一五年）を参照。この「通俗国権論」は明治十一年に書かれたが、その二年後に朝鮮人と出会うまで、「福沢の眼中に、朝鮮はないに等しかった」と同書で月脚は指摘している（三八頁）。

（3）『新井白石全集』三巻、三六七頁。引用の際に句読を施し、旧字を新字に改めた。漢文の引用は筆者が読み下し、いちいち「原漢文」とは書かない。

（4）大正八年に朝鮮総督府が出した『朝鮮図書解題』では地理類。『新増東国輿地勝覧』は中宗の二十五年（一五三〇）。

（5）『全集』三巻、六二一頁。

（6）ただし、白石は「高句麗」とせずに、「高麗」とする。山陽も「高麗」と書いて、「高句麗」とは書かない。

（7）『全集』四巻六八三頁。割注は略した。山陽の父、春水の日記で『五事略』は話題になっているため、山陽も読んでいる（天明七年一月二日、春水四十二歳、山陽八歳）。『春水日記』は『頼山陽全書』より。

（8）正徳で「いつび」は、五年である。六代家宣は正徳二年に薨去しているので、最後の前御代とは家宣治世である。

（9）藤本幸夫「刻手名による朝鮮刊本の刊年・刊地決定について」（『東方学報』七三、二〇〇一年）。「政」ではなく、「攷《こう》」が正しいため、白石の誤記か、全集本の誤記だと思われる。『朝鮮図書解題』では、崔鳴吉が一六三六年に増補修訂を施したとされる。白石はこの版を読んだと思われる。

（10）『近世儒家文集集成』巻三『徂徠集』巻十（ぺりかん社、一九八五年）。

（11）平石直昭『荻生徂徠年譜考』（平凡社、一九八四年）九六頁による。同書（八二―八四・九六・一一七・一一八頁）に、徂徠及びその弟子の、朝鮮通信使との漢詩の贈答に関する記述がある。自らが除外されていることへの恨みはあるにしろ、徂徠は通信使やそれとの漢詩の応答に意欲を示してはいない。徂徠学派と朝鮮通信使の交流については、藍弘岳「徂徠派文士と朝鮮通信使――「古文辞学」の展開をめぐって」（日本漢文研究編集委員会編『日本漢文学研究』二松学舎大学二十一世紀COEプログラム「日本漢文学研究の世界的拠点の構築」、二〇一四年）、同「「古文辞学」と東アジア――荻生徂徠の清朝中国と朝鮮に対する認識をめぐって」（アジア遊学『「近世化」論と日本――「東アジア」の捉え方をめぐって』勉誠出版、二〇一五年）も参照。

（12）『徂徠集』巻二十六。

（13）これも『春水日記』で取り上げられている（寛政十年十一月二十一日、春水五十三歳、山陽十九歳）。

（14）無刊期木活字本『校正草茅危言』より。

（15）山陽の文は、全て『頼山陽全書』より。

（16）前掲注2月脚書で、福沢は朝鮮人と出会う前の朝鮮認識として、「かりに朝鮮から「属国」にしてくれと言われても、応じるべきでない」と、「朝鮮と交際すること自体に何の利益もない」ことを理由に主張していた、と指摘している（四一頁、『郵便報知新聞』明治八年十月七日社説より）。

（17）拙著『頼山陽の思想　日本における政治学の誕生』（東京大学出版会、二〇一四年）第二章第四節第一項を参照。

（18）山陽が朝鮮出兵を「窮兵黷武」と規定したことは、吉田松陰に批判されている。

（19）「機」については前掲拙著第二章を参照。

（20）幕末から明治初期の挑戦認識・外交については、石田徹『近代移行期の日朝関係――国交刷新をめぐる日朝双方の論理』（溪水社、二〇一三年）を参照。

◎コラム◎

『東国通鑑』をめぐる逆説——歴史の歪曲と帝国的行動の中で

井上泰至

いのうえ・やすし——防衛大学校教授。専門は日本近世文学（上田秋成・軍書・人情本）、近代俳句（子規・虚子）。著書に『秀吉の対外戦争』（笠間書院、二〇一一年、金時徳と共著）、『近世刊行軍書論』（笠間書院、二〇一四年）、『近代俳句の誕生』（日本伝統俳句協会、二〇一五年）などがある。

> 東国通鑑に「唐の咸亨元年、倭国さらに日本と号す。自ら言ふ、日の出づる所に近し、以て名と為す」と見えたり。これは我が朝にて天智天皇九年に当れり。およそこのころより日本の称ありとみえたり。しかればまた上古の称にも非ざるなり。（『講孟余話附録』）

吉田松陰は、アメリカ船に乗り込むことに失敗してから、野山獄に繋がれる。そこで、長州藩きっての儒者山縣太華と縦横に議論をした。その中の一節である。この時期、松陰はかなり水戸学にはまり込んでおり、この対論の中で、国体を論じて、「毛唐人の口真似し、天下は一人の天下に非ず天下の天下なり、などと罵り、国体を忘却するに至る。惧るべきの甚しきなり」と、有名な矯激的天皇論を吐いている。

冒頭の引用は、水戸学（具体的には会沢正志斎『新論』）の、日本は太陽神が開いたという言説を軸に、対論相手の太華が、『東国通鑑』の記事を引用して、日本の国名の成立時期から、国名を根拠に太陽神が日本を開いたというのは転倒した議論だと言うものである。今日の眼から見て、至極真っ当なこの太華の意見に、松陰はどう答えていたか。

> 皇国学者、大道を説くときは、則ち神聖を謬るものあり。然れども、その皇朝を尊び、夷狄を黜《しりぞ》く、その志また偉ならずや。また道学先生の大倫を廃し、国体を蔑《ないがしろ》にするの比にあらざるなり。

この場合の、「皇国学者」は水戸学者のことをいうのだろうが、松陰は太華の着実な根拠を引いての議論に、水戸学者の誤謬を認めながらも、論点をずらして、皇朝を尊崇し夷狄を排する「志」を評価すべきで、道学先生たる儒者が、「国体」をないがしろにする方が、よほど罪が重いと切り返す。この論理になっていない松陰の反駁に言うところでは、エモーショナルな国家愛という「志」の前には、こまかい論証など無意味なのだということになる。

松陰のような、明治維新の核となる矯激な天皇崇拝や国家愛の論者にとって、『東国通鑑』は甚だ都合の悪い書物であったことが見えてくる。

もう一例を挙げよう。嘉永六年というからペリー来航の年に刊行された絵本読本『絵本朝鮮征伐記』の序文である。

> 夫れ朝鮮は昔の三韓、神功皇后神教を奉じ、得る所方に此の時なり。（中略）皇后因りて以て内官家を定め、鎮守将軍を置き、以て三韓を統制す。三韓朝貢、敢て航海の遠を憚らず。而るに三国史記・東国通鑑等、記す所一言も此の事に及ばざるは、何ぞや。是亦た王化を阻む者に非ずを得や。

平田派の国学者であり、水戸学の出先のような役割も果たしていた鶴峯戊申のものである。神功皇后の三韓征伐と、日本府による統治、さらには三韓の朝貢を、『日本書紀』の記述から事実とするのみならず、「神教」による「王化」は神託による必然的歴史なのだとする論理は、それを「国体」とする点まで、本居宣長『馭戎慨言』による（宣長は「国体」を「国のひかり」と読んでいる）。その時、『東国通鑑』にこれを載せないのは、この必然の歴史への抵抗なのだと、鶴峯は決めつけている。

吉田松陰にしろ、鶴峯戊申にしろ、彼らは、自らに都合のいい文献の、都合のいい箇所を引いて、自らに都合よく解釈し、「志」を盾に、「雑音」にしか聞こえない記述は無視してもかまわない、逆に都合のいいことが書いていないのは、先方の意図的削除であると決めつける、という態度なのである。ここには、いつの時代にも見出せる、東アジアで歴史が引き合いに出され、その言説が「帝国」的政治の執行の根拠となる時、まま見える態度なのである。

特に、松陰の場合、誤謬を認めながら、そんなことより大切なことがある。その大切なことを蔑ろにする人間が、こざかしい考証をして、大切なものを不当に低く見ることとこそ、「大倫を廃し」ていると決めつける、この論法の前では、いかなる論理も、いかなる考証も無駄という他はない。

もちろん、松陰の危機感から発するような、「公」への献身こそが、明治国家を成り立たせていった面を否定するものではない。問題は、『東国通鑑』というテキストは、なぜナショナリストにとってノイズとなる記述を含むことになるのか、という点にある。

突飛なようだが、明治三十八年、日露戦争が終わった後、日本海軍が平時編成に戻る際、東郷平八郎によって読み上げられ、今は横須賀の三笠に残るところの「連合艦隊解散之辞」を引こう。文章は秋山真之によるものだと伝えられている。

> 二十閲月ノ征戦已ニ往事ト過ギ、我ガ連合艦隊ハ今ヤ其ノ隊務ヲ結了シテ茲

ニ解散スル事トナレリ。然レドモ我等海軍々人ノ責務ハ決シテ之ガ為ニ軽減セルモノニアラズ。此ノ戦役ノ収果ヲ永遠ニ全ウシ、尚益々国運ノ隆昌ヲ扶持センニハ、時ノ平戦ヲ問ハズ、先ヅ外衛ニ立ツベキ海軍ガ常ニ其ノ武力ヲ海洋ニ保全シ、一朝緩急応ズルノ覚悟アルヲ要ス。

（中略）

惟フニ武人ノ一生ハ連綿不断ノ戦争ニシテ、時ノ平戦ニ由リ其ノ責務ニ軽重アルノ理ナシ。事有レバ武力ヲ発揮シ、事無ケレバ之ヲ修養シ、終始一貫其ノ本分ヲ尽サンノミ。

（中略）

苟モ武人ニシテ治平ニ偸安センカ、兵備ノ外観巍然タルモ宛モ沙上ノ楼閣ノ如ク、暴風一過忽チ崩倒スルニ至ラン。洵ニ戒ムベキナリ。

ここまでは、ミリタリーへの教訓として普遍的なものであり、司馬遼太郎が『坂の上の雲』で激賞しているように、名文と言っていい。問題は、その次の一節である。

昔者、神功皇后三韓ヲ征服シ給ヒシ以来、韓国ハ四百余年間、我ガ統理ノ下ニアリシモ、一タビ海軍ノ廃頽スルヤ忽チ之ヲ失ヒ、又近世ニ入リ、徳川幕府治平ニ狃レテ、兵備ヲ懈レバ、挙国米艦数隻ノ応対ニ苦シミ、露艦亦千島樺太ヲ覬覦スルモ、之ト抗争スルコト能ハザルニ至レリ。

海の帝国日本の歴史の先蹤として、神功皇后の三韓征伐は位置づけられる。やがて日韓併合を経て、『東国通鑑』の和刻本の板木が朝鮮に渡った事実と、その意味についての解明は、『東国通鑑』の記述について、合理的検討をせず退けてきた言説の、流れの先にあることもまた、歴史の逆説として、肝に銘じておくべきだろう。歴史の歪曲と帝国的政治行動は、常に一体化する、という意味において。

編集後記

濱野靖一郎

本書は、二〇一五年三月十八日に「朝鮮史文献の出版をめぐる政治的含意」をテーマに青山学院大学で開いたワークショップ「文学と歴史叙述研究会」が基となっている。それは、金時徳氏による、『東国通鑑』の版木発見についてを軸に、司会も兼ねた井上泰至氏と濱野の三人の発表で開催された催しであった。本書の編者は金氏・濱野であるが、その仕掛け人は井上氏である。ある意味で本書は、井上氏が田中康二氏と出した『江戸の文学史と思想史』（ぺりかん社、二〇一一年）という「文学研究側からの思想史学への果たし状」に対する、一つの回答となっている。

序文で金氏が言及されているように、本書の特徴はその領域横断的な執筆者の顔ぶれである。日本から政治学・文学・思想史学・史学と中国史・朝鮮史に、韓国から文学・哲学・史学の研究者により本書は構成されている。それが不協和音になっているか、調和しているか、編者の目からは適切な判断が難しい。重要なのはこうした、多角的な視点からの研究、という試みが今後増えていくか否かである。

思想史の論文は第五部にまとめている。これは徳川思想史の「通史」的な構成を目論み、それぞれの学の代表的な論者に依頼した時点で構想していた。思想史として手堅くまとめたと自負している。ただし、思想史とその他諸学が「棲み分け」てしまっているのは否めない。「通鑑」の往還という、時間的空間的に長く広い事項を追うために、それぞれの論文が重なり合うより、きちんと整理することを優先したからである。他の領域に踏み込むより、このテーマを論じるには妥当と思われた。

複数の分野の研究者が、相互の領域に踏み込んで語りあうという課題は、今後に持ち越された。しかし、その目論見はまさに始まったばかりである。そもそも日本思想史自体が「入会地」的な性格を有している。複数のディシプリンによる構成は、これまでも見られた（それは対象が「思想」に限られるとはいえ）。より絞ったテーマを取り上げ、諸学が交錯して立体的に時代を浮かび上がらせるような企画が、今後続いていくことを編者として願っている。そして本書がその切っ掛けたりえたのならば、編者にとって最高の成果といえるのでは無いだろうか。

執筆者一覧（掲載順）

金　時徳　福島　正　高橋　亨　許　太榕
兪　英玉　白　丞鎬　咸　泳大　李　裕利
辻　大和　澤井啓一　藤實久美子　高津　孝
大川　真　清水則夫　阿部光麿　濱野靖一郎
井上泰至

【アジア遊学198】

海《うみ》を渡《わた》る史《し》書《しょ》

東アジアの「通鑑」

2016年6月28日　初版発行

編　者　金時徳《キム・シドク》・濱野《はまの》靖一郎《せいいちろう》

発行者　池嶋洋次

発行所　勉誠出版株式会社

〒101-0051　東京都千代田区神田神保町 3-10-2

TEL：(03)5215-9021(代)　FAX：(03)5215-9025

〈出版詳細情報〉 http://bensei.jp/

編　集　吉田祐輔・柴田裕武

営　業　山田智久・坂田　亮

印刷・製本　太平印刷社

装丁　水橋真奈美（ヒロ工房）

ISBN978-4-585-22664-2　C1320

197 日本文学のなかの〈中国〉

195 もう一つの日本文学史　室町・性愛・時間

196 仏教をめぐる日本と東南アジア地域

彝族「女土官」考—明王朝の公認を受けた西南少数民族の女性首長たち　武内房司

『黙斎日記』にみる十六世紀朝鮮士大夫家の祖先祭祀と信仰　豊島悠果

十九世紀前半ベトナムにおける家族形態に関する一考察—花板張功族の嘱書の分析から　上田新也

【書評】スーザン・マン著『性からよむ中国史　男女隔離・纏足・同性愛』　張瑋容

192 シルクロードの来世観

総論　シルクロードの来世観　白須淨眞

Ⅰ　来世観への敦煌学からのスケール

シルクロードの敦煌資料が語る中国の来世観　荒見泰史

Ⅱ　昇天という来世観

シルクロード古墓壁画の大シンフォニー—四世紀後半期、トゥルファン地域の「来迎・昇天」壁画　白須淨眞

シルクロードの古墓の副葬品に見える「天に昇るための糸」—五～六世紀のトゥルファン古墓の副葬品リストにみえる「攀天糸万万九千丈」　門司尚之

シルクロードの古墓から出土した不思議な木函—四世紀後半期、トゥルファン地域の「昇天アイテム」とその容れ物　白須淨眞

Ⅲ　現世の延長という来世観

シルクロード・河西の古墓から出土した木板が語るあの世での結婚—魏晋期、甘粛省高台県古墓出土の「冥婚鎮墓文」　許飛

Ⅳ　来世へのステイタス

シルクロードの古墓から出土した偽物の「玉」—五～六世紀のトゥルファン古墓の副葬品リストに見える「玉豚」の現実　大田黒綾奈

Ⅴ　死後審判があるという来世観

十世紀敦煌文献に見る死後世界と死後審判—その特徴と流布の背景について　髙井龍

193 中国リベラリズムの政治空間

座談会　中国のリベラリズムから中国政治を展望する

李偉東・石井知章・緒形康・鈴木賢・及川淳子

総　論　中国政治における支配の正当性をめぐって　緒形康

第1部　現代中国の政治状況

二十一世紀におけるグローバル化のジレンマ:原因と活路—『21世紀の資本』の書評を兼ねて　秦暉(翻訳:劉春暉)

社会の転換と政治文化　徐友漁(翻訳:及川淳子)

「民意」のゆくえと政府のアカウンタビリティ—東アジアの現状より　梶谷懐

中国の労働NGOの開発—選択的な体制内化　王侃(翻訳:大内洸太)

第2部　現代中国の言説空間

雑誌『炎黄春秋』に見る言論空間の政治力学　及川淳子

環境NGOと中国社会—行動する「非政府系」知識人の系譜　吉岡桂子

日中関係三論—東京大学での講演　栄剣(翻訳:古畑康雄)

艾未未2015—体制は醜悪に模倣する　牧陽一

第3部　法治と人権を巡る闘い

中国司法改革の困難と解決策　賀衛方(翻訳:本田親史)

中国における「法治」—葛藤する人権派弁護士と市民社会の行方　阿古智子

ウイグル人の反中レジスタンス勢力とトルコ、シリア、アフガニスタン　水谷尚子

習近平時代の労使関係—「体制内」労働組合と「体制外」労働NGOとの間　石井知章

第4部　中国リベラリズムの未来

中国の憲政民主への道—中央集権から連邦主義へ　王建勛(翻訳:緒形康)

中国新権威主義批判　張博樹(翻訳:中村達雄)

あとがきに代えて　現代中国社会とリベラリズムのゆくえ　石井知章

194 世界から読む漱石『こころ』

序言—世界から漱石を読むということ

アンジェラ・ユー／小林幸夫／長尾直茂

第一章　『こころ』の仕組み

『こころ』と反復　アンジェラ・ユー

思いつめ男に鈍い男—夏目漱石「こころ」　小林幸夫

「こころ」:ロマン的〈異形性〉のために

190 島津重豪と薩摩の学問・文化　近世後期博物大名の視野の実践

191 ジェンダーの中国史

188 日本古代の「漢」と「和」　嵯峨朝の文学から考える

189 喧嘩から戦争へ　戦いの人類誌

186 世界史のなかの女性たち

187 怪異を媒介するもの

185「近世化」論と日本　「東アジア」の捉え方をめぐって

アジア遊学既刊紹介